KB177381

놀이로 여는
회복적
생활교육

놀이로 여는
회복적
생활교육

발행일 2024년 1월 3일 초판 1쇄 발행
지은이 정유미
발행인 방득일
편　집 박현주, 허현정, 강정화
디자인 강수경
마케팅 김지훈

발행처 맘에드림
주　소 서울시 도봉구 노해로 379 대성빌딩 902호
전　화 02-2269-0425
팩　스 02-2269-0426
e-mail momdreampub@naver.com

ISBN 979-11-89404-97-0 93370

※ 책값은 뒤표지에 있습니다.
※ 잘못된 책은 구입처에서 교환하여 드립니다.
※ 이 책은 저작권법에 의하여 보호를 받는 저작물이므로 무단 전재와 무단 복제를 금합니다.
※ 이 책에 등장하는 모든 유아(학생)의 이름은 개인정보 보호를 위해 가명 처리되었습니다.

존중, 공감, 책임 속에서 함께 만드는 평화롭고 안전한 교실

놀이로 여는
회복적
생활교육

정유미 지음

맘에드림

치유와 회복이 필요한
오늘의 교실

아직도 너무나 생생한 오래전 기억
이 있습니다. 그건 바로 제 마음 깊은 곳에 남아 있는 어릴 적 선생님에
대한 기억입니다. 선생님과 함께 새하얀 도화지를 알록달록 채운 그림
그리기, 음악에 맞춰 신나게 온몸을 실룩거린 즐거운 율동들, 흥에 겨워
목이 터질세라 외쳐 불렀던 동요, 나지막한 목소리로 읽어 주시던 그림
책 속 흥미진진한 이야기들, 청팀 홍팀 나누어 열심히 응원했던 공굴리
기 게임 등. 그 시절 제가 누린 행복한 기억 속에는 뭐든 잘하는 만능박
사이자, 잘못을 저질러도 항상 따뜻하게 감싸 주신 '선생님'이 함께합니
다. 선생님을 동경하며 '나도 선생님이 되고 싶다'고 꿈꾸던 어린아이는
자라서 선생님이 되었죠. 어느새 흰머리가 쑤욱 고개를 내미는 지금도
교실에서 아이들과 함께하는 선생님으로 살고 있습니다.

반복된 실패와 좌절 속에서 비로소 깨달은 것들

교직생활이 처음부터 마냥 순탄했던 것은 아닙니다. 첫해의 기억을 떠올려 보면 당혹감의 연속이었죠. 특히 아이들이 배움을 꽃피우는 자유놀이 시간은 곤혹스럽기만 했습니다. 놀이 과정에서 아이들은 그 작고 귀여운 입에서 다른 친구의 마음을 아프게 하는 말을 불쑥 내뱉고, 놀잇감을 서로 차지하기 위해 주먹다짐도 했으며, 서로 자기가 먼저라며 친구를 함부로 밀쳐내기도 했습니다. '내 말을 안 들으면 다시는 너랑 안 놀아!'라는 식으로 친구에게 자신의 힘을 과시하며 위협하는 아이도 있었죠.

그런 모습에 그저 아이들과 함께할 수만 있다면 즐거울 거라 생각했던 교직생활에 대한 핑크빛 환상은 첫 출근 날부터 와장창 무너지고 말았습니다. 유난히도 충만했던 어린 시절의 기억을 밑천 삼아 제법 좋은 교사가 될 거라고 믿어 의심치 않았건만, 무질서와 혼돈으로 가득했던 나의 첫 교실은 실패와 실망만 가득했다고 해도 과장이 아닙니다.

급기야 아이들을 만나러 가는 출근길은 두려움으로, 아이들과 보낸 하루를 담은 퇴근길에는 내 뜻대로 풀리지 않는다는 좌절감으로 꽉 채워졌죠. 더 이상 교사로 살고 싶지 않다는 생각뿐이었습니다. 그렇게 반복된 실패로 인한 좌절과 두려움 속에서 참으로 기나긴 한 해를 보냈던 것 같습니다. 하지만 지금 생각하니 그때의 끔찍했던 좌절과 실패가 오히려 저를 충만히 채워주는 에너지가 되어 계속 움직이게 했음을 느낍니다.

> "한 아이의 존엄을 존중하는 눈으로 바라보고 가치를 발견하며 친구와 관계하기 위해 조절하고 조율해야 할 욕구를 다스리는 법을 가르치는 바로 그 사람은 '선생님'입니다."

친구와 마음을 나누며 평화의 경험을 쌓아가다

아이들은 저마다 다른 필요와 요구를 지닌 고유한 존재입니다. 자유롭고 주도적인 아이라면 자신의 마음과 행동을 조절하고 풍부한 감성을 표현할 수 있는 환경을 마련해 주는 것이 필요하고, 스스로 유능하지 못하다고 느끼는 아이라면 수용과 관심의 범위를 넓혀 자세히 들여다볼 것과 세심한 어루만짐이 있는 이야기 나눔 등 회복의 시간이 필요합니다. 만약 교실에서 단 한 명이라도 소외의 시공간에 홀로 남은 아이가 눈에 들어오기 시작했다면, 단언하건대 회복을 적용할 준비기 된 것이라 전하고 싶습니다. 설령 아직 서툴고 부족하다 느껴지더라도 아이의 슬픔과 외로움에 다가갈 용기만 있다면 회복과 치유를 전할 준비가 충분히 되었노라 힘껏 응원하고 싶습니다.

작은 퍼즐 조각들이 모여 하나의 커다란 작품으로 완성되기까지는 인내와 시간이 필요한 것처럼 회복과 치유에도 시간이 필요합니다. 때때로 넘어진 아이의 손을 잡아 일으키려 하면 그 과정에서 못하겠다고 울며 떼쓰다가 다시 넘어지는 아이도 있을지 모릅니다. 저는 이 책에서 그런 마음을 다독이고 다시 든든히 세우는 새로운 관점의 노력을 회복적 생활교육에서 함께 발견하자고 권면하고 싶습니다.

회복적 생활교육은 공동체의 평화를 경험하고 지키는 노력과 다르지 않습니다. 교실은 아이들이 공동체의 구성원으로 생활하며 최초의 평화를 경험하기에 최적의 공간이라 생각합니다. 한편으론 각자의 특별함이 서로 충돌하기도 하고, 그와 함께 생겨난 저마다의 감정들이 맹렬히 소용돌이치는 공간이기도 합니다. 그런 교실에서 함께 평화를 세워가려면 아이들이 자기 몸과 마음의 소중함을 인식하는 것도 중요하지만, 서로가 서로에게 수용될 수 있는 방식으로 마음을 잘 조절하여 평화롭게 표현하는 경험을 쌓는 것도 중요합니다. 평화를 살아낸 흔적은 건강한 관계를 맺어가는 토대가 되니까요. 아이들의 행복은 친구들과 서로 잘 어울리고 있는지에 좌우된다고 해도 결코 과장이 아닙니다. 어울릴 줄 아는 것은 나와 너에 대한 **존중**, 너에게로 향하는 **공감**, 우리를 위한 **책임**에 대해 마음 깊이 이해하고 있다는 의미입니다.

놀이를 통해 모두 소중하고 특별한 존재임을 깨닫다

친구와 다른 자신만의 고유성과 특별함을 알게 된 아이는 스스로를 사랑하며 소중히 여기는 마음, 즉 자존감(Self-esteem)을 키우게 되죠. 자존감은 스스로 할 수 있는 일을 즐겁게 끝까지 해내는 것, 바로 자기 효능감(self-efficacy)의 밑거름입니다. 나아가 이런 마음은 다름에 대한 인정과 수용으로 이어집니다. 왜냐하면 내가 꽤 괜찮은 사람이고 잘 해낼 수 있다는 믿음을 스스로 갖게 된 아이는 나와는 다른 존재에게도 수용적이고 이해하려는 마음을 갖게 되니까요. 따라서 나를 올바르게 인식하고 내 안에서 샘솟는 존중의 마음과 만나게 하는 놀이 경험이야말로 회복을 세워가는 주춧돌의 역할을 합니다.

　아이들은 놀이로 여는 회복적 생활교육을 통해 '나는 소중하고, 특별하며 사랑을 주고받는 존재이며, 특별한 나는 나의 일을 스스로 잘할 수 있음'을 내면화하게 됩니다. 저마다의 이야기를 나누며 자연스럽게 친구의 생각, 삶과 만나게 되죠. 그래서 이 책에서는 주로 **서클**[1]을 통해 친구

----

1. 관련 내용은 본문을 참조.

들과 나의 마음을 나누는 대화를 풍성히 경험할 수 있는 공동체 놀이들을 중심으로 담아내고자 하였습니다. 아이들의 자기 인식과 자기 가치 확인은 타인과의 관계 속에서 자라나기 때문입니다.

그리고 이 책에 담긴 놀이와 활동안을 적용할 때, 오해가 없도록 덧붙입니다. 본문에서는 편의상 일련의 과정처럼 정리되었지만, 실제로는 여러 차시에 걸쳐 나눠 진행되기도 했습니다. 여러분도 교실 상황 및 아이들의 특성에 맞게 다양한 방법으로 적용하면 됩니다.

> 지금까지 그 누구도 진심으로 아이 영혼에 숨겨진 공감과 친절, 관용의 재산에 대하여 말한 적이 없다. 진짜 교육의 힘은 이런 보물의 문을 여는 것이어야 한다.
>
> -엠마 골드만[2]

우리는 교육자입니다. 각자 보물을 품고 있는 아이들 마음의 문을 열어 상처를 어루만지고 치유할 수 있게 도와줄 책임이 있습니다. 다만 이 책은 처방적 책임보다는 함께 놀이하면서 회복적 가치를 이해하고 평화롭게 갈등과 문제해결 방법을 배워가는 아이들의 모습을 담았습니다. 책에서 소개하는 다양한 놀이를 통해 회복적 생활교육이 지향하는 안전하고 평화로운 공동체 속에서 아이들과 교사 모두 매일매일 성장하는 행복한 교실을 만들어가기를 원하고 바라봅니다.

점점 더 기관의 책무성이 무섭게 뒤따르고, 종잡을 수 없을 만큼 다양한 문제 상황을 만나게 되는 때입니다. 해결을 위해 고군분투하는 하루하루를 보내는 우리는 때때로 마치 길을 잃은 듯 막막해지기도 합니다.

....
2. 카트린 레퀴에, 《경이감을 느끼는 아이로 키우기》 (김유경 옮김), 열린책들, 2016, p.161 재인용

바로 그 순간이야말로 회복이 절실히 필요한 때이며, 이 책이 그 과정에서 조금이나마 힘이 되었으면 좋겠습니다. 부디 치유와 회복이 있는 놀이를 통해 교실 속 다양한 갈등과 문제들을 평화롭게 해결하는 동안 서로 존중하고, 공감하며 책임을 다하는 아이들로 자라게 하는 방향과 방법을 함께 고민하는 책으로 널리 쓰임 받기를 바랍니다.

"여러분이 오늘 흘린 땀과 헌신은 분명 아이들의 변화로 열매 맺을 것입니다."

정유미

감사의 글

이 책이 나오기까지 도움을 준 분들에게 감사를 전합니다. 온전한 회복의 주관자 되시는 나의 하나님, 매주 회복의 말씀을 전해 주시는 김삼환 당회 장목사님, 회복적 삶의 본보기가 되어 주는 사랑하는 남편과 부모님, 부족한 엄마를 사랑해 주는 나의 귀한 아이들, 회복적 가치를 교실에 적용하고 교실의 평화를 일구도록 지도해 주신 이승하 교수님 덕분에 회복의 이야기를 써 내려갈 수 있었습니다. 유아를 대상으로 한 회복의 책이 출간될 수 있도록 기회를 주신 방득일 대표님, 회복의 시선으로 다듬어 준 박현주 부장님께도 감사 인사를 전합니다. 무엇보다 초임 때부터 지금까지 함께해 준 우리 반 아이들 모두에게 마음 가득 사랑을 담아 축복을 전합니다.

차례

1장

회복적 생활교육 알아가기

회복적 생활교육이란 무엇인가?

2장

회복의 기초 다지기

놀이를 시작하기 전에 알아둘 것들

3장

서클 놀이로 시작하기

마음을 열고, 나누며, 이어주어요!

4장

회복적 가치 발견하기
놀이로 존중, 공감, 책임을 만나요!

5장

의미 있는 배움 연결하기

놀이로 회복적 가치와 배움을 연결해요!

회복적 생활교육이란
무엇인가?

여러분은 책이나 논문, 연수 등을 통해 회복적 생활교육을 접했거나, 어쩌면 이미 교실에서 회복적 생활교육을 실천하는 분도 계실지도 모릅니다. 한편으론 날이 갈수록 사회 전반에 다양한 갈등과 폭력이 난무하는 가운데, 오늘의 교육 현장에서도 갈등과 폭력 문제로 시름이 깊어지다 보니 이에 따른 응보적 생활지도가 불가피하다는 생각도 여전한 것이 사실입니다. 그래서인지 회복적 생활교육은 치열한 현실과 동떨어진 마치 그림의 떡과 같은 이상적인 구호로만 여기거나, 특히 유아나 초등 저학년 대상으로는 회복적 생활교육 자체가 불가능하다고 생각하는 분도 계실지 모릅니다. 그래서 본격적으로 회복적 생활교육을 위한 놀이들을 소개하기에 앞서 1장에서 회복적 생활교육이란 무엇인지를 간략하게나마 짚어보려고 합니다. 이 장에 담긴 내용들은 앞으로 소개할 놀이들의 기반이자 방향이기도 합니다.

회복적 생활교육
알아가기

01

회복적 정의와 회복적 생활교육
갈등을 배움과 성장의 기회로

아이들은 놀이로 배웁니다. 특히 아이들이 놀이를 주도하며 재미있게 몰입하는 동안 창의성, 문제해결력 등의 역량을 자연스럽게 발휘하면서 하루하루 성장하지요. 하지만 그것이 교사로 하여금 아이들의 놀이를 방치하라는 뜻은 아닙니다. 오히려 교사의 적절한 지원 속에서 아이들의 놀이는 더욱 깊어지고, 또 의미 있는 배움으로 확장되는 만큼 교사의 역할이 그 어느 때보다 더욱 중요해졌습니다.

아이들이 행복을 느끼는 안전한 교실 만들기

순수해 보이는 아이들의 눈망울을 보면 그들의 세상은 마냥 평등하고 평화로울 것 같습니다. 얼핏 보면 아이들은 교실에서 서로 잘 어울려 지내는 것 같지만, 자세히 들여다보면 다양한 갈등이 끊이지 않습니다. 특히 아이들 간 서로 동등하지 못한 관계, 즉 권력의 서열 구조를 만들어가는 모습도 눈에 띕니다. 힘을 가진 아이는 신체적 공격성뿐만 아니라, 따돌림처럼 또래를 배제하는 관계적 공격성도 서슴지 않고 드러내는 모습을 보이기도 합니다. 이처럼 아이들의 세계에도 어른들의 세계 못지않은 꽤 냉혹한 권력관계가 존재합니다. 이런 수직적 위계 안에서는 괴롭힘 행동이 다른 친구들을 지배하는 권력이 되기도 하므로 오히려 문제행동을 부추기는 환경이 조성되기 쉽습니다.

만약 이러한 안타까운 상황이 계속된다면 아이들은 교실을 안전하다고 느끼지 못할 것이고, 진정한 행복도 느낄 수 없을 것입니다. 안전이 확보되지 않은 교실이라는 시공간은 아이들에게 감정과 욕구의 불편함만 안겨줄 테니까요. 그래서 교실에는 안전함의 확보가 무엇보다 중요합니다. 여기서 안전함이란 비단 물리적 위협을 넘어 내가 하는 말이나 행동이 누군가에게 비난받거나 평가되지 않고 온전히 있는 그대로 받아들여지는 시간과 공간을 말합니다. 그래야 비로소 아이들이 행복을 느끼는 안전한 교실이 되는 거죠.

안전하지 않다고 느낄 때 나타나는 문제행동들

아이들은 가정이라는 울타리를 떠나 가족이 아닌 선생님, 친구들과 확장된 사회적 관계를 맺는 생애 첫 경험을 '우리 반'에서 하게 됩니다. 태어나 줄곧 자신만 바라봐 주고 책임도 대신 감당해 주던 부모의 품을 떠난 아이들이 무방비 상태로 갈등에 직면하게 되면 당연히 낯설고 당황스럽기만 합니다. 오직 나에게만 초점이 맞춰진 생활에만 익숙했으니까요. 하지만 교실에서 무조건 나에게 맞춰 주지도 않을 뿐만 아니라, 복잡하게 얽히고설킨 이해관계 속에서 갈등을 경험하게 됩니다. 갈등에 직면한 순간 아이들에게는 어떤 모습이 나타날까요?

- 있는 힘껏 목놓아 울어버리기
- 발을 동동 구르며 무작정 화내기
- 다른 곳으로 도망가 엎드려 버리기
- 장난감 등 물건을 집어 던지기
- 선생님에게 이르기 등

물론 아이들의 이런 행동은 악의보다는 자기중심성에서 비롯된 경우가 많죠. 즉 내가 원하는 것을 들어주지 않을 때, 하려고 했던 것을 못하게 될 때, 친구의 생각과 나의 생각이 일치하지 않을 때 등의 상황이 당황스러울 때 주로 나타납니다. 또한 아이들은 갈등을 자신의 안전이 위협받는 위기 상황으로 받아들이기 때문에 이런 문제행동을 보이기도 합니다. 하지만 소위 영향력 강한 몇몇 아이들의 문제행동은 교실 전체 분위기를 좌우하기도 하죠. 이런 불평등한 힘의 쏠림 현상은 관계의 단절과 힘의 위계를 더욱 강화시키므로 사소한 문제행동이라도 간과할 수 없습니다. 교사의 개입과 지도가 전적으로 필요한 순간입니다.

다만 우리가 잊지 말아야 할 것이 있습니다. 그건 바로 어른의 기준으로만 아이들의 문제행동을 바라보면 안 된다는 점이지요. 왜냐하면 이 시기 아이들의 발달 특성상 문제행동은 갈등 해소를 위한 가장 간편한 방법이기도 하니까요. 아이들은 상황과 맥락, 다른 사람의 입장을 두루 고려하는 수고로운 방법보다 당장의 불편함을 온 천하에 알리는 데 모든 에너지를 쏟아내는 간편한 방법을 더 선호합니다. 화로 일관하기, 때리기, 부수기 등의 부정적 표현이 대부분인 이유 역시 가장 쉬운 방법이라 여기기 때문입니다. 이런 것들은 "빨리 나 좀 도와주세요!"라며 보내는 일종의 구조신호로도 볼 수 있는 거죠.

교사와 부모 모두에게 난제인 생활지도

갈등이 벌어지면 대체로 잘잘못을 따져서 잘못한 만큼 대가를 치르게 합니다. 이것이 바로 응보적 정의입니다. 이러한 응보적 정의에 기초한 질서 유지는 그동안 사회의 일부인 학교 그리고 유아교육기관에서도 동일하게 적용되어왔지요. 하지만 응보적 정의 구현은 많은 점에서 한계를 드러냅니다. 인정하고 싶지 않지만, '괴롭힘' 더 나아가 '학교폭력'이라는 유아교육기관에서 생소했던 용어와 말들이 어느새 우리 교실 안에서 종종 벌어지는 일상적인 일들이 된 것만 보더라도 알 수 있습니다.

아이들의 갈등은 교실에서 아이들을 교육해야 할 주체인 교사들을 난감하게 합니다. 실제로 유·초·중·고 교사의 95% 가까운 숫자가 지식을 가르치는 일보다 부적응 학생 생활지도가 더 어렵다고 답하는 실정입니다.[1] 교사를 그만두고 싶은 이유 중 하나가 생활교육에 대한 어려움이라 말하고 있기도 합니다. 그런데 가장 많은 시간을 자녀와 함께 하는 부모조차 양육을 하면서 아이들의 생활적인 부분을 가르치는 것이 가장 힘들다고 입을 모읍니다. 만약 성인인 우리가 개입하여 아이들의 변화를 주도하는 역할을 충실히 수행하는 것으로 훈육 결과가 만족스러웠다면 지금의 우리가 하나같이 힘들다 답할까요?

아이들 간 갈등이 있을 때, 교육기관과 학부모 사이의 뚜렷한 입장 차이도 교사를 힘들게 하는 요인입니다. 학부모들은 아이들 간의 사소한 갈등조차 중대한 학교폭력으로 인식하여 학폭위원회를 개최해달라고 요구하기도 하죠. 반면 기관에서는 교육상 지도가 필요한 아이들의 장난

1. 김한울, 〈유·초·중등 교사 95.3%, "부적응 학생 생활 지도 어렵다…정당한 교육활동이 아동학대 처벌로 이어지지 말아야"〉,한국대학신문, 2023.07.25. https://news.unn.net/news/articleView.html?idxno=550413

정도로 인식합니다. 이처럼 양쪽의 인식 차이가 워낙 크다 보니 기관 차원에서의 중재나 해결이 어려운 경우가 점점 더 많아지고 있습니다. 특히 유아교육기관의 경우, 초·중등학교와 달리 이런 사안을 처리할 법적, 행정적 근거가 아직 명확하게 마련되지 않았습니다. 그래서인지 해결 방법이 만족스럽지 않다는 이유로 일부 부모들이 SNS, 인터넷 맘카페, 교육청 민원, 국민 신문고 등 다양한 경로로 집단여론을 조성해 자신들의 주장을 관철시키려는 사례도 증가하고 있습니다.

갈등이 교실의 평화와 안전을 위협하지 않도록

오늘의 교육 현장을 뒤덮은 크고 작은 갈등과 다양한 문제행동들은 이제 응보주의로만 접근해서는 근본적인 해결이 어렵습니다. 아이들의 공격적 행동이나 괴롭힘 행동의 발생을 낮추기 위해 교사 주도로 갈등을 발생시킬 만한 요소를 사전에 최소화하거나 아이들의 사회적 관계를 확장하고 지속시키기 위해 적극적으로 개입하여 해결해 주려는 응보적 생활지도 방식은 일시적 효과에 머무는 경우가 많으니까요.

아무리 발달상 자연스러운 표현방식이라고 해서 아이들 간의 갈등을 방임하는 교사는 없을 것입니다. 오히려 발달상 사고가 제한적이고, 정교한 언어적 표현이 어렵기 때문에 이 시기에 벌어지는 낯선 갈등과 그에 대한 아이들의 다소 공격적인 반응은 교실의 평화와 안전을 위협하기에 충분하니까요. 특히 아이들 사이의 평등하지 못한 관계는 우리에게 회복을 논의하게 합니다.

교실에서 아이들이 놀이하는 상황을 떠올려 볼까요? 아이들이 모두 함께 놀이의 주제와 방법을 정하고 동등하게 참여할 때 의미 있는 놀이가 됩니다. 그런데 이런 놀이가 실행되는 과정에서 오직 한두 명의 아이가 주도적으로 자신의 의견을 큰 목소리로 주장하는 경우가 있습니다. 1~2명의 흥미가 교실의 놀이 흐름을 좌우하는 거죠. 이런 흐름이 감지된다는 것은 아이들의 생활과 놀이 안에 보이지는 않지만, 분명히 실재하는 권력의 서열구조가 생겨난 것을 의미합니다. 이런 불평등한 관계 안에서 주도성을 상실한 다수의 아이들은 점점 더 자신의 생각이나 느낌을 표현하기가 어려워집니다. 급기야 나의 의견과 생각과 감정을 함께해 주는 친구가 하나도 없다고 느끼게 되죠.

 나는 혼자야
 난 친구가 없어
 난 외로워

아이들이 이런 생각에 빠져 있으면 당연히 교실은 불편한 공간이 되고 맙니다. 놀이 시간을 온전히 즐기지 못하거나, 아예 등교거부 사태를 일으키기도 합니다. 이런 친구들은 관계가 있는 놀이에 즐겁게 참여하는 데 어려움을 느낍니다. 혼자여서 위축된 마음은 새로운 시도와 만남에 대한 두려움으로도 이어지니까요. 두려움은 마음에 관계의 벽을 쌓게 하고, 소통을 단절시켜 공동체 놀이를 방해합니다.

이런 문제를 근본적으로 해결하려면 잘잘못을 따져 묻는 응보적 방식이 아니라 우리 반 전체 아이들이 모두 참여하여 책임 있는 행동으로 갈등을 해결하도록 돕는 생활교육으로 인식을 전환하여야 합니다. 특히 아이들을 능동적인 배움의 주체로 키우려는 오늘의 교실에서는 아이들의 자율성과 주도성을 강조합니다. 이러한 흐름을 생활교육에도 적용하여 아이들 스스로 해결하는 능력을 길러가도록 하는 거죠.

한쪽에 치우친 힘을 골고루 분산시키는 회복적 생활교육

혹시 여러분의 교실에는 표현이 강하고 거칠어 갈등을 몰고 다니지만, 한편으론 또래에게 막강한 영향력을 발휘하는 인기 많은 아이가 있지 않나요? 이런 아이일수록 놀이할 때 자율적이고 주도적 역량이 빛을 발하는 것처럼 보이기도 합니다. 하지만 원하는 것을 갖기 위해 때로는 물리적 힘을 쓰기도 하고, 과시적 언어로 교실 내에서 자신의 위치와 입지를 더욱 굳건히 다지며, 자신이 원하는 방식으로 관계의 우위를 유지하려고 하는 등 힘을 독점하는 모습을 보입니다. 그리고 이런 힘의 불균형이야말로 교실의 안전과 평화를 위협하는 주요 요인이죠.

회복적 생활교육의 목적은 한 방향으로 쏠려 있는 힘을 우리 모두에게 골고루 나눠주는 것입니다. 그래서 특정인이 주도하는 힘의 과시가 교실에 영향을 줄 수 없게 하지요. 즉 위에서 아래로 내려오는 수직적 힘의 해결법이 아닌 수평적인 존중과 배려 안에서 평화적 해결 방법을 스스로 선택하게 하도록 격려하는 것입니다. 강함을 약함에게로 흘려보내고, 약함은 강함에게로 마주하게 하여 서로 동등한 관계를 유지하게 합니다.

힘이 골고루 나눠진 교실은 각기 다른 의견과 표현을 스스럼없이 할 수 있는 안전한 공간이 됩니다. 힘이 강한 아이들도 예전처럼 교실의 권력을 독점해 휘두르기보다 선생님과 반 친구들의 불편함을 찾아내고 그것을 해결하는 데 자신의 영향력을 행사하게 됩니다. 평화로운 교실을 만드는 데 자신의 힘을 사용하는 거죠. 이와 함께 교실은 안전한 공간이 되며, 안전함이 갖추질 때 비로소 성장의 공간이 됩니다. 즉 누구나 자유롭게 흥미, 욕구를 표현하고, 원하는 것을 다른 사람이 수용하고 공감할 수 있는 방식으로 온화하게 표현하며, 나만을 위한 것이 아니라 우리를 위한 것을 생각하는 능력을 발휘하게 하죠.

처음에는 잔뜩 위축되어 자신을 표현하는 데 생경하고, 자신의 감정이나 생각을 감추거나, 친구와 관계 맺는 일을 두려워하던 아이도 시간이 흐를수록 자신감을 얻고 점점 더 성장하며 행복을 느끼게 됩니다. 이런 변화는 다양한 갈등을 마주한 우리가 갈등을 문제 상황이 아닌 배움과 성장의 기회로 인식하는 것에서 시작됩니다.

점점 하향화되는 학교폭력 발생 연령

아동기와 청소년기에 나타나는 학교폭력과는 조금 다르지만, 유아교육기관에서도 친구를 때리고 나쁜 말로 공격하며, 때때로 무리 지어 친구를 따돌리기도 하는 등의 폭력이 일어납니다. 교실에서는 마치 '펑' 하고 화산이 폭발하듯 온몸으로 화를 표출하는 아이들의 목소리가 종종 들려옵니다.

> 야! 아 정말 왜 이래!! 선생님 ~~~~ 선생님~~~~~!

> 너랑 안 논다고 했잖아. 도대체 내 말을 왜 이렇게 못 알아듣는 거야!

서둘러 고개를 돌려 문제가 발생한 곳으로 다가가 봅니다. 얼굴이 벌겋게 달아오른 채 마구 화를 뿜어대는 아이 옆에는 그저 함께 놀고 싶어 주변을 맴돌다가 예상치 못한 거절에 온몸으로 수치심을 느끼며 역시나 얼굴이 붉게 달아오른 아이가 있죠. 이 두 아이가 표출하는 상반된 분노로 인해 교실의 다른 아이들까지 얼어붙고 맙니다. 사실 하루에도 몇 번씩 교실을 분노와 수치심으로 벌겋게 물들이는 이런 말들이 오갑니다. 그리고 우리는 이런 것들을 '갈등'이라 부르죠. 교사로 살아가면서 교실 속 얽히고설킨 다양한 갈등을 피할 순 없습니다. 중요한 건 해결 방법이죠.

앞서 언급한 것처럼 아이들은 갈등이라고 느낄 때 가장 간단하고 쉬운 방법을 선택합니다. 즉 괴롭히는 말하기, 주먹으로 때리기, 친구의 외모를 놀리기 등 부정적 방식의 해결 방법을 선택하는 거죠. 자기중심성이 강한 발달 특성상 상대의 입장을 온전히 고려하기 어렵기 때문입니다. 물론 드물게는 의도적으로 친구의 몸과 마음을 상하게 하는 경우도 있습니다. 하지만 **내가 만난 갈등이 왜 일어났는지, 어떻게 해결해야 하는지 알지 못하여 일어난 갈등**이 대부분이죠. 아직 지혜롭게 갈등을 해결해 본 경험이 쌓이지 않다 보니 편하고 접근성 높은 방법인 신체적·관계적 공격성 표출로 대신하는 것입니다.

그러다 보니 어린아이들이 생활하는 교실에서도 어느새 학교폭력이라는 단어가 그리 어색하지 않게 사용되고 있습니다. 발달적 특성으로 인해 벌어진 갈등이라고 여겨온 일들이 이제는 폭력이라 불리며 가해자와 피해자로 분리된 채 깊은 상처로 시름하는 아우성이 교실을 뒤덮고 있죠. 유아 또는 저학년을 대상으로 한 많은 연구에서도 학교폭력 발생 연령은 점점 하향화되고 있으며, 유아교육기관에서도 유아의 공격적 행동으로 인한 민원이 증가하는 데서 여실히 드러납니다.

 그날의 사과는 진짜 사과였을까?

갈등으로 인해 문제가 발생한 교실에서 교사의 역할은 무엇이고, 또 어떻게 해결해 나가야 할까요? 그동안은 교실에서 아이들 사이에 갈등이 일어나면 주로 교사가 나서서 상황을 중재했을 것입니다. 상황을 잘 파악하여 최대한 공정하게 해결하기 위해서 아마 교사가 아이들에게 가장 많이 한 질문과 말들은 다음과 같을 것입니다.

- 누가 먼저 그런 거니?

- 왜 그렇게 말한 거야?

- 그럼 이제 뭐라고 말해 줘야 될까?

- 누가 먼저 사과를 할지 이야기 해줄래?

- 먼저 사과하는 사람이 진짜 멋진 사람이야.

선생님의 이런 질문과 말을 듣고 난 아이들은 문제행동에 대해 선생님에게 간단히 보고하고 그 문제에 대한 지도를 받을 것입니다. 그러고 나서 선생님으로부터 문제의 종결처리를 받고 나면 문제가 해결되었다고 생각하겠죠? 저도 마찬가지였습니다. 문제를 빨리 처리해야 다음 시간에 해야 할 일들을 계속할 수 있고, 또 빠른 해결만이 유능한 교사임을 입증하는 결과라고 생각해왔던 거죠. 그런데 어느 날, 사과를 받았음에도 마음이 풀리지 않은 한 아이의 울분의 찬 목소리가 제 마음에 파장을 일으켰습니다.

> 너가 미안하다고 했지만 내 마음은 하나도 괜찮지 않아.
>
> 왜냐면 가짜로 미안하다고 했으니까!

그 이야기를 들은 순간, "우리의 사과는 진짜가 맞았을까?"라는 물음이 마음속에 메아리쳤습니다. 말로만 미안하다고 말하며 끝내는 것이 정말 괜찮은 방법이 맞는지 의구심이 들었죠. 곰곰이 생각해 보니 그동안 갈등 상황 중 제 관심은 오로지 문제행동을 일으킨 아이에게만 치우쳐 있었습니다. 자연히 문제와 갈등에 노출된 아이를 지도하느라 바빴죠. 정작 피해를 받은 아이의 억울한 이야기에는 귀를 기울이지 못했던 것입니다. 그러다 보니 저는 갈등이 잘 해결되었다 종결지은 일에 대해 아이는 집에 돌아가서 부모에게 억울함을 토로했던 거죠. 그 바람에 다음 날 아이들을 다시 불러 모아 어제의 일에 대해 재차 사과하게 했던 일들이 떠올랐습니다. 때로는 교실에서 일어난 모든 일에 대해 교사로서 책임져야 하는 무게가 너무 무거워 다음 날 아이들을 만나는 것이 두려워지는 경험도 했죠. 그날의 '가짜 사과'가 일으킨 울림 덕분에 비로소 '나는 이제 어떻게 가르쳐야 하는가?'를 고민하게 된 것 같습니다.

저는 그동안 아이들에게 일어나는 모든 상황을 통제하려 했고, 정의로운 재판장이 된 듯 잘잘못을 따지고, 사과를 받아내 주는 해결사의 역할을 자처했죠. 하지만 그것이 오히려 교실 안의 관계를 단절시키고 아이들의 자율성을 억눌러왔음을 깨닫게 되었습니다. 교사가 억지로 사과를 시키고, 아이들은 마음에도 없이 '미안해'라고 말하는 것이 결코 우리 반의 평화를 지켜줄 수 없음을 깨닫게 된 거죠.

나 홀로 해결사 역할을 내려놓고 만난 회복적 생활교육

갈등이 일어날 환경과 상황을 교사가 모두 예상하여 미리 통제할 순 없을까요? 안타깝게도 모든 일을 완벽하게 예측할 수도 없을뿐더러, 설사 예측할 수 있다고 해도 교실 안에서 문제가 전혀 일어나지 않는 기적은 일어나지 않습니다. 왜냐하면 교실은 단순한 공간이 아니니까요. 아이들의 배움의 공간인 동시에 아이들의 관계와 소통, 우리 됨이 공존하는 생활의 공간입니다. 그래서 교실은 늘 복합적인 문제와 갈등이 잠재된 장소이지요.

기존 생활지도에서는 아이들 간의 갈등이 일어나면 교사의 주도로 사과를 주고받는 소위 화해가 이루어집니다. 하지만 회복적 접근은 갈등을 해결하는 관계 회복의 주체를 '교사'가 아닌 '유아'(학생)로 전환합니다. 갈등이 일어난 후 무조건 사과하고 끝나는 방식이 아닌 자신이 저지른 행동에 대해 스스로 생각해 보는 것이 중요합니다. 이를 통해 자신이 피해를 준 상대의 마음에 공감하며 진심을 담은 진정한 사과로 피해 회복에 참여하는 거죠. 말뿐인 영혼 없는 사과가 아니라 친구의 상처받은 마음을 회복시키는 과정에 진심으로 책임을 다하는 것이 중요합니다.

아직 행동 조절이 미숙한 유아(학생)라도 잘못에 대한 기계적 사과와 화해를 강제하기보다 자신이 저지른 행동의 결과를 살피게 하는 것이 중요합니다. 그 후 피해를 입은 상대에게 진심으로 미안함을 표하여 상대의 상처받은 마음을 회복시키는 과정에 참여하는 거죠. 이런 경험을 한 아이들은 또 다른 회복으로 나아갈 수 있습니다. 즉 관계 회복의 주체인 '유아'(학생)는 회복의 경험을 통해 자신의 행동에 스스로 책임지는 것을 배워갑니다. 교사도 직접 문제를 해결하려고 나서기보다 아이들에게 갈등이 준 영향력을 회복할 기회를 주는 거죠. 이것이 생활교육에서 가장 중요한 교사의 역할이라 할 수 있겠습니다.

저도 교실에서 발생하는 모든 문제와 갈등은 도저히 담임교사인 내가 홀로 질 수 없는 무게임을 깨끗이 인정하고, 해결사 역할을 내려놓은 끝에 회복적 생활교육을 만났습니다. 회복을 만난 후, 가장 먼저 찾아온 변화는 갈등을 바라보는 관점입니다. 갈등은 피할 수 없는 것, 갈등은 해결해야 할 숙제 같은 것이 아닌, 우리를 성장하게 하고 배우게 하는 것으로 바뀌게 된 것입니다. 각기 다른 개성을 가진 우리 반 아이들이 서로 특별한 관계를 맺어갈 때 여러 가지 사건과 상황이 벌어지며 갈등이 일어나는 것은 지극히 자연스럽고 당연한 일임을 받아들였습니다. 그러자 갈등 해결사로서의 무거운 숙제는 이제 교사 혼자 짊어지는 것이 아닌 모든 아이들과 함께 풀어갈 공동체의 해결 과제가 된 거죠.

회복을 만난 우리가 최우선으로 염두에 두어야 할 점은 갈등 그 자체가 아니라 갈등으로 인해 관계 속에서 상처(또는 피해)를 받은 모두의 진정한 회복입니다. 아이들과 함께 회복을 위한 책임 있는 행동을 세워가는 과정에서 교사는 아이들의 생각을 지지해 주고 필요와 요구에 귀 기울여 주는 것이 중요합니다. 그러는 사이 아이들은 스스로 해결을 위한 생각을 떠올렸고, 또 행동에 옮겼습니다.

아이들이 갈등 해결의 주체적인 역할로 함께하기 시작한 순간부터, 우리 반에는 더 이상 가짜 사과를 주고받거나, 피해로 인한 억울함이나 수치를 겪는 일은 발생하지 않았습니다. **서클**[2]을 열어 우리에게 일어난 문제에 대해 서로의 생각을 이야기하는 시간과 공간을 마련해 주고 잘못에 대해 다시 생각해 보는 기회를 쌓아갔죠. 서클을 통한 충분한 소통의 기회와 성찰 경험이 모여 우리 반에 평화를 세웠습니다. 소통과 성찰의 시간은 잘못을 직면하고 책임 있게 해결해 나가는 용기를 마음에 불어넣었죠. 이러한 선순환은 회복적 가치인 '존중', '관계', '책임'을 온몸으로 온 마음으로 경험하게 하며, 갈등을 회복의 대화로 풀어가는 힘의 원천이 됩니다. 그렇게 조금씩 평화롭고 안전해진 우리 반 교실에서 아이들은 갈등을 새로운 **성장과 배움의 기회**로 여기게 되었습니다.

---

2. 회복적 생활교육에서 학급의 친구들이 동그랗게 둘러앉아 자신의 생각을 친구들과 함께 나누는 한편 소속된 공동체에 대한 저마다의 의견을 나누면서 함께 평화로운 공동체를 세워가는 대화모임을 말함. 뒤에서 자세히 다룰 것이다.

교실 속 회복적 정의 구현

응보에서 회복으로 전환하다!

앞에서 우리는 회복적 생활교육의 의미를 우리 반 교실에서 일어난 변화를 중심으로 살펴보았습니다. 가장 두드러진 변화는 갈등에 대한 관점의 전환이었죠. 이제는 조금 더 구체적인 변화들을 하나하나 짚어보려고 합니다. 먼저 회복적 정의가 실천된 교실이 다른 교실과 다른 이유를 살펴보겠습니다.

응보적 정의 구현이 빠지기 쉬운 오류

앞서 이야기한 것처럼 그동안 우리 사회가 주로 추구해온 방식은 응보적 정의입니다. 즉 누군가 잘못을 저지르면 잘못에 상응하는 대가를 치르게 하는 것입니다. 그리고 이는 교실도 크게 다르지 않았죠. 예를 들어보겠습니다. 다음은 친구에게 맞은 아이가 하교하여 부모와 나눈 이야기를 가정해 본 것입니다.

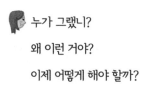 엄마(아빠) 오늘 교실에서 하영이가 나 때렸어. 나 너무 속상했어.

뭐야? 넌 왜 맞고만 있었어! 내일 가면 니가 더 세게 때리고 와!

평소 자녀가 친구에게 맞고 오는 일이 반복된다면 화가 난 부모의 입장에서 위와 같은 반응도 충분히 예상할 수 있습니다. 많은 사람들이 '눈에는 눈, 이에는 이'로 정의를 지키는 응보적 정의가 공정하다고 믿어왔기 때문이죠. 교실에서도 응보적 문화가 팽배하다 보니 저 또한 과거 교실에서 갈등이 벌어지면 아이들에게 이런 말부터 꺼내곤 했습니다.

 누가 그랬니?

왜 이런 거야?

이제 어떻게 해야 할까?

말에서 짐작할 수 있듯이 문제를 일으킨 아이와 그 상황에 온통 초점이 맞춰져 있습니다. 빨리 갈등을 해결하고 싶은 마음이 앞선 나머지 정작 피해를 입은 아이에 대한 배려는 잘 보이지 않습니다. 그러나 회복적 정의는 철저히 **피해를 입은 아이의 회복**에 초점을 둡니다. 회복을 만난 지금 우리 교실에서는 누구든 가장 먼저 이렇게 말합니다.

괜찮아?

이렇게 상처 입은 마음을 먼저 돌아보게 하는 말 한마디는 문제 상황을 되돌아보고 더 나은 방향으로 해결 방안을 제시하게 합니다. 문제로부터 진정되고 안정된 우리는 차분히 생각합니다. 즉 '**어떤 일이 우리 교실에**

일어났는지'에 대해, '어떻게 하면 지금 속상한 친구의 마음이 나아질 수 있는지'에 관한 방법을 고민하고 위로의 방법을 모색하여 실천하려고 노력합니다. 잘못에 맞춰져 있던 초점은 회복과 회복을 위한 필요와 요구에 대한 초점으로 바뀌고 있지요.

교사, 아이, 학부모의 행복한 연대를 이끄는 회복적 생활교육

하루가 멀다 하고 안타까운 일들이 벌어지는 요즘, 반 아이들과 교실에서 많은 시간을 보내야 하는 전국의 많은 담임선생님들은 더욱 힘들고 고단한 하루하루를 보내고 계실 거라 짐작합니다. 이런 상황에서 과거처럼 교실에서 일어나는 모든 문제해결의 책임을 교사가 떠안아야 한다면 교사 자신은 물론 결국에는 우리 반 공동체 또한 위기에 빠지고 말 것입니다. 여러분도 혼자 문제에 대응하고 해결하려면 할수록 아이들, 부모와의 관계가 더욱 단절된 것을 경험한 적이 있을 것입니다.

한편 회복적 생활교육은 교사가 잘잘못을 가려 문제해결을 책임지는 응보적 정의와 달리 그 책임을 모두와 함께 나누게 합니다. 교사와 아이, 학부모가 서로를 존중하고 연대하는 과정에서 교사의 시선이 회복을 향할 때 우리는 모든 일을 함께 해결하는 동료가 되고, 그 과정에서 쌓이는 돈독한 신뢰로 관계에 깊이는 더해질 것입니다. 사실 교사로서 가장 어려운 것은 아이들을 지도하는 것보다 가정과의 소통인 경우가 많습니다. 아이들이 가정에 돌아가 부모와 자신의 하루 생활을 이야기 나눌 때, 비록 소소한 갈등이 있었다고 해도 우리 반 선생님과 친구들, 함께한 놀이 등에 대한 느낌과 생각이 '행복'이라면 학급을 운영하는 교사, 학급에서 놀이하고 배우는 유아(학생), 유아(학생)를 기관에 보내는 부모 모두의 삶도 '행복'해지지 않을까요?

회복을 만나 보니 함께 행복해지는 방법은 '**공동체성**'에 있었습니다. 갈등이 생길 때 교사가 해결 방법을 일일이 지도하고, 그에 따르게 할 것이 아니라 아이들에게 해결에 필요한 힘과 권리를 나누고, 함께 해결하기 위해 공동체의 약속도 함께 세워 나가며 그 약속에 동의하고 지키려고 노력하는 과정에서 스스로 책임 있는 행동을 이어갔습니다. 그리고 우리가 서로 존중하고 공감하여 책임 있게 회복의 가치를 세워나가는 과정을 부모님과 공유하기 시작하며 거센 파도와 같던 아이들의 생활은 점차 잔잔하고 평화롭게 흘러갔습니다.

물론 앞으로 나아가는 길에 넘어짐과 부딪힘이 없지는 않았습니다. 가장 힘들고 어려웠던 일은 아이들이 크고 작은 문제 앞에 '난 잘못한 것이 없어.'라는 이기적인 생각으로 잘못을 인정하지 않으려는 모습을 지켜보는 일이었죠. 자기중심성이 강한 아이들이 "생각해 보니 나도 잘못한 것 같아 앞으로 조심할게." 하며 스스로 잘못을 반성하는 것은 결코 쉽지 않았으니까요. 그래서 단번에 해결하려고 하기보다는 두 번째 갈등을 맞이할 때는 조금 더 친구를 고려하여 행동을 조절하는 힘이 자라는 경험을 하도록 책임을 확장해 나가는 것이 중요합니다. 그러다 보면 조금씩 아이들도 변화하게 됩니다. 학기 초 빈번하게 보이던 공격적 행동과 괴롭힘의 언어가 교실에서 더 이상 보이지도 들리지도 않게 되죠.

만약 자기중심성이라는 발달적 제한성을 이유로 유아, 저학년 학생들에게 잘못을 직면하고 책임지게 하는 소중한 가치를 전하는 것은 불가능에 가깝다며 회복을 의심했다면 아마 지금도 모든 책임을 홀로 떠안은 채 해결사 역할에 여념이 없었을 것입니다. 아이들과 함께하는 대부분의 시간 또한 회의감과 무능력감으로 채워가고 있었을지도 모릅니다.

지금 우리 교실의 평화는 우리가 함께 모여 나눈 회복의 이야기가 담긴 '서클'과 서로 믿을 수 있는 관계를 형성하는 '공동체 놀이'로 차근차근 세워간 신뢰 덕분이 아니었나 생각합니다.

회복적 정의는 어떻게 시작되었나?

초·중·고 현장에서는 이미 회복적 생활교육에 대한 연구가 활발히 이루어지고 있습니다. 상벌체계와 성적의 위계가 비교적 엄격한 만큼 학교폭력 발생률을 낮추고 학력을 높이기 위한 대안으로 회복적 정의를 교육적으로 실천하는 회복적 생활교육에 대한 많은 연구와 적용 사례가 쏟아져 나왔죠. 혹시 처음 회복적 정의가 도입된 계기가 궁금하지 않은가요? 회복적 정의의 역사를 거슬러 올라간다면 한 마을의 이야기를 빼놓을 수 없겠습니다.

하루아침에 마을의 평화를 깨뜨린 사건

존중과 공감, 책임으로 회복적 정의를 실천하게 한 최초의 사건은 캐나다 온타리오주의 '엘마이라(Elmira)'라는 작은 마을에서 일어났습니다. 1974년 어느 날, 조용했던 마을의 평화를 무너뜨린 사건이 터진 거죠. 아침에 일어나니 눈앞에 믿기 어려운 광경이 펼쳐져 있었습니다. 집집마다 창문이 깨지거나, 자동차 타이어에 펑크가 나거나, 가족 대대로 물려받은 소중한 물건까지 망가져 있었으니까요. 겨우 하룻밤 사이에 일어난 소동으로 마을 사람들은 엄청난 충격에 휩싸였습니다.

처음 이 사건을 맞이한 마을 사람들은 분노에 휩싸였고, 이런 일을 벌인 범인을 반드시 찾아내 징벌하고 싶어했습니다. 하지만 그보다 더욱 마을 사람들을 가장 힘들게 한 것은 앞으로도 이런 일이 또 일어날지 모른다는 두려움과 염려였습니다. 소중한 것, 필요한 것을 잃은 상실의 마음이 분노와 두려움으로 나타난 것입니다. 그런데 난동을 일으킨 범인으로 체포된 이들은 놀랍게도 그 마을의 고등학생 두 명이었습니다. 심지어 이들은 술과 마약에 취해 있어 큰 파문을 일으켰죠.

 피해자와 가해자의 만남이 일으킨 작은 기적

두 고등학생의 재판을 앞둔 어느 날, 이 지역의 보호관찰관 마크 얀치와 데이브 월스는 기존 사법 체계의 테두리 안에서는 생소했던 새로운 제안을 내놓습니다. 그것은 바로 '피해자-가해자와의 만남'이 사건 해결에 도움이 될 것이라는 의견이었는데, 이것이 판사에 의해 수용되었죠. 사법 제도 안에서 일어난 가해자와 피해자와의 첫 회복적 만남이었습니다. 이 만남에서 가해 학생들은 피해자와 만나 그들이 입은 피해에 합의하는 시간을 가졌습니다. 피해 당사자인 마을 주민들로부터 자신들이 저지른 일들이 한 사람, 가정, 온마을에 끼친 영향에 대해 직접 듣게 된 거죠. 이야기를 듣는 동안 두 학생의 눈에는 뜨거운 사죄의 눈물이 흘렀습니다. 그리고 자신이 입힌 피해에 대해 반성하며, 할 수 있는 범위 내에서 피해를 복구하겠다는 진심 어린 고백도 흘러나왔습니다.

말로만 그친 반성이 아니었습니다. 실제로 두 학생은 피해 현장으로 가서 쓰러진 담장을 다시 세우고, 부서뜨린 물건들을 쓸어 담고 고치며 원상복구 과정에 직접 참여했습니다. 손수 마을을 청소하고 훼손된 환경과 파손된 물건 등 피해에 대해 전심으로 복구하려는 노력은 그 자체로 진정한 사과였습니다. 이렇게 가해 학생들이 최선을 다하여 회복의 노력을 하자 징벌을 고집했던 피해 주민들의 마음도 누그러졌습니다. 드디어 진정한 회복이 시작된 거죠.

피해 주민과 가해 학생의 회복적 만남은 모두에게 선한 영향을 미치게 됩니다. 피해 주민에게는 용서와 심리적 안정을, 가해 학생에게는 예전처럼 마을의 구성원으로 살 수 있게 되었다는 감사와 수용을 가능하게 해주었으니까요. 마을은 다시 이전과 같은 안전함과 평화를 회복했습니다. 그 당시 가해자와 피해자 간 최초의 만남을 통한 일련의 회복적 과정은 캐나다 사법 체계에까지 영향을 미쳤습니다. 나아가 전 세계적으로 사법, 사회, 심지어 교육 현장까지 뿌리내려 제도의 변화를 만들어냈죠.[3]

🐦 나의 행동이 다른 사람에게 미치는 영향, 책임을 생각한다는 것

이 이야기의 핵심은 가해를 한 사람이 자신이 한 행동이 다른 사람에게 어떠한 영향을 주었는지 돌아보는 시간이 주어진다면 자신이 미친 부정적 영향을 바로 잡기 위해 책임 있는 노력을 하게 된다는 점입니다. 이는 오랜 시간 응보적 정의에 의존해온 우리 사회에도 시사하는 바가 큽니다. 그동안 우리가 살아온 사회는 잘못에 대한 합당한 처벌로 사회의 질서가 유지된다고 믿어왔습니다. 한편 회복적 정의의 교육적 실천 방법인 회복적 생활교육은 잘못한 아이에게 맞추어져 있던 초점을 피해를 입은 아이의 회복과 그 피해로 인해 영향을 받은 반 구성원의 필요와 요구로 전환하는 것에 주목함으로써 응보적 정의의 한계를 극복합니다.

....
3. 유튜브, "청소년 범죄 보고서 '죄와 벌' 회복적 정의편,
　　https://youtu.be/JpqwMHzFDfI?si=qMcUNkAA5x-33nV5, (2023.05.08.)

그래서 회복적 생활교육에서는 가해 학생을 대상으로 한 '생활지도'가 아닌 새로운 접근이 필요하다고 강조합니다. 즉 생활교육으로 교사와 아이, 학부모의 시선을 확장할 것을 권면합니다. 다만 우리가 중요하게 여겨야 할 점은 생활교육과 생활지도란 용어의 구별은 아님을 상기하려고 합니다. 용어의 차이보다는 그것이 추구하는 목적과 생각의 차이를 분명히 하고자 할 뿐입니다. 어떤 목적과 생각, 즉 패러다임을 추구하느냐에 따라 서로 다른 교육기관의 문화를 창조하기 때문입니다.

이제 '갈등'에 대한 인식 전환이 필요합니다. 아마도 여전히 갈등은 되도록 피하고 싶은 것이 교사들의 솔직한 속내일 것입니다. 하지만 불편하고 두려운 마음에 무작정 피하려고만 하면 갈등은 다시는 만나고 싶지 않은 미해결 과제로 영영 남게 됩니다. 그러나 회복의 시선으로 바라보는 교사에게 갈등은 배움과 성장의 기회입니다. 실제로 저를 포함하여 회복의 관점으로 학급을 운영하는 많은 교사들이 아이들에게 일어났던 갈등으로부터 의미 있는 배움을 경험하였으며, 상호신뢰를 쌓아가는 관계로 오늘도 한 뼘씩 차근차근 성장하고 있으니까요.

평화롭고 안전한 교실 세워가기

선생님, 이제 알 것 같아요!

디지털 대전환 시대, 생성형 AI, IB, 디지털미디어 등 교육의 방식에도 거센 변화의 바람이 불고 있습니다. 수많은 미디어에 노출된 채 살아가는 아이들은 관계적 소통의 시간보다 매체와의 소통으로 더 많은 시간을 보내고 있지요. 그러나 변하지 않는 가치인 존중, 공감, 소통, 배려, 협력, 책임 등의 민주시민 역량은 오히려 지금 더 절실히 요구됩니다. 이런 역량은 하루아침에 얻어지는 것이 아닌 만큼 어릴 때부터 자연스럽게 몸에 밸 수 있는 기회를 가져야 합니다.

내 마음만 소중히 여겨 내뱉은 부정적인 말들

여러분도 잘 알고 계신 것처럼 유아기와 초등학교 저학년 시기는 인성의 틀이 형성되는 결정적 시기입니다. 따라서 이 시기의 경험과 만남은 평생을 좌우할 만큼 중요하죠. 그런데 요즘 교실에서 만나는 아이들은 부정적인 언어, 심지어 욕에 가까운 거친 말들도 너무 쉽게 내뱉는 모습을 보입니다. 다른 사람의 마음과 생각을 헤아리지 못한 말은 갈등을 증폭시키고 관계를 방해하는 점에서 우려스럽습니다. 사실 아이들은 자기도 모르는 화에 휩싸여 이유도 원인도 모르는 분노를 표출하는 경우가 많습니다. 이는 자기조절에 대한 발달적 한계가 원인일 수도 있지만, 저출산 시대에 지나치게 허용적 가정의 분위기에서 성장하다 보니 자신의 욕구를 절제하는 경험을 많이 해보지 못한 것도 원인일 수 있습니다.

스스로 뭔가 해결하기보다는 부모나 조부모 등이 나서서 대신 해결해 주는 데 익숙하다 보니 직절한 실패와 성찰을 진히 경험해 보지 못한 거죠. 그래서인지 아이들은 스스로 갈등을 해결하려는 의지를 보이지 않을 뿐만 아니라 때론 친구의 사과도 무시하거나 거부합니다. 오직 내 마음만 소중히 여기는 아이들의 말은 다른 친구의 마음을 아프게 합니다.

회복적 생활교육을 만나고 저는 교실에서 아이들의 말과 주고받는 이야기들을 주의 깊게 듣기 시작했습니다. 부정적이고 거친 말을 사용하는 원인과 환경에 집중하자 그 말의 배경에는 누군가를 가해하려는 악의적 의도보다 어떻게 표현해야 할지 몰라서 또는 그냥 떠오르는 대로 생각 없이 쉽게 표현하려다가 실수하게 된 경우도 많다는 것을 알게 되었습니다. 그러나 어쨌든 상대를 배려하지 못하여 함부로 내뱉은 이런 말들이 관계의 문제를 만들어 냈으며, 이로 인해 아이들은 불편한 신호를 보내왔습니다. 이런 일도 있었습니다. 함께 종이접기를 하던 주영이와 나영이가 옥신각신하더니 제게 다가와 말했죠.[4]

....
4. 아이의 이름은 개인정보 보호를 위해 가명 처리됨. 책 속의 사례에 등장하는 모든 아이들의 이름은 가명임을 밝힙니다.

선생님, 나영이가 저를 자꾸 못하게 하면서 '야, 똑바로 해 그거 아니라고!' 소리를 질러요.

 아니에요. 야, 내가 언제 그랬어? 어? 말해 봐!

 니가 계속 그랬잖아! 내가 색종이 접을 때...

 (억울한 듯 울먹이며) 난 너가 자꾸 틀려서 그거 아니라고 말해 준 거라고!

먼저 주영이가 저한테 자신의 억울함을 호소하자 나영이도 지지 않고 응수하다가 결국 눈물까지 보이고 말았죠. 이 일을 계기로 우리는 서클을 열었습니다.[5] 서클을 통해 나영이는 주영이에게 접는 방법을 알려주고 싶었는데, 자꾸 다른 방법으로 접는 주영이의 서툰 접기에 화가 났던 것을 알게 되었습니다. 나영이는 주영이에게 도움을 주려던 선한 의도였지만, 마음대로 되지 않는다고 화가 난 생각과 감정을 거침없이 드러내는 것은 자칫 친구의 마음을 상하게 할 수 있다는 것을 알게 되었죠. 즉 친구의 마음을 고려하지 않은 일방적인 소통은 의도가 어쨌든 간에 서로의 관계를 불편하게 만든다는 것을요.

이처럼 회복적 생활교육은 상처 주던 말을 따뜻한 사랑의 말로, 나를 자랑하고 뽐내는 마음을 다른 친구를 인정하고 배려하는 마음으로, 친구를 소중히 여기지 않고 함부로 대했던 행동을 친구를 존중하고 협력하는 행동으로 전환시켜 줍니다. 회복을 통해 하나 됨을 경험한 아이들은 생각과 말, 행동이 변화되기 시작합니다. 심지어 기대 이상이었죠. 변화의 중심에는 회복이 자리하고 있었습니다. 한 사람이 추구한 회복이 두세 사람의 회복으로, 나아가 공동체의 회복을 가능하게 하죠.

....

5. 서클의 방법에 대해서는 뒤에서 좀 더 자세히 살펴볼 것입니다.

서클, 평화로운 갈등 해결의 장이 되다

비슷한 상황에서 교사가 좋은 말로 아이들의 잘못을 부드럽게 타이를 수도 있습니다. 하지만 그것만으로는 아이들이 서로를 존중하고 배려하는 말의 힘을 실감하게 할 수 없습니다. 그래서 우리 반에서는 친구의 마음을 헤아리는 말을 나누기 위해 '서클'에서 존중하고 공감하며 책임 있는 말하기를 자주 연습하는 편입니다. 서클에서 회복적 질문과 그에 대한 답을 찾아가며 몸과 마음으로 놀이하고, 존중의 대화를 나누며 공감으로 소통하고 책임 있게 약속을 세워가는 동안 우리는 어느새 서로를 격려하며 끈끈한 관계를 맺어갈 수 있었죠.

서클로 놀이를 열자 긍정적 소통과 따뜻한 관계의 시작이 '말 한마디'라는 것을 경험한 아이들의 말은 긍정적으로 변화되었습니다. 아이들이 바르고 고운 말을 통해 회복되는 과정은 교사로서 무척이나 보람되었습니다. 작은 일에도 "선생님!"을 열 번 넘게 외치며 찾던 아이들의 메아리가 점차 사라졌지요. 굳이 교사의 개입이나 중재 없이도 스스로 자신의

| 회복적 질문의 예시 |

문제상황 알아차리기	무슨 일이 일어난걸까?
문제가 끼친 영향에 공감하기	이 일로 영향을 받은 친구가 누구니? ○○이에게 어떤 피해가 있었니?, 우리 반이 받은 피해는 무엇이니?
책임을 공유하기	어떻게 하면 괜찮아질까? 우리 반 친구들이 도와주어야 할 일은 무엇일까?
성장과 배움으로 나아가기	다시 이 일이 생기지 않으려면 어떤 약속이 필요할까?

말을 돌아보고 갈등 해결에 적극적으로 참여하려는 아이들의 회복적 모습은 우리 교실을 안전하고 평화롭게 지키는 힘이 되었습니다.

회복적 문화로 평화롭고 안전한 학급 세우기

거듭 강조하지만, 응보적 문화에 길들여진 교실에서는 피해 입은 아이의 회복은 외면당하기 쉽습니다. 저 또한 회복을 만나기 전에는 갈등이 발생될 만한 요소를 없애는 데만 급급했고, 때론 빠른 해결을 위해 마음에도 없는 맹목적 화해를 종용하기도 하였습니다. 관계의 지속을 위해 갈등의 당사자에게 적극적으로 개입하여 잘못된 행동에 대해 수정을 관철시키는 것만이 교사의 참된 역할이라 생각해왔죠. 그러나 이런 교사 주도의 노력들은 지속가능한 방법이 되지 못하였습니다. 교사가 모든 상황을 통제할 수도 없을 뿐만 아니라, 교사가 조금만 한눈을 팔아도 비슷한 문제행동이 반복되기 때문이죠. 그렇기 때문에 갈등 해결에 있어 유

| 응보적 정의와 회복적 정의의 초점 |

응보적 정의의 초점	회복적 정의의 초점
· 누구의 잘못인가?	· 누가 피해를 입었는가?
· 어떤 법(규칙)을 어겼나?	· 어떤 피해가 발생했는가?
· 어떤 벌을 받아야 하는가?	· 피해를 회복하기 위해 필요한 것은 무엇인가?

아(학생)가 주체적이고 자율적 기준을 세워 스스로를 통제해 보고 행동을 되돌아볼 수 있는 경험을 쌓아가는 것이 중요합니다. 아주 작은 경험이라도 친구의 입장이 되어보는 시간을 갖도록 도와줄 때, 비로소 교사가 일일이 개입하지 않더라도 아이들 스스로 갈등을 해결하는 능력을 키워갈 것입니다. 너와 나의 관계, 우리 반 공동체의 회복을 위해 존중, 공감, 책임의 회복적 가치 위에 평화롭고 안전한 학급을 세워갑니다. 그와 함께 평화롭고 안전한 교실이 되어가는 거죠.

모든 일이 일어난 후에 처방적 방식으로 문제를 해결하던 사후약방문 격 응보적 생활지도가 처벌과 통제에만 초점을 맞추었다면 회복적 생활교육은 잘못된 행동으로 인한 피해를 피해자의 목소리로 듣고 자발적으로 문제해결에 직면하여 책임지는 것에 초점을 맞춥니다. 이와 관련된 우리 반 이야기 하나를 소개하려고 합니다.

예준이는 왜 친구에게 열쇠고리를 주고 후회했을까?

학기 초 전학을 온 예준이는 예전에 비해 부쩍 밝아졌고, 예준이 엄마도 안도하고 있었죠. 그러던 어느 날 하굣길, 예준이의 표정이 평소와 달리 어두워 보이자, 엄마는 가슴이 철렁 내려앉습니다. 그런 예준이에게 누구 때문인지, 무엇 때문에 그런지 꼬치꼬치 물어봅니다. 엄마의 질문에 자신의 속내를 털어놓던 예준이가 다급하게 덧붙였죠.

 근데 엄마! 이거 아무한테도, 정말 아무한테도 말하면 안 돼!

예준이 이야기를 듣고, 예준이 엄마는 이 일에 대해 담임선생님께 전해야 하나 말아야 하나 고민합니다. 겨우 밝아진 아이 모습에 한시름 놓았을 무렵이었기에 작은 문제로 다시 아이의 어두운 모습을 마주하고 싶지는 않았을 테니까요. 고민 끝에 다음 날 아침 수화기를 듭니다.

> 선생님, 예준이가 어제 가방에 달고 갔던 캐릭터 열쇠고리를 친구들에게 모두 나눠주고 왔어요. 예준이는 친구에게 주고 싶은 마음은 있었지만 다 주고 싶지는 않았나 봐요. 그래서 돌려받고 싶은 마음은 있는데 친구에게도 절대 말하지 말라고 하고, 선생님께도 절대 말하지 말라고 해서 어떻게 하면 좋을지 몰라 선생님께 전화드렸어요.

예준이 어머니의 이야기에 문득 입학식 날과 등교 후 첫 주의 모습이 떠올랐습니다. 새로 전학온 곳에 대한 기대보다 두려움이 앞서 어두운 표정과 불안한 몸짓으로 자기 자신을 꽁꽁 싸매고 있던 예준이의 모습, 그 보이지 않는 마음의 경계를 무너뜨리려 우스꽝스러운 웃음소리로 함께 웃어주고 작은 이야깃거리들을 들고 이야기를 주고받을 때의 모습을요.

다행히도 예준이는 생각보다 빠르게 적응해갔습니다. 어느새 아이는 더 이상 다른 친구들이 질문할 때 불안하게 눈을 깜빡이지도, 잘 모르는 과제를 만났을 때 울먹이지도, 실수했을 때 무조건 내가 한 게 아니라고 손사래를 치며, 불안한 듯 손을 떨지도 않게 되어 참 다행이다 싶어 저도 안심하던 참이었지요.

그런데 예준이가 저는 물론 친구들에게도 속내를 감추고 속상해한다는 어머니의 전화에 그간 보내온 노력과 시간이 모두 처음으로 되돌아간 것은 아닐까 하는 생각에 마음이 무거워졌습니다. 하지만 한 아이의 마음이 도약하려면 넘어짐과 멈춤의 과정도 필연적으로 뒤따르는 게 당연한 이치입니다. 그래서 이내 마음을 다잡고, 최대한 예준이의 마음을 생각해 보기로 했습니다. 예준이가 워낙 단기간에 눈에 띄게 변화하다 보니 저도 모르게 아이에게 너무 큰 기대를 하고 있었다는 것을 깨달았기 때문입니다.

친구들과 친해지고 싶었던 예준이

'내가 예준이였다면…' 생각하고 또 생각했습니다. 친구들과 더 잘 놀아 보려고 예준이는 집에 있는 장난감을 유치원에 가져오지 않기로 한 우리 반의 약속에 어긋나지 않으면서도 아이들의 관심을 끌기에 충분한 놀잇 감인 캐릭터 키링을 선택했을 것입니다. 우리 반 남자친구들이 가장 흠 모하는 만화 캐릭터가 예준이의 가방에 주렁주렁 달려 있는데 아이들이 이것을 놓쳤을 리가 없었죠. 키링에 관심을 보인 아이들 중에는 예준이 의 것을 갖고 싶은 마음도 당연히 있었을 것입니다. 예준이도 여러 마음 이 공존했을 것입니다. 친구들의 관심을 받는 캐릭터를 소유했다는 것에 서 든든하고 우쭐한 마음과 함께 친구에게 기꺼이 주고 싶은 마음과 내 거니까 주고 싶지 않은 마음 사이를 오락가락하다가 결국 친구에게 주는 쪽을 택했을 것입니다.

나중에 예준이와 이야기를 나누어 보니 예준이는 키링을 주면 친구가 나랑 잘 놀아 줄 거란 생각을 한 것도 사실이었습니다. 예준이가 막상 친 구에게 키링을 건네주려던 순간, 이건 아니다 싶은 마음에 후회가 몰려 왔겠지만, '이건 줄 수가 없어.'라는 말이 차마 입에서 떨어지지 않았던 것입니다. 우리 어른들도 거절은 큰 용기가 필요하니까요. 예준이가 거 절하지 못하고 건네준 키링은 친구의 가방으로 쏙 들어갔고, 더 이상 예 준이의 것이 아닌 게 되어버렸습니다.

한편 예준이는 자신이 아끼는 키링을 친구에게 건넴으로써 내심 그것이 우정을 표현한 거라고 생각했지요. 그래서 내가 좋아하는 친구에게 내가 소중히 여기는 것을 주게 된 것이죠. 그러나 막상 집에 돌아가 보니 주렁주렁 매달린 캐릭터가 사라지고 허전해진 가방이 못내 아쉬웠나 봅니다. 그래서 태어나 지금껏 내 마음을 가장 잘 이해해 주고 나 대신 나의 필요와 요구를 대변해 주던 엄마를 만나자마자 아쉬운 마음을 고백한 것이겠지요.

서클 경험을 통해 갈등에 대한 시각을 바꿔가는 아이들

물건의 주고받음으로 관계의 주도권을 얻으려는 것과 같은 상황은 예준이뿐만 아니라 사실 아이들 사이에서 흔하게 일어납니다. 이런 갈등 상황에서 가장 요구되는 점은 바로 갈등에 스스로 직면하는 **용기**입니다. 내가 아닌 다른 사람이 대신 해결해 주는 갈등은 근본적인 문제해결에 도움이 되지 않으니까요. 그래서 저는 이 일을 계기로 아이들과 문제해결 서클을 열고, 소유와 공유에 대한 이야기를 나누었습니다.

부모님이 사 주신 물건을 주고받을 때는 부모님의 허락이 필요하다는 것, 필요 이상으로 많은 캐릭터 키링을 가방에 달고 다니는 일이 누군가에게는 갖고 싶다는 마음이 들게 한다는 것, 집에서 가져온 놀잇감 또는 물건을 한두 명에게만 나눠주는 일이 받지 못한 친구에게는 서운함을 안겨줄 수 있다는 것 등의 이야기를 나누었죠. 우리에게 일어난 작은 이슈는 앞으로 우리 반이 무엇을 소중한 가치로 세워가야 하는지를 함께 논하도록 이끌었습니다.

서클 경험을 통해 아이들은 갈등에 대한 시각을 조금씩 바꿔가게 되었습니다. 즉 갈등을 일으킨 가해아를 비난하고 처벌하는 것에 초점을 두기보다, 갈등 때문에 입은 피해를 회복하기 위해 문제를 일으킨 행동을 되돌아보고, 그에 대해 함께 책임지려는 태도를 길러가고 있습니다. '나'만 중심이 되는 것이 아닌, '우리'가 중심이 되어 서로 공감하고 책임 있는 관계 속에서 갈등을 평화롭게 해결하고자 하는 방향성을 아이들의 힘으로 찾아 나가는 것이지요. 교실에서 아이들과 함께 회복을 경험하며, 갈등에 용기 있게 직면하는 것 그 자체로 존중, 공감, 책임과 같은 성품과 에너지가 자랄 수 있음을 알게 되었습니다.

회복이 있는 교실은 갈등이 일어난 순간 더욱 빛을 발하게 됩니다. 갈등 속에서도 친구에게 존중, 공감적 태도를 보이니까요. 회복을 경험하기 전에는 '치, 나만 그런 게 아니라구요!'라고 말하며 책임을 회피하기 바빴던 아이들은 누가 시키지 않아도 '미안해, 괜찮아?'라며 자기 행동이 다른 친구에게 미친 영향력을 돌아보는 모습을 보입니다. 비록 다친 그 마음을 다 헤아리기는 힘들지라도, 또 당장 모두 다 이해할 순 없을지라도 갈등을 회복하려고 노력하는 것과 계속 화내고 삐치고 관계를 단절하는 것 중에 무엇이 더 나은 선택인지 깨닫게 된 거죠.

이와 같은 경험이 차곡차곡 쌓이다 보면 어느덧 나의 마음을 차분히 돌아보게 하고, 더 나아가 친구의 마음을 헤아려 우리 반을 행복하게 만드는 선택을 하게 합니다. 왜냐하면 서클에서의 소통과 나눔은 아이들이 평화를 스스로 알아차리게 하여 회복을 선택하게 하기 때문이지요. 서로 책임을 미루던 아이들은 어느새 '우리 이렇게 해볼까?'라며 책임을 공유하고 함께 문제를 해결하기 위해 에너지를 사용하기 시작합니다.

회복의 학급을 운영하게 되며 가장 두드러진 변화를 실감한 것이 바로 '말'입니다. 나에게 주는 말, 친구와 주고받는 말, 우리가 나누는 말 등이 눈에 띄게 긍정적으로 변화되었습니다. 이는 하루하루 서클에서 나눈 회복의 대화를 통한 갈등 해결 방법이 쌓이고 쌓여 아이들의 태도와 교실의 문화를 변화시킨 결과입니다. 평화롭고 안전한 우리 교실에서 갈등은 **진정한 '성장과 배움의 기회'**가 된 것이지요.

자기중심성이 두드러진 유아 및 저학년 시기에는 자기 행동으로 인해 다른 친구가 받게 된 영향을 제대로 이해하기란 어려운 일입니다. 그럼에도 아이들은 하루하루 서클로 놀이하고 이야기 나누며 회복적 생활교육의 가치인 존중, 공감, 책임을 직접 실천하면서 평화로운 학급 공동체를 만들어가고 있습니다.

회복적 생활교육의 첫걸음

함께 세우는 존중, 공감, 책임

생명이 푸릇푸릇 피어오르는 3월은 1년의 학급살이가 시작되는 달이기도 합니다. 교사들에게 3월은 매년 어김없이 돌아오지만, 아무리 겪어도 새로움을 느낍니다. 아이들 못지않게 설레고 한편으론 긴장감도 느끼게 되지요. 그 이유는 아마도 교실을 채우는 아이들이 매년 저마다 다르기 때문일 것입니다.

그런데 신기할 만큼 매년 똑같이 반복되는 모습도 있습니다. 예컨대 보호자와 떨어지기 힘들어 눈물자국이 선명한 아이, 놀이 시간이 끝나고 정리 시간임을 알려도 아랑곳없이 놀이를 계속 이어가는 아이, 보고 만지는 것마다 "내 거야!"를 외치는 아이, 새로운 환경이 낯설어 스며들지 못한 채 주변을 맴도는 아이, 새로운 교구나 놀잇감에 신이나 여기저기 뛰어다니며 소리 지르는 아이의 모습 등은 아무리 새로운 아이를 만나도 매년 볼 수 있습니다. 이러한 모습을 맞이하는 교사에게 3월은 몸과 마음이 매우 지치는 고단한 시기이기도 합니다. 3월을 맞이하는 마음이 그리 편치만은 않다는 것에 우리는 분명 공감할 것입니다.

학기의 시작, 3월에 주목해야 할 회복적 생활교육 원리

회복적 생활교육은 일 년 내내 함께해야 하지만, 새롭게 시작되는 3월이 특히 중요합니다. 이때 교사에게 필요한 회복적 생활교육의 원리는 바로 **직면**과 **공감**입니다. 아이들이 경험하게 될 관계 속에서 일어나는 각종 어려움과 힘듦에 교사가 직면한다는 것은 곧 아이들의 입장이 되어 보는 것이니까요. 매년 똑같은 상황을 맞이해왔고, 또 앞으로도 계속 맞이하게 될 교사에게도 3월은 적잖이 아프고 힘든 시기이기도 합니다. 하물며 아이를 교육기관에 처음 보내는 보호자, 난생처음 부모와 떨어져 꽤 많은 시간을 교실이라는 사회적 환경에서 보내게 되는 아이들에게 3월이라는 처음의 시간이 과연 어떻게 다가올까요? 분명 불안하고 궁금한 것 투성이일 것입니다. 학부모나 아이의 입장에서도 상황을 바라보고 공감하려는 교사의 노력이 필요한 이유입니다.

그럼 교사가 어떻게 아이들이 경험하는 어려움을 아이의 입장에서 직면하고 이에 공감해 주는 것이 좋은지 구체적인 예와 함께 살펴볼까요? 우리 반에는 하영이라는 아이가 있었습니다. 첫날 교실에 들어서자마자 '앙~~~' 하고 크게 울음부터 터뜨리던 하영이에게 저는 이렇게 말했죠. **"선생님도 힘들 때가 있어, 너도 힘들지?"** 이 말을 들은 하영이는 울음을 잠시 그쳤습니다. '힘들었겠다. 괜찮아질 거야.'라는 익숙한 위로와 달리 선생님도 힘들다는 말에 '엉? 선생님이 힘들다고? 도대체 뭐가?' 하는 듯한 어리둥절한 표정으로 저를 바라본 것입니다. 회복의 교실에서 교사의 연약함은 더 이상 아이들에게 감춰야 할 비밀이 아니라 함께 나누고 공유할 이야깃거리가 되는 것이지요. 아이의 울음이 잠시 멈춘 시간에 너의 어려움은 비단 너만의 것이 아님을 알려줍니다.

선생님도 이제는 오빠 언니가 된 작년 ○○반 친구들이 보고 싶고 생각나서 눈물이 나려고 할 때가 있지만, 하영이를 만나니 기뻐서 눈물이 쏙 들어갔어. 하영이랑 오늘 바깥놀이도 하고 인사놀이도 할 생각을 하면서 교실에 들어왔거든.

이 말을 들은 하영이는 자기가 느끼는 감정을 선생님도 느낄 수 있다는 것, 즉 **'우리는 같은 마음이야'**라는 마음의 공유와 공감을 하게 됩니다. 그리고 선생님도 회복을 위해 마음을 조절한다는 것을 알게 된 하영이는 어느새 눈물을 거두었죠. 그리고 궁금한 것들을 이것저것 물어보기도 하며, 흥미로워 보였던 교실의 물건들을 조금씩 탐색하기 시작했습니다. 물론 하영이는 다음 날도, 또 그 다음다음 날에도 울음바다로 하루를 시작했지만, 하루하루 시간이 흐를수록 그 시간은 짧아지고, 울음의 강도는 약해졌습니다. 하영이는 교사의 예상보다 더 빨리 회복했으며, 이제는 활짝 웃으며 교실 문을 열고 들어옵니다.

우리는 아이들의 이런 변화를 '적응'이라고 부릅니다. 서클로 만나 놀이하고 이야기 나눈 시간들이 아이의 마음을 자라게 한 거죠. 특히 서클은 부적절한 감정에 매몰되지 않고, 엉뚱하게 표현되지 않도록 자신을 조절하게 합니다. 그 조절의 힘은 바로 회복적 생활교육의 핵심가치인 '존중', '관계', '책임'에서 비롯됩니다. 다만 이 책에서는 회복적 가치인 존중, 관계, 책임에서 '관계'적 가치를 '공감'으로 조정하였습니다. 그 이유는 아직 관계적 힘을 스스로의 힘으로 끌고 가기에 어려움을 느낄 수 있는 유아와 초등 저학년 친구들에게 좀 더 다가가기 쉬운 공감의 가치로 회복적 관계를 풀어가기 위함입니다. 즉 관계의 기초가 되는 '공감'의 가치로 풀어가며, **존중, 공감, 책임**으로 물드는 시간을 보내게 됩니다.

상호존중과 공감 속에서 함께 성장하다

아이들은 익숙한 가정을 떠나 새로운 만남과 관계가 있는 유아교육기관에서 공동체 생활을 시작합니다. 공동체 생활이란 나에 대해 알아가고, 나와 다른 존재인 친구와 선생님에 대해 알아가며, 공간과 시간을 공유하게 되는 것을 의미합니다. 다른 반이었거나 다른 기관에서의 생활 경험이 있는 아이들도 새로운 장소인 우리 반에 초대되어 새로운 만남을 경험하게 됩니다. 낯선 환경과 새로움에 초대된 아이들이 두려움에 위축되지 않고 자신의 고유한 능력을 드러내고 꽃피우며 자유롭게 표현할 수 있도록 돕는 것이 바로 '적응'입니다.

아이들이 잘 적응하려면 우리 반에서의 하루 생활이 즐겁고 내일의 하루가 기대되며 이곳에서 이루어지는 선생님과 친구들과의 관계가 안전하게 형성되어야 합니다. 그래서 학기 초 적응 기간에 아이들이 마음에 담으면 좋을 회복의 가치는 **나와 너에 대한 존중과 공감**입니다. 함께 회복의 가치를 세워가며 아이들은 존중과 공감을 채워가는 놀이에 빠져듭니다. 나와 너에 대한 존중과 공감은 아이들에게 있어 가장 핵심적인 회복의 가치이기도 합니다. 아이들은 기관에서의 생활을 안전하게 느끼고 안정감 있게 적응하게 하는 한편, 다양한 공동체 놀이에 적극 참여하는 동안 우리 반에서 '나'를 인식하며, 우리 반에 소속된 나로 살아가는 방법을 알아가게 됩니다.

회복적 문화로 평화롭고 안전한 학급에서는 갈등이 배움과 성장의 기회가 된다고 앞서 이야기한 바 있습니다. 실제로 우리 반 아이들은 갈등이 생겼을 때 공동체적 관점에서 서로에 대한 공감과 책임감을 바탕으로 평화롭게 해결하려는 모습을 보여줍니다. 우리 반을 평화롭고 안전하게 만들어갈 수 있게 해준 회복의 실천 사례를 몇 가지 소개하려고 합니다. 이를 바탕으로 여러분의 교실에 맞게 적용해 보면 어떨까요?

 ## 함께 만들고 함께 지키는 약속

약속이란 친구와 더 행복하게 놀이할 수 있도록 우리를 지켜주는 것으로, 약속 만들기에 적극적으로 참여하여 모두 함께 우리 반의 약속을 세워가야 합니다. 우리가 세운 약속은 우리가 지킨다는 책임 있는 실천은 우리 반의 평화를 지켜준다는 것을 기억하고 행동합니다. 아래는 우리 반 약속인 〈"먼저 해"라고 말해요〉를 기억하고 이를 놀이에서 지킨 이인이와 우주의 대화를 옮겨온 것입니다.

> 🙂 우주야, 너가 먼저 토끼 가져가. 나는 토끼집 만들고 있을게.
> 🙂 나 괜찮은데! 이안이 너 먼저 해도 돼!
> 🙂 그럼 우리 같이 가지고 놀까?
> 🙂 그래 좋아!

 ## 우리 모두의 문제라는 생각

우리 반 친구에게 일어난 문제를 해결하기 위해서는 문제의 당사자뿐만 아니라 우리 반의 모든 친구가 피해를 입은 친구의 마음을 회복하는 방법과 가해 행동을 한 친구의 잘못을 함께 되돌아보아야 합니다. 이는 회복을 위한 책임 있는 행동을 할 수 있는 방법을 함께 생각해 보게 합니다. 다음은 수연이와 놀고 싶은데 마음대로 되지 않아 수연이를 때린 하리와 이를 지켜본 제3자인 민주의 대화입니다. 책임의 대화를 통해 성찰이 있는 회복을 실천한 모습이 담겨 있습니다.

🧒 하리야. 너 수연이 때리지 마. 네가 때려서 수연이 기분이 아주 많이 나빴을 것 같아.

🙎 아니, 내가 놀자고 하는데 안 놀잖아!

🧒 근데 수연이 마음도 있잖아. 그러니까 기다려야지.

🐦 솔직한 표현과 공감과 경청

자기 생각과 감정을 솔직하게 표현하고 그 표현에 공감하고 경청해 주는 것이 중요합니다. 어떤 생각과 표현이라도 비난과 판단 없이 온전히 듣고 그에 대한 생각을 주고받는다면 아이들은 두려움 없이 나를 마음껏 드러내고 문제가 발생하더라도 자신의 목소리로 피해를 용기 있게 말할 수 있습니다. 다음은 집에서 가져온 곤충책을 실수로 찢은 친구에게 함께 테이프를 붙여줌으로써 자신의 피해를 복구해달라고 정중히 요청하는 정우의 대화입니다.

🧑 아, 내 곤충책이 찢어졌어. 어떻게 하다가 내 책을 찢은 거니? 너가 찢었으니까 나랑 같이 테이프로 붙여 보자!

🐦 동등한 관계에서 상호존중

교실에서 특정한 한 존재가 더 중요하거나 센 힘을 가지지 않고, 모두 동등한 권리를 가진 소중한 존재임을 알아가는 것이 중요합니다. 반에서 모든 친구들이 서로 동등한 위치에서 놀이하는지 알 수 있는 방법은 아이들이 나누는 대화를 회복의 가치를 기준으로 들어보는 것입니다. 종이 컵으로 성 쌓기 놀이를 하고 있던 도연이가 피규어를 들고 성 쌓기를 지켜보던 유준이에게 다음과 같이 말했습니다.

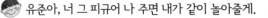 유준아, 너 그 피규어 나 주면 내가 같이 놀아줄게.

이 말을 듣고 저는 아이들에게 '함께 노는 것'과 '놀아주는 것'의 미묘한 차이를 알려 주고 싶었죠. 그래서 서클을 열어서 친구와 놀고 싶을 때 사용해야 할 적절한 말과 사회적 행동을 연습해 보기로 했습니다. 서클을 통해 도연이에게는 다른 친구의 마음을 편안하게 해주는 말하기 비법, 유준이에게는 함께 놀고 싶을 때 어떻게 말하고 참여해야 하는지에 대해 아이들이 비법을 공유하는 시간이 되었지요.

평소 서클을 통해 동등하게 말할 기회를 꾸준히 경험하다 보면, 친구들의 다양한 목소리를 있는 그대로 존중하는 태도를 저절로 길러가게 됩니다. 다음은 역할놀이 시 모두 하고 싶어하는 역할을 힘의 서열로 정한 친구에게 문제를 제기하고 존중으로 공평한 놀이 기회를 제안한 유미의 말입니다.

난 오늘 엄마할래. 채린아, 너만 엄마를 다섯 번 했어. 어제 아가를 내가 했
으니까 우리 돌아가면서 역할 바꿔서 놀자. 대신 내가 내일은 강아지할게.

이처럼 아이들은 서클을 통해 관계를 평등하게 하는 이야기에 참여하고 잘 놀 수 있는 사회적 기술을 길러갑니다. 힘의 서열에 익숙해진 아이들은 당장 놀고 싶은 마음에 내 생각, 감정보다 다른 사람의 생각과 영향이 판단기준이 되어 행동하는 것에 익숙해지기 쉽습니다. 그런 아이들에게는 더더욱 서클을 통해 경청과 공감하기로 소통하며 단단한 마음 근육을 길러 주는 것이 필요합니다.

05

서클로 함께 세우는 회복적 가치
우리 모두의 역할이 중요해!

1장을 마무리하면서 꼭 강조하고 싶은 내용이 있습니다. 그것은 회복이 있는 학급에서는 특별히 정해진 한 사람의 책임과 역할만 중요하다기보다는 모두의 책임과 역할이 중요하다는 점입니다. 즉 우리 반 친구들 모두가 평화를 이루어가는 구성원으로서 각자의 역할을 다해야 합니다. 다만 이것은 학급에서 이루어지는 1인 1역할 활동과는 또 다른 의미입니다. 평화를 이뤄가는 데 있어 구성원 저마다의 책임 있는 역할이란 교사로부터 부여되거나 지도되는 것이 아닌 자발적인 행동이니까요.

우리 반에 속한 내가 친구들과 함께 생활하기 위해 기꺼이 친구들에게 존중을 표현하고 공감으로 관계하며 책임 있게 약속을 지키는 등 회복을 세워가는 주도적 역할을 말합니다. 아이들은 이 모든 순간의 주인공입니다. 존중, 공감, 책임을 만들어가는 주체는 아이들이니까요. 그렇다고 교사에게는 아무런 역할이 없다는 뜻은 아닙니다. 아이들이 회복의 길을 걷기까지 존중, 공감, 책임을 더 깊이 있는 배움으로 만나고 느끼게 하는 그 순간에는 늘 교사가 함께해야 하죠.

회복적 가치를 모두 함께 나누는 대화의 중요성

교실에서 자주 들리는 일상적 대화를 한번 떠올려볼까요? 놀이하며 나누는 즐겁고 신나는 대화들도 물론 있겠지만, 아마도 다툼과 갈등 중재하기, 정리하기, 줄서기, 뛰지 않기 등 문제행동에 대한 지도가 대부분일 것입니다. 대화의 주제가 문제행동에 대한 지도에 몰려 있는 만큼 대화의 대상 또한 문제행동을 일으킨 몇몇 아이들에게 집중되기 쉽죠. 교사의 관심도 반에서 잦은 문제를 일으키는 2~3명에게 자연스럽게 집중되며, 나아가 이 아이들이 우리 반 이야기의 중심이 됩니다. 자연히 나머지 아이들은 소외되는 구조가 만들어집니다.

이러한 구조는 어쩌면 당연한 결과일지 모릅니다. 교실에서는 하루에도 복합적인 문제가 다발적으로 발생하다 보니 교사는 당장 눈에 보이는 문제들부터 빠르게 처리해 버리고 싶은 마음이 앞서게 되고, 그런 해결법을 최선으로 여길 수밖에 없는 구조가 만들어집니다. 그리고 이런 방법은 당장 발등에 떨어진 불을 끄는 데는 효과가 있는 듯 보이기도 합니다. 그러나 조금만 시간이 흘러도 큰 성과가 없는 방법이었음을 깨닫게 되죠. 나머지 아이들과의 대화를 돌이켜보면 문제 상황을 회피하는 아이들과는 생활을 나누거나 깊이 있는 이야기 나눔이 어려웠다는 것을 알게 되니까요. 따라서 이런 해결 방법에 의존하다 보면 우리가 추구하는 가치는 '우리 반에서 아무일도 일어나지 않고, 아무도 다치지 않고, 그냥저냥 잘 지내는 것' 정도에서 벗어나기 어렵습니다. 우리가 궁극적으로 추구하고 싶은 공동체가 이뤄가는 평화롭고 안전한 학급을 세워가는 것은 그저 구호로만 존재하는 이상적인 가치에 머물고 말죠.

그러나 문제행동에만 집중했던 대화에서 벗어나 모든 아이들과 함께 회복적 가치를 세워가다 보면 조금씩이라도 근본적인 변화가 시작됩니다. 무엇보다 그간 다소 소외되고 만남이 소홀했던 아이들과의 대화가 열리고, 그와 함께 서로 신뢰하는 관계를 맺기 위한 노력이 끊임없이 이루어집니다. 그러면서 문제 발생 시 교사가 온 힘을 다하여 기울여야 했던 개입과 중재의 방식에 변화가 생겼습니다. 함께 존중과 공감, 책임의 가치로 보고 듣고 말하는 아이들 그 자체가 교사의 직접적인 개입보다 더 큰 해결의 동력이 되기 때문입니다. 교사 혼자 모든 것을 지도하려고 동분서주했던 시간은 어느새 학급 전체 친구들이 주는 평화적인 압력으로 대체되었습니다. 결과적으로 힘의 균형추가 세워진 것입니다.

힘의 균형추를 세워 신뢰하는 관계를 만드는 서클

함께하는 서클 대화로 공동체 구성원 간 힘의 균형 속에서 평화적 압력을 실현하고, 서로 신뢰하는 관계를 만들어간다는 말이 어쩌면 조금 모호하게 여겨질지도 모르겠습니다. 그래서 우리 반 실제 사례를 하나 소개하려고 합니다.

우리 반 놀이 대장 정훈이는요

우리 반에서 정훈이는 손꼽히는 놀이대장입니다. 놀이할 때면 모든 에너지를 쏟아내어 가장 재미있게 놀 줄 알죠. 하지만 너무 몰입해서 그런지 몰라도 자유놀이가 끝나고 놀이에 대해 책임지는 정리 시간이 다가오는 것을 유독 힘들어합니다. 그러다 보니 정훈이에게 정리 시간은 하루 일과 중 가장 싫은 시간이죠.

언제부터인가 정훈이가 오늘 놀고 싶은 놀잇감을 지목하고 나면 아무도 그것을 건드릴 수 없게 되었습니다. 다른 친구들이 함께 가지고 놀이하자는 말에도 아랑곳하지 않고 "내가 먼저 가져왔으니까 이건 내가 먼저 노는 거야!"라며 자신의 권리만 주장하기 일쑤였죠. 그뿐만이 아닙니다. 이미 다른 친구가 정훈이가 원하는 놀잇감으로 먼저 놀이를 하고 있을 때면 자신에게 양보하라며 불같이 화를 냈습니다.

그런데 정말 신기하게도 아이들은 그런 정훈이의 권리침해가 불편할 텐데도 함께 잘 놀았죠. 다양한 놀이 에피소드를 풀어내는 정훈이와의 놀이가 워낙 재미있어서인지 불편함마저 감수하는 것 같았습니다. 정훈이에게 불편을 호소하는 순간 놀이가 중단된다는 것을 잘 알기에 아이들은 불편해도 정도껏 참으면서 맞춰 주는 모습을 보였습니다. 5살 때부터 친구들이 알아서 자신에게 맞춰 주는 데 익숙해진 정훈이는 도서관에 가기 위해 줄을 설 때도, 심지어 서클모임을 하려고 앉는 자리도 늘 자기 마음대로였습니다. 아이들도 정훈이에게만큼은 기꺼이 양보해야 한다고 여기는 것 같았죠. 그러나 우리의 서클 대화와 공동체 놀이가 진행될수록 변화는 시작되었습니다.

 우리는 네 행동이 불편해!

아이들은 서클을 하면서 나와 너에 대한 존중, 친구를 향한 공감, 우리를 위한 책임을 선명히 알아갔죠. 그러면서 점점 막강한 영향력을 휘두르는 정훈이의 존재와 친구들을 불편하게 하는 행동에 대해 부당함을 전하는 친구들도 생겨났습니다. 때론 교사의 중재가 필요한 갈등도 생겨났죠. 만약 친구의 영향력이 옳지 않은 방향이라고 느껴도 말하지 못하고 참는 것, 부당함에 순응하는 것 등은 모두 공동체를 훼손하는 강력한 요소가 됩니다. 그런 의미에서 볼 때 회복은 정훈이의 행동을 불편하게 여기게 된 순간부터 이미 시작되었다고 할 수 있습니다. 불편함을 느껴 이를 개선하려는 의지가 생겼다면 이 또한 회복이니까요.

드디어 교사의 중재와 도움의 역할이 점점 작아지는 순간이 찾아왔죠. 우리 반 도진이가 자신이 정훈이로부터 받은 불편함을 무례하지 않은 방법으로 전달한 것입니다. 사실 그 무렵 정훈이가 책꽂이 앞에서 책을 고른 후에도 비키지 않고 그 자리에 계속 엎드려 있어 방해된다는 아이들의 불만스러운 이야기가 들려오던 참이었습니다. 도진이는 이렇게 말했죠.

> 🧑 정훈아, 너가 맨날 책꽂이 앞에 누워 있으니까 못 고르겠어. 또 네가 책을 3권이나 가져가서 내가 읽고 싶은 책이 없어졌어. 다른 친구들이 볼 수 있게 일어나서 골라줘. 보고 싶은 책 한 권만 골라서 말이야.

도진이는 정훈이의 행동이 자신에게 미친 영향과 피해에 대해 용기 있게 전달하는 한편, 정훈이 스스로 자기 행동에 대해 생각해 볼 수 있는 기회를 준 것입니다. 고도의 사회적 기술을 회복의 대화로 적용한 사례라 볼 수 있습니다. 도진이의 말에 다른 친구들도 공감하며 그 상황을 함께해 주었죠. 그러자 그동안 우리 반에서 무소불위 영향력을 행사했던 정훈이는 처음 마주하는 대화에 적잖이 당황했지만, 바로 잘못을 인정하고 책임지려는 자세를 보이지는 않았죠. 하지만 아이들은 포기하지 않고 정훈이가 문제행동을 반복할 때마다 존중과 공감을 바탕으로 정훈이에게 정중하게 회복을 요청했습니다. 결국 정훈이도 친구들이 자기 때문에 불편했다는 것을 받아들이고 책임을 느끼기 시작했죠. 정훈이가 회복을 만나며 달라진 점은 잘못에 대한 인정과 진정한 사과였습니다.

🙂 미안해. 내가 다음엔 안 그럴게.

진심 어린 사과의 말과 함께 정훈이의 행동도 달라졌습니다. 더 이상 책꽂이 앞에 누워 있지도, 당장 읽지도 않는 책을 한꺼번에 가져가는 행동도 하지 않았습니다. 이제 정훈이는 누가 시키지 않아도 스스로를 조절하며 예전처럼 제멋대로 행동하지 않게 되었습니다. 겨우 만 5세 아이들 사이에 있었던 회복의 대화가 너무 훌륭하다는 생각이 들었습니다. 어른도 자기 잘못을 성찰하고 그런 행동을 다시는 하지 않기로 다짐하고 실천에 옮기기란 꽤 어려운 일이니까요. 회복 덕분에 정훈이와의 갈등은 예상했던 것보다는 훨씬 더 부드럽게 해결되었습니다. 아이들은 정훈이에 대한 불편함으로 야기된 갈등을 서로 신뢰하는 관계 속에서 평화롭게 풀어가며 멋지게 해결한 것입니다. 이것이 바로 공동체가 주는 평화의 압력이며, 회복의 힘입니다. 이는 그 어떤 유능한 교사의 탁월한 지도보다 더욱 강력하고 지속가능한 힘을 발휘하죠.

서로를 존중하는 평화로운 우리 반

정훈이의 사례에서 볼 수 있는 것처럼 회복적 정의가 들어온 우리 교실에는 많은 변화가 일어났죠. 그중 주목할 만한 것은 갈등을 보는 관점의 변화 및 평화로운 해결입니다. 피해를 받은 친구가 자신이 받은 영향에 대해 정중하게 말하면 피해를 준 친구는 자신이 끼친 영향을 친구의 말로 직접 듣고 스스로 그 피해에 대해 돌이켜봅니다. 그리고 진심으로 사과하고 다시 그 행동을 하지 않기로 하는 책임의 마음을 가지는 일들이

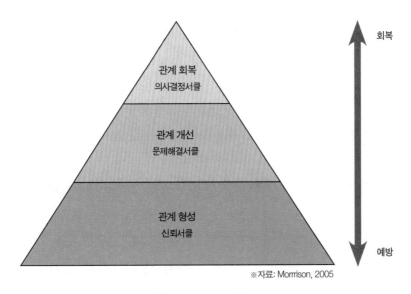

※자료: Morrison, 2005

회복적 생활교육의 통합적 접근방식
회복적 생활교육은 예방에서 회복을 아우르는 통합적 접근방식을 취합니다. 이 책에는 특히
신뢰서클을 통한 관계 형성에 초점을 두고 활동들을 개발하였습니다.

생겨났습니다. 이처럼 평화로운 갈등 해결 과정을 경험할수록 아이들은
자신과 직접 관련된 일이 아니어도 반에 어떤 일이 생겼을 때 방임하지
않고, 관심을 기울여 함께 해결하려고 노력했죠. 그 결과 누군가가 소외
되거나 따돌림당하는 일이 줄어들고, 눈에 보이게 치우쳐 있던 힘의 위
계가 무너졌습니다.

갈등 해결을 위해 스스로 노력하는 아이들

아무리 좋은 관계라고 해도 갈등은 언제든 일어날 수 있습니다. 그러나
서클 대화로 평화롭게 갈등을 다뤄본 아이들은 갈등에 여유 있게 대처
할 수 있죠. 예컨대 자신의 잘못된 행동이 다른 친구와 우리 반에 미치는

부정적인 영향을 알게 된 후, 다음에 비슷한 잘못을 하게 되면 굳이 누가 시키지 않아도 친구에게 먼저 미안하다고 말하고, 피해를 입은 친구의 회복을 위해 그림 편지를 써서 전달하거나 쓰러진 블록을 다시 만들어 주는 등 스스로 책임을 감당하려는 모습을 보여줍니다.

또한 반에 어떤 문제가 일어났을 때, 무조건 선생님부터 부르지 않습니다. 저마다 해결에 일조하기 위해 자발적으로 나섭니다. 너 나 할 것 없이 문제가 일어난 현장으로 발걸음을 옮기고, 각자 생각해낸 해결 방안을 나누며 갈등을 중재하는 아이들이 있어 저도 아주 든든합니다. 비록 아이들이 제안하는 방법이 완전하지 못할지라도 서로 그 불완전함을 보완하며 더 나은 해결 방법을 찾아가는 아이들이 가득한 교실은 평화롭고 안전합니다. 이것이 바로 평화의 압력입니다.

 갈등 속에서 회복을 배우며 함께 성장하다

하루하루 평화적 갈등 해결 경험을 쌓아가는 아이들은 갈등을 부정적으로 인식하기보다 그 안에서 따뜻함을 체험하고 회복을 배우며 성장하죠. 만약 갈등이 일어났을 때 들려오는 아이들의 말이 '누가 그런 거야?, 너 내가 (선생님한테) 다 이를 거야!'에서 **'괜찮아?, 내가 도와줄게!'**로 변화되었다면 이미 교실에 회복적 정의가 뿌리를 내리고 있다는 증거입니다.

우리가 서클로 모여 서로의 이야기에 귀를 기울여 대화하며 울고 웃었던 시간, 우리 반의 평화를 위해 함께 약속을 세웠던 시간, 문제가 발생하여 그것을 해결하기 위해 생각을 모았던 시간, 서로 잘 모르는 우리의 마음을 공유하기 위해 다양한 주제로 함께 놀이했던 시간 등이 쌓이고 쌓여 신뢰할 수 있는 관계 맺기를 통해 존중, 공감, 책임이 있는 평화로운 우리 반을 만들었다고 생각합니다.

이처럼 회복적 생활교육은 회복적 정의를 교실에서 구현하기 위한 실천적 지혜입니다. 즉 존중, 공감, 책임의 가치가 아이들의 하루 일과 속에 마치 공기와 물처럼 녹아든 것을 말합니다. 놀이로 여는 회복적 생활교육과 함께 아이들은 서로 신뢰할 만한 관계를 맺고, 서로의 다름을 있는 그대로 받아들이는 한편, 설사 다름으로 인해 갈등이 일어난다고 해도 서로를 존중하고 공감하며, 함께할 때 행복하려면 어떻게 해야 하는지 서로의 행동을 돌아볼 것입니다. 그리고 모두를 지키는 공동의 약속을 세워 나가며 책임의 마음을 길러 나갈 것입니다. 존중, 공감, 책임의 회복적 가치가 구석구석 녹아든 서클 놀이와 함께 교실에는 어느덧 평화로운 회복의 문화가 깃들 것입니다.

놀이를 시작하기 전에 알아둘 것들

앞으로 여러분에게 다양한 주제로 서클을 여는 것부터 회복적 가치를 내면화하고 배움으로 이어지는 다양한 놀이들을 레시피 중심으로 소개할 것입니다. 하지만 아이들과 함께 놀이를 시작하기 전에 먼저 회복적 생활교육에서 자주 활용되는 개념과 놀이 방법을 안내하고자 합니다. 2장에 담긴 서클, 센터피스와 토킹피스, 공동체놀이, 평화 감수성 기르기 등은 이 책에 담긴 놀이 전반에 두루 적용되는 만큼 잘 기억해 두면 책에 담긴 놀이를 교실에서 실천할 때뿐만 아니라 여러분의 교실에서 나름대로 놀이를 응용하거나 또 아이들과 함께 새로운 놀이를 만들어갈 때도 큰 틀에서 방향성을 잃지 않는 데 도움이 될 것입니다.

2장

회복의 기초
다지기

01

서클
동등한 관계 속 존중의 대화

서클은 회복적 생활교육에서 빼놓을 수 없는 기본적인 대화방식으로 서로에게 온전히 집중하고 자발적으로 참여하는 시간과 공간을 아우릅니다. 회복적 생활교육의 실천적 접근으로 서클을 활용하는 가장 중요한 이유는 아이들이 존중과 공감, 책임을 자연스럽게 경험할 수 있기 때문이죠. 반 구성원이 동그랗게 둘러앉아 서로의 얼굴을 바라보며 동등한 관계 안에서 존중의 마음으로 대화하는 동안 나와 친구, 우리 반에 대해 더 깊이 이해하게 됩니다.

서클에서는 누구든 자기 생각이나 속내를 마음껏 털어놓을 수 있고, 비난과 판단 없이 수용합니다. 대화 과정에서 친구와 서로 고백하며 용서하고 함께 위로받는 것은 물론 자신에 대한 이해를 높이고, 친구의 이야기를 듣고 나서 자기 생각을 더욱 발전시켜 표현하기도 합니다. 즉 아이들은 서클을 통해 자신의 생각과 감정을 움직임, 다양한 표정, 말, 그림, 노래 등으로 주고받고, 서로의 표현에 집중하며 경청을 경험합니다. 서클이 진행될수록 아이들은 교실에서 크고 작은 갈등이 일어났을 때,

이를 평화롭게 해결하기 위해 저마다 자신의 역할과 책임을 고민합니다. 그리고 친구의 감정과 처한 상황에 눈높이를 맞춰 공감하는 등 다양한 상황에서 다른 사람을 이해하고 문제를 해결할 기회도 갖게 됩니다. 서로의 생각을 비난과 판단 없이 주고받는 동안 우리 반 공동체는 모두가 서로 신뢰할 수 있는 관계로 발전합니다. 이렇게 쌓인 상호 신뢰는 갈등이 발생했을 때 책임감과 문제해결을 위한 힘을 발휘하게 하죠.

서클은 사람에 대한 존중과 화해의 전통에 뿌리를 두고 있습니다. 한 인디언 부족은 공동체에 해를 가하는 문제가 일어나면 문제행동을 한 사람을 한가운데에 두고 마을 사람들이 돌아가며 그 사람에게 고마웠던 일, 마을을 위해 기여한 점, 우리가 얼마나 당신을 아끼는지에 대해 여러 날에 거쳐 대화를 이어갔다고 합니다. 이러한 감동적인 이야기 나누기 끝에 문제를 일으킨 사람의 마음, 그리고 문제로 인해 영향을 받은 마을 사람들의 마음과 관계에는 어떤 변화가 있었는지 굳이 설명하지 않아도 충분히 상상할 수 있을 것입니다.

서클을 경험하기 전 아이들은 갈등이 곧 싸움이며, 선생님에게 일러야 하는 일이라고 여겨왔기 때문에 서로에게 비난과 판단의 말을 함부로 쏟아내기도 했죠. 때론 무조건 힘이 센 친구의 편을 들어주거나 눈치껏 약한 친구를 배제하기도 했습니다. 하지만 서클로 소통하면서 아이들은 함께 정한 약속과 우리 반을 이끌어가는 회복의 가치를 기준으로 가해행동과 피해행동을 바라보는 눈을 갖게 되었습니다. 그러자 피해를 입은 아이의 마음에 진심으로 공감하기 시작했죠. 피해를 입은 친구에게 "ㅇㅇ아, 괜찮아?" 하며 건네는 공감의 말은, 반대로 가해행동을 한 친구에게 자기 행동을 돌아보며 책임을 생각하도록 하는 말이기도 했습니다. 이것이 바로 앞서도 설명했던 평화가 주는 압력입니다.

이제 아이들은 문제 상황이 발생했을 때 예전처럼 크게 불안해하거나 불편해하지 않습니다. 왜냐하면 우리 교실에서 일어난 문제는 싸움을 일으키거나 피해를 입은 친구만의 일이 아니라 나의 일, 우리의 일이기 때문이죠. 이것이 서클을 통해 아이들에게 일어난 가장 큰 변화였습니다. 아이들이 피해와 가해에 대해 민감해질수록 스스로를 조절하다 보니 소위 욱하는 행동도 눈에 띄게 줄었습니다. 더 나아가 아이들은 문제행동으로 인한 불편함을 함께 해결하기 위해 주체적으로 노력합니다. 이제는 유독 자기중심성이 강하거나, 기질적으로 인정과 용납이 어려운 아이들도 기꺼이 자기 잘못을 인정하고 사과하는 것에 거리낌이 없습니다. 서클에서는 어떤 문제든 서로 비난하거나 판단하기보다는 평화로운 해결책에 초점을 맞춰 함께 이야기합니다. 그러다 보니 수치심을 느끼기보다 서로의 생각과 지혜가 모인 최선의 해결을 경험하며 뿌듯함마저 느끼게 되죠.

처음 서클을 여는 선생님들은 간혹 어려움을 겪기도 합니다. 예컨대 왜 이렇게 아이들이 대화에 집중하지 못하는지, 자기 생각을 표현하는 것을 왜 이토록 어려워하는지 등으로 지레 실망하기도 하죠. 하지만 그건 아직 아이들이 자기 생각을 표현하거나, 또 자기 생각에 대해 비난 없이 온전히 공감받은 경험이 많지 않다 보니 서클을 낯설어하는 것일 뿐입니다. 서클을 계속 열고 경험이 쌓일수록 아이들은 점차 자신을 솔직하게 표현하는 한편, 다른 친구의 이야기에도 흠뻑 빠져듭니다. 내가 말하는 시간보다 친구의 이야기를 경청하며 기다리는 시간이 늘어나면서 자신을 통제하고 마음을 조절하는 경험 속에서 존중, 공감, 책임은 물론 집중과 몰입의 힘을 함께 키워갑니다. 서클은 다양한 놀이에 스며들어 두루 적용될 수 있지만, 독자들의 편의를 위해 3장(82~105쪽)에서 몇 가지 주제에 따른 서클놀이 레시피만 따로 모아 소개하였습니다.

서클에서 모두 어떤 주제에 대한 이야기 또는 문제해결을 위한 이야기를 나누려면 약속이 필요합니다. 그래서 서클을 열기 전 아이들과 서클에서 지켜야 할 약속을 정하는 것은 중요합니다. 구체적인 약속은 아이들과 함께 정하되 기본적인 내용에 대해서는 아래를 참고합니다.

- 서클에서는 모두가 의사결정의 권한을 가진 리더이며 동등한 존재입니다.
- 이야기를 나누는 동안 서로의 이야기를 잘 듣습니다.
- 토킹피스를 가진 친구만 말할 수 있습니다.
- 다른 친구가 말할 때 끼어들지 않습니다.
- 자신의 생각과 감정 등을 꾸밈없이 솔직하게 이야기합니다.
- 만약 친구의 이야기에 동의할 수 없거나 관심이 없는 내용이라도 귀 기울여 줍니다.
- 친구의 실수나 잘못에 대해 섣부른 판단과 비난 없이 서로 존중합니다.

고민 이야기 서클
둥글게 모여 앉아서 고민 이야기를 나누는 모습입니다. 아이들의 가운데 놓인 공은 서클의 주제인 '고민'을 말할 때 사용하는 토킹피스인 고민공입니다. 이처럼 주제에 따라 토킹피스를 바꿔가면서 사용할 수 있습니다.

센터피스와 토킹피스
서클 진행의 상징적 요소들

서클에 이어 소개할 것은 바로 센터피스와 토킹피스입니다. 센터피스와 토킹피스 모두 서클을 진행하는 데 꼭 필요한 상징적 요소이기도 합니다. 먼저 **센터피스**는 서클에서 평화의 공간을 상징합니다. 동그랗게 둘러앉은 가운데 이야깃거리인 주제를 상징하는 물건, 사연이 있는 물건, 이야기가 담긴 글, 그림 등으로 아름답게 구성하며 따스함, 연결, 환영 등을 아울러 의미하죠. 바닥에 동그란 천 또는 매트를 깔고 꽃, 인형, 초와 함께 이야깃거리를 구성하여 추상적인 평화를 구체적으로 나타내며 교실에서 가장 안전하고 편안한 공간으로 저마다 자유롭게 심미적으로 구성할 수 있습니다.

우리 반의 경우 센터피스는 서클로 모여 앉은 아이들의 시선이 머무는 중간에 우리 반 이야기가 담긴 글과 그림, 나와 친구의 사연이 담긴 물건, 친구와 함께 만든 작품, 놀잇감 등으로 구성했습니다. 공간에 놓인 이야기가 담긴 글과 그림, 물건, 작품들은 서클에서 아이들이 친구들에게 전하고 싶은 이야깃거리가 되지요. 말하기를 주저하거나 부끄러움이 많아 자신의 마음을 전하기 어려워하는 아이들도 이런 이야깃거리가 준비되면 한층 자신감 있게 자기 생각을 이야기할 수 있게 됩니다.

한편 **토킹피스**는 모두에게 이야기 참여 기회를 동등하게 제공하는 도구, 즉 서클에서 말하는 사람이 잡고 있는 상징적 도구를 의미하죠. 동그랗게 앉아 서클에 참여한 아이에게 차례대로 토킹피스를 건네며 말하게 됩니다. 상징적 물건인 만큼 무엇이든 토킹피스로 활용할 수 있지만, 서클 주제와 어울리는 것으로 준비하면 더 좋습니다.

센터피스와 다양한 토킹피스들
평화의 공간을 상징하는 센터피스는 주제에 따라 다양하게 꾸밀 수 있습니다. 위쪽 사진은 '이건 막대가 아니야' 놀이(90~91쪽 참고) 때 구성한 상상 센터피스입니다. 아래쪽 사진들은 다양한 토핑피스들인데 서클 주제와 어울리게 바꿔서 사용하면 더 좋습니다.

우리 반에서 토킹피스는 자신의 이야기를 온전히 말하고 다른 친구들로부터 경청하게 하는 중요한 도구입니다. 토킹피스가 돌아갈 때 우리는 그것을 가지고 있는 친구의 말에 온전히 집중하여야 하고, 함부로 끼어들거나 이야기를 끊고 질문하지 않기로 약속했죠. 토킹피스를 잡고 있을 때는 누구든 예외 없이 오직 자신만이 말할 수 있다는 약속에서 아이들은 안전함을 느낍니다. 그래서 토킹피스는 표현이 다소 서툴고 어려워하는 아이들도 안심하고 말할 수 있게 해줍니다.

서클이 자주 열리는 우리 반에서 토킹피스는 자주 바뀌곤 합니다. 주로 아이들이 손에 잡기 편하고 서클의 주제와 어울리는 것으로 바꿔가며 사용하는데, 단 토킹피스를 정할 때는 아이들끼리 합의의 과정을 거치고 있습니다. 급하게 서클이 열렸던 어느 날에는 눈에 보이지 않은 가상의 토킹피스로 대신했던 적도 있었죠. 또 토킹피스 대신 다음 친구에게 저마다 손으로 하트를 그려 전하는 방식으로 서클을 진행했던 적도 있습니다.

이 밖에도 자신의 캐릭터와 별명을 소개하는 서클에서는 아이들이 좋아하는 캐릭터 요술봉이 토킹피스였던 날도 있고, 내 마음의 두려움을 이야기 나누던 서클에서는 번개 마이크, 친구에게 사랑의 말을 전하는 서클에서는 폭신폭신한 구름 인형, 슬픔을 나누던 서클에서는 눈물이 주룩주룩 내리는 소리가 나는 듯한 마라카스가 토킹피스로 사용되기도 했죠. 약물오남용 안전교육 후 우리가 지켜야 할 안전수칙 서클에서는 아이들이 병원놀이 구급함에서 가져온 약병이 토킹피스가 되었습니다. 그만큼 사용할 수 있는 토킹피스의 종류는 무궁무진합니다. 어떤 종류의 토킹피스를 사용하건 변함없는 점은 나의 생각을 열어 무슨 말이든 할 수 있는 담대한 표현을 가능하게 하고, 아이들의 심리적 부담도 덜어주는 말하기 도구의 역할을 톡톡히 한다는 것입니다.

03

공동체 놀이
관계 맺기에서 시작되는 회복

놀이는 아이들의 삶이자 배움에 이르는 중요한 방법이기도 합니다. 유아 및 초등학교 저학년 아이들은 발달 특성상 집중할 수 있는 시간이 짧아 쉽게 지루함을 느끼는 것처럼 보입니다. 이런 때 놀이가 가진 재미 요소는 아이들을 몰입하게 만들고, 자발적으로 반복하게 하는 놀라운 힘을 발휘하지요. 실제로 놀이는 이미 수많은 연구자들에 의해 아이들의 발달 및 신체, 사회정서적, 인지적 역량을 끌어올리는 데 적합하다고 검증된 과학적인 교수학습 방법이기도 합니다.

그런데 회복적 생활교육도 다르지 않습니다. 놀이로 회복적 가치인 존중, 공감, 책임과 만난 생활교육을 경험한 아이들은 놀이 과정에서 자연스럽게 서로의 마음을 이해하며 격려와 칭찬, 소통을 통해 친구들 간에 신뢰할 수 있는 관계를 형성해가니까요. 우리가 놀이에서 주목할 것은 결과보다 과정입니다. 교육기관에서의 놀이는 다양한 관계 맺음이 일어나는 시간이자 공간이 되어야 하죠. 특히 **공동체 놀이**를 통해 아이들은 스스로 관계 맺기를 하며 회복을 경험할 수 있습니다.

아마 집에서 엄마나 아빠와 놀이할 때는 자기 마음대로 해도 대체로 부모님이 맞춰 주었을 것입니다. 하지만 공동체 놀이에서는 때론 내가 하고 싶은 놀이를 참아야 할 때도 있고, 내가 가지고 놀고 싶었던 장난감을 친구도 똑같이 원하는 등 수많은 선택과 갈등의 순간을 만나게 됩니다. 아이들은 공동체 놀이 안에서 모든 게 내 마음과 생각대로만 되는 것은 아님을 알아가면서 자신의 마음을 조금씩 조절하는 법을 배웁니다. 때론 친구에게 놀잇감을 양보하고, 멋대로 하고 싶은 마음을 애써 참아 보기도 합니다. 또한 놀이 안에서 자신의 한계를 시험해 보기도 하고, 이미 정해진 위계 속에서 제 역할을 찾아 참여하기도 합니다. 이 밖에도 아이들은 규칙이 있는 놀이로 약속을 꼭 지키는 것의 중요성을 알게 되고, 사회극 놀이를 통해 다양한 사람의 입장과 감정을 경험하며 친구와 놀이를 즐기기 위해 사회적으로 수용되는 말과 행동을 시도하고 적용해 보기도 합니다. 놀잇감을 구성하고 함께 사용하며 물리적, 관계적, 논리 수학적 지식을 경험하기도 하죠.

이렇듯 교육기관에서의 공동체 놀이에는 비단 즐거움만 추구하는 것이 아닙니다. 놀이에 흥미를 느낀 아이가 더욱 주도적으로 참여하고, 놀이 확장을 위해 지적인 도전을 이어가도록 도와야 합니다. 또 놀이 중에 다른 친구와 서로 다른 욕구가 만나면 자신을 통제하고 상대의 욕구에 맞추어 조절하는 자기 지시적 능력도 발휘하도록 지원하는 것이 중요하죠. 생활교육도 놀이와 접목시켜 꾸준히 반복할 수 있다면 효과가 배가 됩니다. 공동체 놀이로 회복적 가치인 존중, 공감, 책임을 만나본 경험은 아이들이 스스로를 유능하고 가치 있는 존재로 하루하루 세워가는 동시에, 서로 존중하며 신뢰할 수 있는 관계를 형성할 테니까요.

평화 감수성 기르기
소소한 폭력에 무뎌지지 않도록

회복적 생활교육의 목적은 아이들과 함께 노력하여 평화로운 교실, 안전한 공동체를 만들어가는 것입니다. 어린아이들도 적절한 지원 속에서 평화와 비평화를 구분하는 능력을 충분히 키울 수 있습니다. 무엇보다 생활 속에서 사소한 것이라도 평화를 발견하고 지키려는 노력은 평화로운 교실을 만들어가는 데 꼭 필요한 과정입니다. 하지만 '평화'라는 말은 얼핏 '전쟁'과 대비되는 표현으로만 한정적으로 인식되는 탓에 아이들에게 생활 속 평화를 실감하게 한다는 게 다소 막연할 수도 있습니다.

저도 회복을 적용하며 아이들이 교실에서 느끼는 평화란 무엇일까를 알아내기 위해 고민했습니다. 그래서 아이들과 함께하는 생활, 배움, 놀이 속에서 그들의 다양한 욕구와 필요를 알아보고, 감정에 공감하며 아이들에게 평화가 무엇인지 살피고, 아이들과 직접 평화에 대한 이야기도 나누었죠. 그 과정에서 중요한 사실을 알게 되었습니다. 아이들은 자신이 하는 말이 누군가에게 비난이나 평가를 받지 않고, 또 자기 잘못이나 실수로 인해 다른 친구가 자기 몸에 손을 댄다거나 때리는 등의 행위로부터 안전하기를 원했습니다. 즉 아이들은 자기 몸과 마음이 상하지 않고 안전하다 느끼는 것을 평화로 인식했던 것입니다.

아이들이 안전함을 느낄수록 신체, 사회정서, 지적 발달 등에도 긍정적인 영향을 줍니다. 실제로 아이들은 서클을 통해 교실에서 겪게 되는 크고 작은 일들을 함께 해결해 봄으로써 평화를 알아차리는 경험을 하게 되었습니다. 크고 작은 일에서 평화를 경험한다는 것은 결국 아이들이 자신에게 안전하지 않은 소소한 문제와 갈등 상황을 통해 평화를 더 잘 배우고 느낄 수 있다는 뜻이기도 합니다. 아이들의 삶 속에는 크고 작은 다양한 폭력이 존재합니다. 예건대 친구와 놀이하다가 사소한 나둠이 벌어졌을 때, 이야기를 즐겁게 나누다가 의견의 충돌로 마음이 상했을 때, 지나가던 친구와 부딪혀 아픔을 느낄 때, 내가 놀이하고 싶은 놀잇감을 친구도 원해서 서로의 요구가 맞부딪힐 때 등 수많은 갈등 상황에서 아이들은 때론 친구의 톡 쏘는 말 한마디, 서늘해진 표정, 차가워진 눈빛 등으로 다양한 폭력을 경험하게 됩니다. 회복을 통해 평화 경험을 쌓은 아이들은 작은 폭력이 평화를 깨트릴 수 있다는 것을 잘 알기 때문에 민감하게 알아채고, 함께 해결하려고 노력하게 되지요.

만약 평소 평화로운 갈등 해결 경험을 쌓지 못한 채 일상적으로 폭력을 경험하다 보면 어느새 아이들은 소소한 폭력에 무뎌지기도 합니다. 무뎌질수록 폭력은 더욱 자주 일어나게 되죠. 그렇기 때문에 사소하지만 관계를 깨뜨리는 폭력이 무엇인지 민감하게 알아차리는 것이 중요합니다. 나아가 그 문제를 해결하기 위해 평화롭게 대응하는 능력을 기르는 것이 바로 **평화 감수성**입니다.

평화를 알아차리는 능력 또한 놀이를 통해 가장 잘 길러질 수 있습니다. 놀이 안에서 경험하는 존중과 공감, 책임은 마음을 변화시키고 회복을 실천하게 하는 힘이 되니까요. 즉 함께 놀이하며 아이들은 자신에 대한 긍정적 인식과 느낌, 생각을 자유롭게 표현하며 점점 더 자신을 깊이 이해하고 존중의 마음, 즉 자존감을 키우게 됩니다. 그리고 '나'에 대한 존중은 '너'로 향하게 되죠. 친구와 소통하며 자신과 다른 친구의 존재를 이해하고, 친구의 생각과 표현에 공감하며 관계 속에서의 갈등을 해결하기 위해 배려를 실천해 보기도 합니다.

더 나아가 공동체 안에서의 '나'를 인식하게 됩니다. 즉 우리 속 자신의 역할을 알아보며 공동체를 위해 스스로 약속을 지키며 책임감도 키워가죠. 이처럼 매일 반복되는 일상적인 놀이 안에서 경험하게 되는 존중과 공감, 책임은 서로 신뢰하는 관계로 맺은 안전하고 평화로운 공동체를 만들어 냅니다. 아이들이 평화에 익숙해질수록 작은 폭력에도 불편함을 느끼고 평화로 전환하려는 적극적인 노력을 하게 됩니다. 폭력을 만났을 때 그것이 비록 나에게 직접 영향을 미치는 일이 아닐지라도 민감하게 알아차려 함께 해결해야 하는 일로 받아들이게 하는 평화 감수성이야말로 우리 반의 평화를 든든하게 지켜주는 힘이죠. 이렇듯 아이들이 놀이 안에서 자연스럽게 평화 감수성을 키워갈수록 그 어떤 갈등 상황에서도 자발적으로 해결 방법을 모색하고 평화를 실천하는 행동을 보여줄 거라 기대해도 좋습니다.

마음을 열고, 나누며, 이어주어요!

앞으로 4장과 5장에서 소개할 다양한 놀이들은 모두 서클 대화 속에서 발전시킨 공동체 놀이들입니다. 즉 소개한 모든 놀이는 서클에서 시작된다고 볼 수 있죠. 그럼에도 아직 놀이로 여는 회복적 생활교육과 서클을 열고 실천하는 것이 낯선 독자들을 위해 편의상 3장에서 서클 놀이만을 따로 분리하여 소개하고자 합니다. 아이들과 어떻게 서클을 열고 센터피스를 구성하여 이를 놀이로 발전시킬 것인지 아이디어를 얻게 되기를 바랍니다. 회복적 생활교육에서 서클은 서로 존중하며 솔직한 마음과 생각을 안전하고 동등하며 자유롭게 나누는 공간을 의미합니다. 그 안에서 함께 놀이하는 동안 아이들은 자연스럽게 회복의 가치를 만나고 내면화하게 될 것입니다.

3장

서클 놀이로
시작하기

앞서 2장에서 설명한 것처럼 서클은 서로 존중하며 소통하는 시간과 공간을 아우릅니다. 서클이 이와 같은 안전한 공간이 되려면 교사의 역할이 매우 중요합니다. 교사는 아이들이 동등하게 참여하고 서로를 존중하며 비난이나 공격받을 걱정 없는 안전함을 느끼면서 솔직하게 자신의 마음이나 생각을 자유롭게 표현할 수 있도록 지원하여야 합니다.

안전한 공간에서 친구들과 함께 나누는 내 마음의 진솔한 이야기는 너의 마음과 연결되어 자연스럽게 '공감'으로 이어집니다. 나아가 공감 속에서 서로를 이해하며 격려하고 감사의 마음을 나눈 이야기를 되돌아보면서 함께 지켜야 할 약속을 기억하고, 지키려고 노력하는 다짐, 즉 '책임'을 공유하게 되지요. 이처럼 아이들은 서클을 통해 회복의 핵심가치인 존중, 공감, 책임을 만나고 내면화하게 됩니다.

서클이란 교실에서 일상적으로 경험하는 갈등을 해결하기 위해 자신의 역할, 책임, 친구의 감정과 처한 상황에 대해 돌아볼 수 있는 대화를 의미합니다. 서클 안에서는 특정한 한 사람에게만 발언 기회가 집중되지 않습니다. 또 생각나는 대로 손을 들고 이야기하지도 않습니다. 토킹피스가 돌아가며 말하기 순서가 부여되지요. 따라서 내가 말하고 싶을 때 즉시 말할 수 있는 것이 아니므로 말하고 싶은 욕구를 스스로 다스려 보는 기회도 함께 경험하게 됩니다.

서클로 초대받은 아이들은 우리 반만의 인사를 나누고, 서클 주제를 소개받습니다. 그리고 주제에 대한 이야깃거리를 준비하여 센터피스로 구성합니다. 어떤 주제로든 서클의 공간이 열리면 아이들은 토킹피스를 통해서 안전하게 자신의 생각과 느낌을 자유롭지만 정중히 표현하며, 동등하게 이야기 나누기에 참여하게 됩니다. 이후 아이들은 친구의 생각을 들으며 주제에 대해 알아가며 나누는 표현과 느낌으로 배움을 공유하고 확장해 나가며 어우러진 이야기 속에서 충분한 교감을 나누기도 합니다. 이렇게 새롭게 알게 된 것으로 소통하며 칭찬하는 말, 감사의 말을 나누는 과정에서 아이들은 상호 신뢰의 관계망 안에서 더욱 친밀감을 느끼게 되지요. 이처럼 아이들은 서클과 함께 교실의 평화를 쌓아갑니다. 서클은 회복적 생활교육의 주요 방법으로 이 책에서 소개하는 놀이들 또한 다양한 서클에서 확장된 것입니다. 즉 놀이와 서클이 자연스럽게 융합되어 있지요. 하지만 아직 서클을 여는 것이 익숙하지 않은 독자들을 위해 다양한 주제로 서클 놀이를 시작해 볼 수 있도록 3장에서 따로 모아 정리해 보았습니다.

이제부터 이야기 서클을 시작으로 존중, 공감, 문제해결, 책임 등에 초점을 맞춘 기본적인 서클 활동들을 소개하겠습니다. 특히 각 서클에서 초대, 마음열기, 마음나눔, 마음이음 등으로 이어지는 일련의 흐름을 참고하시어 저마다의 교실에서 아이들과 함께 서클 활동을 적용해 보시기를 권합니다. 또한 아이들을 서클 활동에 적극 참여하게 하고, 본래의 목적을 달성하는 데 도움이 될 수 있도록 실제 서클에서 이루어진 교사의 말도 함께 제시하였으니 맥락을 파악하시는 데 참고하시기 바랍니다. 자, 그럼 지금부터 서클을 시작하겠습니다.

👧 자, 우리 동그랗게 모여 서서 손을 잡고 작은 서클, 큰 서클을 만들어 볼까?

01

이야기 서클　　서클의 시작　　센터피스 구성하기

동글이를 찾아라!

서클이야기 자료 → 우리 반에 있는 동그란 모양의 놀잇감, 동그란 매트 또는 천

서클과 배움 연결하기

☑ 서클로 모여 앉아 서클 주제에 대한 생각을 글과 그림, 이야기, 사연이 담긴 물건과 놀잇
감으로 구성하는 공간인 센터피스를 구성해 봅니다.

▼ 동그랗게 서서 손을 마주 잡고 서클을 만든 아이들의 모습(좌), '동글이를 찾아라!'를 주제로 구성한 센터피스(우)

서클로 이야기하기

1. 동그랗게 모여 서서 손을 잡고 작은 서클, 큰 서클을 만들어 봅니다.

> 양옆에 있는 친구 손을 잡아 보자. 선생님 노래에 맞추어 서클을 크게, 작게 만들어 볼 거야.
> 동그라미, 동그라미, 동그라미, 동그라미, 동그라미(손을 잡고 서서)
> 점점 크게 점점 크게 점점 작게 점점 작게(천천히 뒤로 한발씩 갔다가 앞으로 한발씩 오기)

2. 적당한 크기의 서클을 만든 후 자리에 앉아 서클로 앉은 느낌을 이야기 나눕니다.

> 서클로 모인 우리 반 친구들, 이렇게 서클로 모여 앉으니 느낌이 어떠니?

3. 둥근 천 또는 매트를 준비하고 센터피스 구성하는 방법을 함께 알아봅니다.

> 여기에 있는 동그란 공간에 우리의 이야기를 담아 볼 거야. 서클로 모여 앉은 우리의 모습과
> 여기에 있는 천은 어떤 모양이니?, 우리 교실에서 동그란 모양을 닮은 물건과 놀잇감을 찾아
> 서 우리가 서클로 모인 것처럼 동그라미를 만들어 모아 보자.

4. 우리 교실의 동그란 모양 놀잇감과 물건을 떠올려보고 찾아봅니다.

> 우리 교실에서 보았던 동그란 모양의 놀잇감은 무엇이 있었는지 떠올려 보고 동그란 모양으로
> 아름답게 구성해 보자.

5. 우리가 구성한 센터피스의 놀잇감과 물건을 앉은 순서대로 소개합니다.
6. 우리가 구성한 공간의 이름을 알아봅니다.

> 우리가 구성한 이 공간이 어떠니?, 이 공간은 우리의 마음과 생각이 담긴 소중하고 평화로
> 운 공간이란다. 이곳의 이름은 '센터피스'라고 해.

7. 센터피스에서 서클을 구성하여 이야기 나눈 느낌을 나누고 다음 서클을 소개합니다.

> 우리가 구성한 센터피스에서 서클로 모여 이야기를 나누니 어땠니? 동그랗게 앉은 순서대로
> 모든 친구가 참여해서 이야기를 나누어 보니 손을 들고 발표할 때랑 어떤 점이 다르게 느껴
> 졌니? 다음 서클 모임에서는 서클에서 말하는 방법에 대해 알아보자.

내가 좋아하는 캐릭터

서클이야기 자료 → 유아(학생)의 손에 잡기 편하고 주제와 어울리는 토킹피스

서클과 배움 연결하기

☑ 서클로 모여 앉아 유아(학생)의 손에 잡기 편하고 서클의 주제와 어울리는 토킹피스를 활용하여 안전하고 동등하며 자유롭게 말하는 방법을 알아갑니다.

☑ 서클로 앉아 토킹피스를 차례차례 건네며 내가 좋아하는 캐릭터 소개에 참여합니다.

☆ 토킹피스로 말할 때 우리가 기억해야 할 약속

- 첫 번째 약속 - 중간에 궁금한 것이 떠오르거나 다른 이야기가 하고 싶어도 토킹피스로 말하는 시간에는 토킹피스가 나에게 올 때까지 기다리기로 해요.
- 두 번째 약속 - 친구가 토킹피스로 말할 때 잘 들어요.
- 세 번째 약속 - 친구들에게 말할 때 잘 들을 수 있게 적당한 크기의 목소리로 말해요.
- 네 번째 약속 - 말할 것이 생각나지 않을 때 다음 친구에게 토킹피스를 건네줘요.

▼ 천 안에서 신호를 보내는 아이들의 모습(좌), 토킹피스를 잡고 말하는 아이의 모습(우)

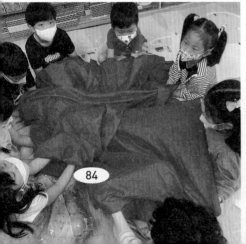

84

서클로 이야기하기

초대하기

1. 동그랗게 모여 앉아 눈을 감습니다.
2. 우리반이 모여앉은 중앙에 커다란 천을 깔고 천 안에 두 손을 넣습니다.
3. 천 안에서 친구와 손을 맞잡은 뒤 전기감전 놀이를 합니다. 천 안에 넣고 친구와 마주잡은 손을 차례대로 지긋이 누르는 신호를 받은 후 다음 친구에게 건네받은 신호를 전달합니다.

마음열기

4. 눈감기를 유지한 상태에서 교사는 토킹피스(우리반 친구들이 좋아하는 만화 캐릭터 막대봉)를 천 안에 넣고 동그랗게 앉은 순서대로 옆 친구에게 건네도록 합니다.
5. 신호악기가 울리면 친구 손에 토킹피스 전달하기를 멈추고 가려진 천에서 꺼내 토킹피스를 소개합니다.

 우리가 전달했던 물건의 이름은 '토킹피스'란다.

마음나눔

6. 토킹피스로 이야기 하는 방법을 알아봅니다.

 여기에 있는 토킹피스를 차례로 건네 보자.
토킹피스가 나에게 오면 "나는 말할 수 있어요"라는 뜻이란다. 다른 친구들은 토킹피스를 가지고 있는 친구의 이야기를 잘 들어보자.

7. 토킹피스로 내 이름과 내가 좋아하는 만화 캐릭터를 소개해본다. 토킹피스를 서클을 돌리는 방향에 따라 차례차례 건네며 내이름과 내가 좋아하는 캐릭터를 소개합니다.

 내 이름은 OOO야. 나는 피카O를 좋아해.

마음이음

8. 토킹피스로 말하기에 참여해 본 느낌을 이야기 나눕니다.

 토킹피스를 건네며 이야기를 나누니 어땠니?
그냥 발표할 때와 동그랗게 모여 앉아 토킹피스를 건네며 나눈 이야기는 어떻게 달랐니?
다음 서클 모임에서는 서클에서 말할 때 지켜야 할 약속을(84쪽 참조) 알아보자.

03 이야기 서클 | 서클 누리기 | 서클약속 세우기

우리의 서클약속은?

서클이야기 자료 → 투톤블록, 서클약속판

서클과 배움 연결하기

☑ 서클로 모여 앉아 내 생각을 말하고 친구의 생각을 잘 들으며, 이야기 나눔에 참여합니다.

☑ 내 생각을 표현하고 친구의 생각을 잘 듣기 위해 서클약속을 세웁니다.

▼ 토킹피스인 투톤블록을 잡고 있는 아이(좌), 우리 반 서클약속판(우)

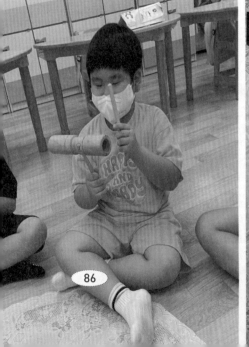
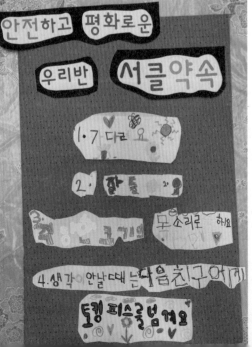

서클로 이야기하기

초대하기

1. 동그랗게 모여 앉아 양옆에 앉은 친구와 손을 마주 댑니다.
2. 교사의 악기 리듬에 맞추어 손뼉치기로 리듬을 따라 만들어 봅니다.

 투톤블록으로 연주하는 선생님의 악기 소리를 듣고 따라 손뼉치기 해보자.

마음열기

3. 동그랗게 앉은 상태에서 양옆에 앉은 친구와 양손을 벌려 손을 마주 댑니다.
4. 악기리듬에 맞추어 친구와 양손을 마주 댄 상태에서 손뼉치기하기로 약속합니다.

 투톤블록으로 연주하는 친구의 리듬에 따라 손뼉치기를 해보자.
딴딴딴딴딴 / 딴 딴 딴딴딴 / 딴 딴딴딴 딴 / 딴딴딴 딴딴딴 / 딴 딴딴딴딴

마음나눔

5. 서클약속(84쪽 참조)과 토킹피스(투톤블록)를 소개합니다.

 여기에 있는 토킹피스(투톤블록)을 차례로 건네 보자.

6. 토킹피스를 건네며 서클약속 중 내가 자신 있게 지킬 수 있는 약속 하나를 친구들에게 소개합니다. 이때 토킹피스를 서클을 돌리는 방향에 따라 차례차례 건네며 내가 잘 지킬 수 있는 약속을 소개하도록 합니다.

 우리의 서클약속은 _____ 입니다.

마음이음

7. 서클약속을 잘 기억하고 지키기 위한 방법을 이야기 나눕니다.

 서클약속을 잘 지킨다면 우리의 이야기 나눔 시간은 어떤 시간이 될까?
우리의 이야기가 행복 가득할 수 있도록 지켜주는 서클약속을 잘 기억할 수 있는 방법은 무엇일까?

8. 자유놀이 시간에 서클약속을 적어 칠판에 게시하기로 합니다.

이야기 서클　　서클 빛내기

존중의 대화 '칭찬'

서클이야기 자료 → 토킹피스, 라벨지로 만든 스티커(엄지척 · 하트 모양),
　　　　　　　　　　〈친구야 나는 너를 사랑해〉 음원

서클과 배움 연결하기

☑ 서클로 모여 앉아 친구의 특별함에 대해 칭찬하며, 서로에 대한 존중의 마음을 가집니다.

▼ 서로 칭찬 스티커를 붙여 주는 모습(좌), 친구와 칭찬공을 주고받는 모습(우),

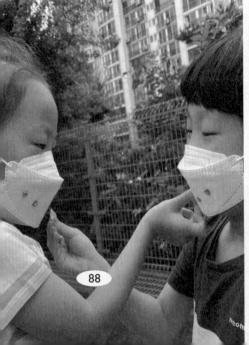

초대하기

1. 동그랗게 모여 앉아 〈친구야 나는 너를 사랑해〉 노래를 함께 부릅니다.
2. '사랑해'가 나오는 가사에서 손으로 하트를 만들어 옆 친구, 앞 친구에게 전달합니다.

마음열기

3. 동그랗게 선 상태에서 친구야 나는 너를 사랑해 동요에 맞추어 몸을 움직이다가 '사랑해' 가사 부분에서 만나는 친구에게 최고야(엄지척) 스티커와 하트 스티커를 몸에 붙여줍니다.

마음나눔

4. 동그랗게 모여 앉아 칭찬공을 소개한 후 칭찬공으로 릴레이 칭찬을 이어갈 때 지켜야 할 약속을 정합니다.

> 한번 칭찬을 받은 친구에게는 다시 공을 굴리지 않고, 다른 친구에게 공을 굴려서 우리 반의 모든 친구가 칭찬을 받을 수 있는 기회를 주자.

5. 동그랗게 모여 앉아 칭찬공을 토킹피스로 삼아 칭찬하고 싶은 친구에게 공을 굴려 친구의 특별한 점을 칭찬합니다.

> (칭찬공을 친구를 향해 굴리며) 너가 쌓기놀이 정리를 잘해서 우리 반이 깨끗해졌어.

> (또 다른 친구를 향해 칭찬공을 굴리면서) 내가 떨어뜨린 필통을 너가 주워줘서 고마웠어.

6. 칭찬공을 굴려 칭찬을 받아본 느낌을 나눕니다.

마음이음

> 칭찬공으로 칭찬을 받아 본 느낌이 어땠니?
> 그냥 잘했어 하고 받은 칭찬과 칭찬공으로 친구가 마음을 담아 전해 준 칭찬과는 어떤 점이 달랐니?
> 나에게 칭찬을 건네준 친구에게 고맙다고 말해 보자.

이건 막대가 아니야

서클이야기 자료 → 그림책《이건 막대가 아니야》(베틀북, 2008), 막대,
백업스틱(한 사람당 2개씩), 리듬악기(신호악기)

서클과 배움 연결하기

☑ 막대를 보고 자유롭게 상상하여 표현하는 놀이를 즐깁니다.
☑ 막대를 여러 가지 다른 물건으로 변신시켜 무엇이 될지 상상하는 놀이에 즐겁게 참여합니다.

☆ 막대 상상놀이

① 동그랗게 모여 선생님의 구호와 신호악기에 따라 막대상상 표현을 자유롭게 해봅니다
   (예: 칫솔, 요술지팡이, 야구 방망이, 빗자루, 바이올린, 리코더, 골프, 잠자리채, 하키, 썰매,
   젓가락, 드럼, 장구, 화살쏘기, 토끼 귀 등).
② 신호악기가 두 번째 울릴 때 멈추었다가 다른 상상 표현을 해봅니다.
③ 《이건 막대가 아니야》의 내용을 토대로 막대 상상 표현 짧은 이야기 즉흥극을 만들어
   친구들과 자유롭게 상상 표현놀이에 즐겁게 참여합니다.

▼ 막대를 통해 상상하는 아이(좌), 막대로 상상한 것을 표현하는 아이(우)

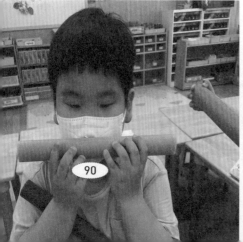

90

서클로 이야기하기

초대하기

1. 동그랗게 모여 앉아 《이건 막대가 아니야》에 나온 장면을 교사가 막대를 들어 시범을 보이고, 아이가 알아맞혀 봅니다(예: 역도, 낚시, 붓 등).
2. 여러 굵기와 크기의 막대(백업스틱)를 탐색한 후 센터피스를 구성합니다. 이때 동그랗게 앉은 차례대로 막대의 모양과 촉감을 탐색하고 만져보고, 유아(학생)의 시선이 모이는 가운데 공간에 탐색한 막대를 동그랗게 구성합니다.

마음열기

3. 동그랗게 앉은 자리에서 막대를 동그랗게 앉은 순서대로 넘기며 막대를 통해 상상한 것을 몸짓으로 표현합니다.
 · 막대 1개 : 칫솔, 요술지팡이, 야구 방망이, 빗자루, 바이올린, 리코더, 골프, 잠자리채, 하키 등
 · 막대 2개 : 썰매, 스키, 젓가락, 스케이트, 드럼, 장구, 화살 쏘기, 토끼 귀 등
4. 다른 친구들이 맞힐 수 있도록 동작을 섬세하게 표현하도록 합니다.

 공을 던져 볼게. 방망이로 맞춰 봐!

 치약을 푸욱~ 짜줄게! 양치해 봐!

5. 생각이 나지 않으면 옆 사람에게 "짜잔~"이라고 말하며 넘기도록 합니다.

 생각이 안 나면 옆 친구에게 막대를 넘기자. 그러다 생각나면 손을 들어 표시해 줘!

마음나눔

6. 모두에게 막대를 나눠준 후 나와 친구의 상상 표현 중 가장 해보고 싶은 막대 상상놀이(90쪽 참조)를 자유롭게 즐깁니다.

마음이음

7. 막대 상상 서클에 참여한 느낌을 나눕니다.

 막대로 무엇이든 되어보고 표현해 본 느낌이 어때?
약속을 잘 지켜 즐겁게 상상 표현을 함께 해준 친구들에게 고맙다고 말해 보자.

06

공감 서클　서클 빛내기

향기 나는 기분 좋은 말

서클이야기 자료 → 향기 나는 말을 적은 꽃모양 종이, 빨대, 조화(모형 꽃),
오아시스가 있는 미니 화단, 향수 또는 미스트

서클과 배움 연결하기

☑ 서클로 모여 앉아 존중, 공감, 책임이 가득한 회복적 가치 단어로 말 꽃꽂이 놀이에 참여하
여 나를 기분 좋게 해주고 우리 반의 분위기를 아름답게 가꾸는 말을 기억하고 전달해 봅
니다.

☑ 꽃과 함께 회복적 가치 단어꽃을 아름답게 구성하고 가치단어의 뜻과 의미를 알아보며,
존중, 공감의 마음을 가집니다.

☆ 향기 나는 말이 피었습니다! 꽃꽂이 서클

① 동그랗게 모여 앉아 시작하는 아이가 조화와 향기 나는 말 카드를 각각 손에 들고 친구
가 들면 기분 좋은 말을 외칩니다.

② 친구들이 따라 외친 후 신호음에 맞추어 향기 나는 말 화단에 꽃을 꽂고 돌아옵니다.

③ 향기 나는 말 화단에 꽂은 말들을 오래 기억할 수 있게 다 꽂고 나서 재구성하거나 짝을
지어 아이들과 함께 기분 좋아지는 말을 주고받습니다.

◀ 향기 나는 말들로 완성한 꽃꽂이

서클로 이야기하기

초대하기

1. 교실 곳곳에 숨겨진 디퓨저, 향수, 비누, 향기 나는 사인펜 등 향기 나는 물건 찾기 숨바꼭질을 해봅니다.

 향기 나는 물건을 찾아보자. 어떤 향기가 느껴지니?
우리가 평소에 하는 말에도 향기가 있을 수 있을까? 만약 말에도 향기가 있다면 어떤 말이 향기 나는 말일까?

 들으면 기분 좋은 말은 향기 나는 말이에요.

2. 향기 나는 말 카드(미리 향기를 뿌려둔)를 모아 놓은 후 하나씩 선택하여 센터피스로 구성합니다.

마음열기

3. 들으면 기분이 좋아지는 향기 나는 말을 꽃모양 종이에 적은 후 향기 나는 말 위에 동그랗게 구성합니다.

4. 동그랗게 앉은 순서대로 조화를 토킹피스로 넘기며 친구가 들으면 기분 좋은 향기 나는 말을 소개합니다.

 나를 기분좋게 해주는 향기 나는 말은 무엇이 있었니?
어떤 말을 듣고 기분이 좋아졌니?

마음나눔

5. 향기 나는 말 단어 꽃과 조화를 아름답게 꽃꽂이하며 향기 나는 말을 서로에게 들려줍니다(향기 나는 말이 피었습니다! 꽃꽂이 서클 방법은 92쪽 참조).

마음이음

6. 꽃꽂이를 통해 향기 나는 말을 주고받은 느낌을 나눕니다.

 서로를 존중하고 공감하는 향기 나는 말을 주고받은 느낌이 어때?
아름다운 꽃과 함께 꽃꽂이하니 어떠니?
나에게 향기 나는 말을 들려준 친구에게 고맙다고 말해 보자.

07

공감 서클   서클로 어울리기

친구 마음 네비게이션

서클이야기 자료 → 친구 마인드맵 조사지, 휴지, 리듬악기(신호악기)

서클과 배움 연결하기

☑ 친구 마인드맵 활동을 위해 친구에 대해 궁금한 것을 질문하고 알아갑니다.

☑ 친구가 좋아하는 것, 잘하는 것을 알아보며 친구에게 친밀감을 가집니다.

☑ 내가 조사한 친구에 대해 새롭게 알게 된 점을 소개하며 우리 반 친구들에 대해 존중의 마음을 가집니다.

▼ 두루마리 휴지를 굴려 친구 마음으로 가는 길을 구성하는 아이들(좌), 친구들을 인터뷰해서 만든 친구 마음 네비게이션(우)

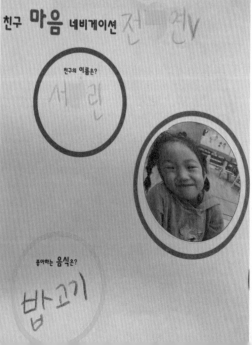

서클로 이야기하기

초대하기

1. 동그랗게 앉아 마주 앉은 친구에게 두루마리 휴지를 굴려 친구 마음으로 가는 길을 구성해 봅니다(단, 모든 친구들에게 휴지를 주고 받을 수 있는 기회를 주기 위해 이미 받은 친구에게는 굴리지 않기로 약속합니다).

 "○○이의 마음으로 가는 길" 이라고 외치며 친구를 향해 휴지를 굴려 보자.

2. 휴지로 만들어진 친구 마음으로 가는 길을 악기 신호에 따라 자유롭게 걸어봅니다. 빠르게, 느리게 걸으며 친구와 마주치면 인사합니다.

마음열기

3. 친구 마음 네비게이션(친구 마인드맵) 종이로 센터피스를 구성합니다. 아이들 시선이 모이는 가운데 공간에 친구 마음 네비게이션 종이를 동그랗게 구성하고, 친구 마음 네비게이션의 내용(이름 / 좋아하는 음식 / 좋아하는 놀이 / 친구가 잘하는 것)을 알아본 후 한 장씩 가져갑니다.

4. 놀이할 때 휴지를 굴려 준 친구의 마음으로 가는 길을 알아보기 위해 친구를 찾아가 인터뷰합니다.

 네가 좋아하는 음식은 무엇이니?
좋아하는 놀이는?
가장 잘한다고 생각하는 것은 무엇이니?

마음나눔

5. 인터뷰하며 조사한 내용을 '친구 마음 네비게이션' 종이의 빈칸에 글과 그림으로 표현합니다.

6. 동그랗게 모여 앉아 친구에 대해 내가 조사한 내용을 소개합니다. 내가 소개한 친구가 이어서 발표하는 릴레이 형식으로 진행합니다(예: ★★를 소개합니다. ★★가 좋아하는 음식은 불고기이고, 좋아하는 놀이는 빨대 블록으로 성 만들기야. 가장 잘하는 것은 달리기야).

마음이음

7. 친구 마음 네비게이션 서클에 참여한 느낌을 나눕니다.

 친구에 대해 더 잘 알게 되니 어때?
나에 대해, 또 친구들의 마음을 알 수 있도록 조사해 준 친구들에게 고맙다고 말해 보자.

08

공감 서클　서클로 어울리기

내 마음이 기쁜단다

서클이야기 자료 → 〈내 마음이 기쁜단다〉 동요 음원, 장난감

서글과 배움 연결하기

☑ 배려, 나눔의 말을 나누며 친구와의 신뢰, 우정의 마음을 느낍니다.

☑ 친구들과 장난감을 나누어 가지고 사이좋게 지내는 마음을 표현합니다.

▼ 좋아하는 장난감으로 구성한 센터피스(좌), 장난감을 들고 표현하는 아이의 모습(우)

서클로 이야기하기

초대하기

1. 내가 좋아하는 장난감으로 센터피스를 구성합니다.
2. 우리 반의 인기 장난감 투표의 날을 정하여 우리 반에서 가장 친구들이 좋아하는 장난감을 선정합니다.

마음열기

3. 동요 〈내 마음이 기쁘단다〉를 함께 부릅니다.
4. 장난감을 가지고 놀다가 친구가 그냥 가져간 경험을 나눕니다.

그럴 때 마음은 어땠니?
장난감을 양보하는 친구가 많은 반과 혼자 다 차지하겠다며 서로 빼앗는 친구가 많은 반 중 어떤 반이 행복할까?

마음나눔

5. "친구야 나의 친구야 장난감을 내게 나눠 주어서 친구야 나의 친구야 내 마음이 기쁘단다~" 가사의 내용을 함께 동작으로 표현해 본다(이때 투표로 정한 장난감을 가지고 동작을 표현합니다).
6. 동그랗게 둘러앉아 〈내 마음이 기쁘단다〉를 부르며 장난감(우리 반 인기투표에서 선정된)을 옆 친구에게 릴레이로 전달해 봅니다.
7. 노래가 끝났을 때 장난감을 건네받은 친구가 술래가 되어 일어나 친구들에게 "친구들아, 고마워!"라고 외칩니다. 이때 모든 친구들에게 기회가 고르게 돌아갈 수 있도록 노래의 빠르기를 조절합니다.

마음이음

8. 내 마음이 기쁘단다 서클에 참여한 느낌을 나눕니다. 내가 놀이하고 싶은 장난감을 나만 가지고 놀 때와 친구에게 먼저 양보할 때 중 언제가 마음이 기쁜지 이야기 나눕니다.

나에게 장난감을 양보하는 친구들에게 할 인사말을 연습해 보자!

친구야, 장난감을 양보해 줘서 고마워!

09

공감 서클　　서클로 빛나기　　고민 해결 서클

고민 터널을 지나가요!

서클이야기 자료 → 클레이, 훌라후프, 천

서클과 배움 연결하기

☑ 고민의 의미를 알아봅니다.

☑ 고민 공놀이를 통해 고민을 주고받으며 서로 고민에 대해 위로의 마음을 표현합니다.

☑ 친구와 함께하는 고민 해결 놀이에 즐겁게 참여하며 고민을 해소합니다.

▼ 고민을 주제로 아이들이 만든 모양들로 구성한 센터피스(좌), 고민 해결을 외치고 고민 터널로 들어가는 아이의 모습(우)

 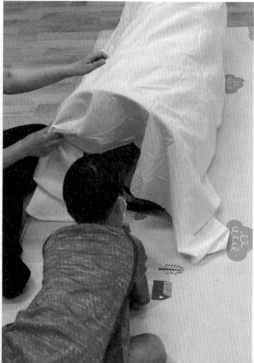

서클로 이야기하기

초대하기

1. 고민이라는 말의 의미를 알아봅니다.

 고민이라는 말은 어떤 뜻일까?
고민은 걱정거리나 내가 어떻게 행동해야 할지 몰라 속상한 마음을 말해.

2. 우리 반에 찾아온 커다란 고민공(클레이로 만든)을 소개하고, 옆으로 건네며 내가 가진 고민 만큼만 떼어냅니다.
3. 각자 떼어낸 고민(클레이)으로 고민공을 만들어 봅니다.

마음열기

4. 동그랗게 앉은 상태에서 맞은편 친구에게 고민공을 굴리며 서로의 고민을 나눕니다. 나의 고민(공)을 나누고 친구의 고민(공)을 주고받습니다.
5. 친구와 주고받은 고민공을 이용하여 내 고민의 모양으로 만들어 센터피스로 구성합니다.

 하얀 클레이로 만든 고민공에 고민의 색을 사인펜으로 톡톡톡 찍어 주물주물하면 고민공의 색이 변할 거야!

6. 여러 가지 색과 모양으로 표현한 각자의 고민 만들기 작품을 감상합니다.

마음나눔

7. 한줄 기차로 서서 고민을 해결하는 말을 외치며 고민 터널을 지나갑니다(예: 고민은 다 사라졌다!, 고민 해결!, 고민아 도망가라. 고민아 안녕, 고민아 오지 마, 마음이 시원하다, 행복하다 등).

마음이음

8. 고민 나누기 서클에 참여한 느낌을 나눕니다.

 고민을 혼자 간직할 때와 친구들과 나눌 때의 마음이 어떻게 달랐니?
나의 점점 커지던 고민을 함께 나눠준 친구들에게 고맙다는 인사를 나누자.

딩동, 행복 택배 왔어요!

서클이야기 자료 → 택배상자, 종이(선물을 그릴), 사인펜

서클과 배움 연결하기

☑ 상자 안에 내가 받고 싶은 선물이 있다고 상상하여 대사와 몸짓으로 표현합니다.

☑ 내가 상상한 것을 자유로운 몸짓과 언어로 표현할 수 있습니다.

▼ 행복 택배를 주제로 구성한 센터피스(좌), 차례로 토킹피스인 택배상자를 건네며 표현하는 아이들(우)

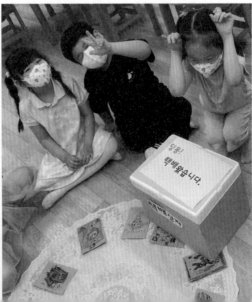

100

초대하기

1. 택배박스 1개를 준비한 후 아이들의 시선이 모이는 중앙에 택배박스를 놓고 동그랗게 원으로 둘러앉습니다.

> 여기에 무엇이 보이니?
> 우리 반에 택배가 왔나봐 이 안에 무엇이 들어 있으면 좋겠니?

2. 택배박스 안을 살펴본 후 그 안에 담겨 있으면 좋을 것 같은 물건을 생각해 봅니다.

> 이 택배박스 안에 무엇이 들어 있으면 좋을지 두 눈을 감고 떠올려 보자.

마음열기

3. 내가 평소에 택배로 받고 싶은 선물(내가 받았던 선물, 받고 싶은 선물, 필요한 물건 등)을 떠올려 그림과 글로 표현하고 센터피스에 구성합니다.

4. 센터피스에 모인 우리 반의 선물이 무엇인지 함께 살펴보고 택배박스에 넣습니다.

5. 친구들의 희망 선물이 다 모이면 "우리 반에 택배왔습니다!"를 함께 외칩니다.

마음나눔

6. 동그랗게 모여 앉은 상태에서 차례대로 박스를 건넵니다.

7. 박스를 건네받은 친구는 그 안에 내가 받고 싶은 선물이 있다고 상상하고 택배상자 안에 선물이 있다고 생각하여 몸짓과 간단한 대사로 선물이 무엇인지 표현해 봅니다. 내가 받았던 선물, 받고 싶은 선물, 필요한 물건 등을 떠올려 표현해 보도록 합니다.

8. 다른 친구들은 친구가 표현하는 선물을 잘 관찰한 후 어떤 선물인지 알아맞혀 봅니다.

9. 생각이 나지 않는 친구는 옆 사람에게 "딩동"이라고 말하며 박스를 넘깁니다.

> 만약 생각이 나지 않으면 옆 친구에게 택배상자를 넘겨 보자. 그리고 생각이 나면 손을 들어 표시해 줘!

마음이음

10. 행복 택배 서클에 참여한 느낌을 나눕니다.

> 이야기로 서클을 나눌 때와 몸으로 전달하는 서클은 어떻게 느껴졌니?
> 우리에게 웃음을 전해 준 친구들에게 고맙다는 인사를 나누자.

11

문제해결 서클   서클로 하나 되기

친구를 잃어버리는 법

서클이야기 자료 → 그림책《친구를 모두 잃어버리는 방법》(보물창고, 2007), 조용한 배경음악, 친구랑 잘 노는 방법 투표지, 원형스티커

서클과 배움 연결하기

☑ 우리 반에서 일어난 갈등을 인식합니다.

☑ 친구들 간의 관계 속에서 일어난 갈등 해결을 서클을 통해 나누고 풀어갈 수 있습니다.

▼ 토킹피스를 잡고 친구와 함께 놀이하기 위한 말과 행동을 말하는 아이(좌), 아이들의 의견을 수렴하여 완성한 '친구랑 잘 노는 방법!'(우)

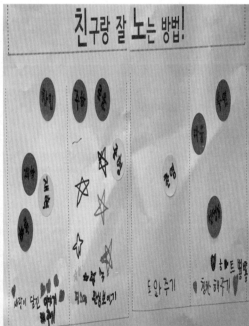

서클로 이야기하기

초대하기

1. 우리 반에서 일어난 갈등을 소개합니다.

 오늘 일어난 일 중 친구의 마음을 불편하게 한 일에 대해 나누려고 해.
서로의 마음과 생각이 달라 불편한 일이 생겨나는 것을 갈등이라고 한단다.

2. 갈등에 대해 생각해 볼 수 있도록 텅드럼 연주 또는 조용한 음악을 들으며 눈을 감고 생각할
   시간을 줍니다.

 우리의 마음을 불편하게 하여 선생님에게 도움을 요청했던 일(○○이와 △△이에게 있
었던 문제 상황)에 대해 잠시 눈을 감고 생각해 보자.

마음열기

3. 우리에게 일어난 갈등이 무엇이었는지 이야기 나눕니다.

 어떤 일이 있었는지 이야기해 보자. 친구와 놀고 싶은데 그 친구가 다른 친구랑 놀고 있다
면 나는 어떻게 해야 할까? 함께 놀고 싶은 친구가 다른 친구랑 논다고 그 친구를 때리
며 나랑 같이 놀자고 하면 어떨까?

4. 갈등을 보고 들은 친구들의 마음과 생각이 어떤지 나눕니다.

 친구가 놀자는 표현을 때리는 행동으로 하는 것을 봤을 때(갈등 상황을 만났을 때) 어떤
생각과 느낌이 들었는지 이야기해 보자.

마음나눔

5. 이 일로 인해 가장 마음이 아픈 친구는 누구인지 이야기 나눕니다.
6. 친구의 마음이 회복될 수 있는 해결 방안이 무엇인지 나눕니다.
7. 《친구를 모두 잃어버리는 방법》 그림책을 함께 읽습니다.
8. 친구와 함께 놀이하려면 어떤 말과 행동을 해야 하는지 토킹피스로 이야기 나눕니다(예: 평소
   에 잘 대해 줘요. / 함께 놀고 싶은 친구에게 칭찬을 해줘요. / 도와주고 양보해요 등).
9. 친구와 함께 놀이할 수 있는 효과적인 방법이 무엇일지 투표로 생각을 나눕니다.

마음이음

10. 우리 반의 갈등 해결 방법에 대해 이야기한 후 간직하고 싶은 이야기를 나눕니다.

12

책임 서클　　서클로 하나 되기

행복나무와 약속열매

서클이야기 자료 → 캡슐, 감정공, 열매포스트잇, 고리, 나무 모형

서클과 배움 연결하기

☑ 행복한 우리 반을 만들기 위해 내가 해야 할 일을 알고 실천합니다.

☑ 사랑, 용서, 책임의 약속의 말을 주고받으며 서로를 격려합니다.

☑ 친구와 함께 약속 세우기에 참여하며 노력과 배려로 행복한 우리 반을 만들어갑니다.

☆ 우리의 약속열매

• **사랑**의 약속: 친구에게 양보해요. 도와줘요. 나눠줘요.

• **용서**의 약속: 괜찮아라고 말해요. 이해해요. 안아줘요.

• **책임**의 약속: 스스로 해요. 정리해요. 줄을 잘 서요.

▼ 약속열매(캡슐)를 들고 있는 아이들(좌), 행복나무에 약속열매를 매달아 주는 아이들(우)

서클로 이야기하기

초대하기

1. 약속이라는 말의 의미를 알아봅니다.

 약속은 왜 지켜야 할까?

2. 동그랗게 앉은 자리에 커다란 천을 덮은 후 우리 반 친구들의 손을 천안에 넣어 감춥니다.

 이제 약속을 잘 지키는 게임을 해볼 거야. 커다란 천 안에 손을 감춰 보자.
선생님이 전해 주는 물건을 천 안에서 안 보이게 잘 전달해 보자.

마음열기

3. 모두 눈을 감은 상태에서 커다란 천 안에서 교사가 전하는 물건(3개의 캡슐)을 내 손에서 옆 친구의 손으로 전달합니다.

 (신호를 듣고 멈춘 순간) 약속열매(캡슐)를 손에 쥔 친구들 세 명은 약속열매를 꺼내어 보여줄까? (약속열매(캡슐) 3개를 각각 확인한다)

4. 캡슐 안을 열어 세 가지 약속을 확인해 봅니다.

 세 가지 캡슐 안에는 우리 반을 행복하게 만드는 세 가지 약속(사랑의 약속/ 용서의 약속/ 책임의 약속)이 들어 있어.

마음나눔

5. 사랑의 약속, 용서의 약속, 책임의 약속(104쪽 참고)을 모둠별로 정한 후 열매 포스트잇에 글과 그림으로 표현해 봅니다.

6. 우리가 세운 약속을 소개한 후 센터피스에 위치한 행복나무에 우리가 세운 약속열매(사랑, 용서, 책임)를 달아줍니다.

 동그랗게 앉은 순서대로 약속을 소개해 보자. 그리고 소개가 끝나면 행복나무에 약속열매를 달아 주자.

마음이음

7. 모든 친구들이 사랑, 용서, 책임의 약속을 잘 지킬 때 우리가 누릴 수 있는 행복과 기쁨의 감정을 감정공 놀이로 함께 즐기며 존중의 약속을 기억합니다.

놀이로 존중, 공감,
책임을 만나요!

이제 4장에서는 '존중', '공감', '책임'의 회복적 가치를 담은 놀이들을 소개할 것입니다. 친구와 함께 놀이를 하면서 자연스럽게 회복적 가치를 이해하고, 몸에 배어갈 수 있는 활동들입니다. 다만 편의상 '존중 놀이', '공감 놀이', '책임 놀이'로 구분해서 정리했지만, 이는 오직 해당 가치만을 담아낸 놀이라는 의미가 아님을 짚고자 합니다. 실제로 함께하는 공동체 놀이들은 매우 단순해 보이는 하나의 놀이 안에도 다양한 회복적 가치를 내포하고 있기 때문입니다. 다만 분류한 가치에 좀 더 초점이 맞춰져 있는 활동 정도로만 이해해 주시면 좋을 것 같습니다. 존중과 공감, 책임별로 15개씩 놀이 활동을 소개하였습니다.

4장

회복적 가치
발견하기

새 학기, 선생님과 아이들 모두 저마다 두려움과 기대감이라는 상반된 감정을 함께 안은 채 만납니다. 교실 문을 열면 아이들은 그 안에서 서로 잘 어울려 놀고, 또 잘 지내는 것처럼 보입니다. 아이들과 함께하는 우리 교사들의 모습도 아주 괜찮아 보이지요. 새 학기의 긴장 속에서도 큰 문제 없이 그럭저럭 잘 지내 주는 아이들의 모습에 안도하며 낯섦에서 익숙함으로 조금씩 전환될 즈음, 드디어 하나둘씩 갈등이 생겨납니다. 게다가 발달 특성상 '내'가 먼저, '나'만을 위해 내뱉은 말들이 불쑥 솟구친 분노라는 감정과 만나 곳곳에서 불똥을 일으키며 크건 작건 다툼을 끊이지 않게 합니다. 마냥 해맑아 보이는 아이들의 입에서 때때로 다음과 같이 다소 격앙되고 무절제한 말들이 아무렇지 않게 오고 가는 것을 볼 수 있죠.

> 우리 오늘은 쟤랑 놀지 말자.
> 너가 뭔데 다 가져가는 거야.
> 너랑 안 놀아!
> 야! 내가 만지지 말라고 했지! 등

이처럼 서로에 대한 작아진 마음과 서툰 표현으로 시작된 작은 다툼이 때론 크게 번지기도 합니다. 갈등이 생겼을 때 평화로운 해결 방법을 찾기보다는 자신의 책임은 무조건 회피한 채, 남을 탓하기 위해 집요하게 잘못과 실수를 파고들다가 이것이 어느새 학부모들까지 얽힌 복잡한 갈등으로 번지는 거죠. 온갖 민원에 심지어 법정 분쟁까지, 날로 온기를 잃어가며 삭막해지는 교실의 서늘한 온도가 점점 당연한 듯 익숙해지려 합니다. 그래서인지 매해 마주하는 3월이건만, 어쩐지 자꾸만 더 어려워지고 때로는 위축되는 것 같습니다.

　또한 저연령일수록 언어 표현이 서툰 만큼 새 학기에 새롭게 만나게 된 아이들의 다양한 표정을 읽어 내야 하는 교사들은 더더욱 긴장할 수밖에 없습니다. 예를 들어볼까요? 친구와의 만남과 관계 속에서 마주하게 되는 아이들의 다양한 표정이 있습니다. 아직 말로는 자기 생각과 감정을 정확하게 표현하지 못하다 보니 아이들은 표정으로 뭔가를 전달하려는 경우가 많습니다. 게다가 아이의 성향에 따라 적극적인 표현을 하지 않기도 합니다. 이렇게 알 듯 말 듯 애매하고 수줍은 아이들의 표현 속에 담긴 속내와 의도를 정확하게 읽어내려 할 때면, 때때로 표정만 봐도 아이들의 마음을 읽어내는 능력이 있다면 얼마나 좋을까 하는 마음마저 듭니다.

　살아가면서 갈등을 완전히 피할 수는 없습니다. 하지만 어릴 때부터 서로 네 탓만 하며 배격하기보다 평화롭게 해결하며 회복적 관계를 유지하는 법을 배우게 할 순 없을까요? 앞으로 존중, 공감, 책임 등 회복적 가치를 담은 다양한 놀이들을 소개할 것입니다. 이러한 놀이들을 통해 우리 아이들이 잃어버린 '나'를 찾고, 진심으로 '너'를 대하며, '우리'로 하나 됨으로써 평화로운 관계를 맺기 간절히 소망합니다. '진정한 나'를 세워가는 한편, 너에게 공감하며, 함께 책임을 다하는 동안 어느새 교실에도 따스한 온기가 차오르는 진정한 회복을 경험하게 될 것입니다.

소중한 나와 너,
상호존중으로 하나 되는 우리

존중 놀이로 펼치는 회복적 생활교육은?

존중 놀이로 내가 느끼는 감정을 이해하고 건강하게 표현할
수 있고, 존중, 공감, 책임의 가치로 놀이하며 다른 친구의
감정에 대한 이해와 조절하는 법을 알아가게 될 것입니다.

01

존중

놀이

발달적 특징으로 자기중심성이 강한 유아와 저학년 시기의 아이들은 함께 잘 놀다가도 별안간 큰소리를 내곤 합니다. 뭔가 자기 뜻대로 되지 않을 때면 친구의 마음은 안중에도 없이 무작정 고집을 부리거나 마구 떼를 쓰기도 하는 거죠. 그런데 만약 자기가 원하는 바를 친구의 마음을 고려하며 사회적으로도 수용되는 정중한 방법으로 전할 줄 아는 아이라면 어디를 가든 환영받고, 더욱 사랑받지 않을까요? 그렇기 때문에 다른 사람보다 나를 더 먼저 생각하는 아이들이 사회적으로 수용되는 방식으로 자신이 원하는 바를 지혜롭게 제안할 수 있도록 지원하는 것 또한 교사의 중요한 역할입니다.

친구와는 다른 자신만의 고유성과 특별함을 깨닫고 스스로를 사랑하며, 소중히 여길 줄 아는 마음은 다름에 대한 인정과 수용도 가능하게 합니다. 이러한 존중이라는 마음의 쿠션은 스스로 할 수 있는 일을 즐거운 마음으로 해내는 것, 바로 유능감으로부터 생깁니다. 그리고 나아가 나와는 다른 존재에게 더 수용적이고 이해하려는 마음을 갖게 해줍니다. 따라서 나를 올바르게 인식하고, 내 안에서 샘솟는 존중의 마음을 만나는 것이 중요하며, 이는 회복을 세워가는 첫걸음입니다.

 나는 소중하고, 특별하며 사랑받고 사랑주는 존재야!
 특별한 나는 내 일을 스스로 잘할 수 있어!

저는 아이들이 놀이 안에서 '나는 소중하고 특별하며 사랑받고 사랑주는 존재이고, 특별한 나는 나의 일을 스스로 잘할 수 있다'는 것을 알게 되기를 바랍니다.

그래서 서클을 통해 친구들과 나의 마음을 나누는 크고 작은 경험을 풍성히 하도록 지원합니다. 긍정적으로 수용하여 나를 표현하는 경험은 즐겁고 편안하다는 것을 인식하도록 도울 필요가 있습니다. 우리 반에서는 평소 나 자신에게 질문하기, 나의 다양한 감정으로 놀이하기, 나의 마음을 표현하는 말을 해보는 역할극 등 다양한 놀이와 이야기 나눔을 통해 아이들이 자신을 소중하고 특별한 존재로 인식하는 경험을 쌓아가고 있습니다.

　놀이 안에서 존중의 언어로 서로의 마음을 돌아본 아이들은 문제해결 서클 안에서 피해를 입은 친구의 목소리를 듣고 자신의 행동에 대해 돌아보며 진심으로 사과합니다. 문제를 인식하고 해결하기 위한 방법을 스스로 생각해 내고 우리 반의 평화를 위해 약속을 세워갑니다. 서클 안에서는 문제행동의 주체가 되는 한두 사람의 회복만이 아닌 문제로 인해 영향을 받은 우리 반 모두에게도 회복을 주는 이야기를 나눕니다.

　이 장에서는 교실의 존중 회복에 초점을 맞춘 놀이를 소개합니다. 모두가 반의 소중한 구성원으로서 자신에 대해 제대로 알고 긍정적으로 인식하는 존중의 마음, 나와 너라는 존재가 비판과 비난에서 자유로운 소중한 존재 그 자체임을 알게 하는 존중의 마음, 자기 생각과 느낌을 솔직하게 표현할 수 있는 존중의 마음, 나와 다른 친구의 생각과 표현을 있는 그대로 받아들이고 기꺼이 수용하는 존중의 마음, 친구와 관계를 맺으며 나와 너라는 서로의 존재를 소중히 대하는 존중의 마음 등을 길러주기 위해 서클 나눔과 놀이로 풀어갑니다.

존중　공감　책임　관계　**문제해결**　협력　공동체성

나의 몸 구멍 스파이

놀이 준비물 → 토킹피스, 눈, 코, 입, 귀 사진, 클레이, 접시, 우리 반 친구 얼굴 사진,
주사위(0-3) 2개, 《우리 몸의 구멍》(길벗어린이, 2000) 등 구멍 관
련 다양한 그림책

회복적 가치와 놀이 연결하기

• 내 몸에 관심을 가집니다.
• 과학자의 시선으로 내 몸의 구멍을 탐색하고 탐구해 봅니다.
• 내 몸의 구멍놀이를 친구들과 함께하며 수와 연산의 기초경험을 할 수 있습니다.

놀이를 시작하기 전에

☑ 눈, 코, 입, 귀 등 내 얼굴의 구멍 사진을 동그랗게 센터피스로 구성합니다.

☑ 칠판에 서클 약속 적어놓고, 음악을 틀어놓습니다

☑ 《우리 몸의 구멍》 등 구멍과 관련된 다양한 그림책의 그림 속 구멍들을 찾아봅니다.

▼ 사진 속 얼굴의 구멍을 찾아서 클레이를 붙이는 아이의 모습(좌), 구멍 스파이 미션을 완수한 친구의 얼굴 사진(우)

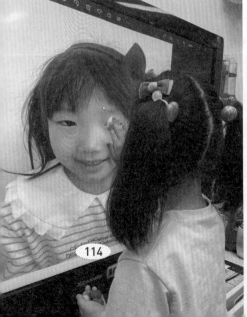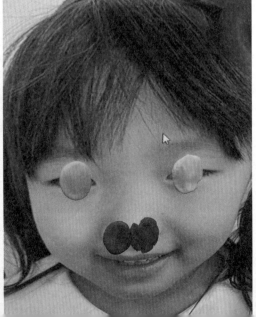

함께 즐기는 회복적 놀이 방법

내 몸의 구멍 찾기 놀이

① '몸 몸 몸 몸 ~ 구! 멍!' 하고 구호를 외치며 멈추면 내 몸의 구멍 위에 손가락 또는 손바닥을 대봅니다.

② 서클로 앉아 토킹피스(구멍이 있는 물건)을 활용하여 우리가 발견한 내 몸의 구멍 이름을 알아봅니다(예: 토킹피스를 넘겨 '내 몸의 구멍' 하고 친구들이 구호를 외쳐주면 내가 발견한 구멍 '콧구멍' / '귓구멍' / '눈구멍' / '입구멍' / '똥구멍' / '배꼽구멍'의 이름을 소개합니다.

③ 두 명씩 짝을 지어 마주보고 서로의 얼굴을 디지털 카메라로 찍어 줍니다.

④ 디지털 카메라에 찍힌 친구의 얼굴을 랜덤으로 프로젝션 TV 화면에 출력합니다.

구멍 스파이 놀이

① 동그랗게 모여앉아 구멍스파이놀이 순서를 정합니다.

② 아이가 2개의 주사위를 동시에 던집니다(1-3 숫자 주사위 2개).

③ 2개의 주사위에 나온 수를 더합니다.

④ 더해진 숫자만큼 (프로젝션 TV 앞 바구니에 놓인) 미리 만들어놓은 동그란 클레이로 구멍을 막아봅니다.

⑤ 친구가 막은 구멍이 몇 개인지 함께 세어봅니다.

⑥ 다음 순서의 친구가 나와 구멍놀이에 참여합니다.

⑦ 우리 반 친구의 얼굴 모두 돌아가며 구멍의 주인공이 될 수 있도록 자유놀이 시간 또는 며칠에 걸쳐(5명씩) 게임을 진행해도 좋습니다.

회복적 생활교육을 위한 놀이 활동 TIP

• 연령이 낮은 유아들의 경우 여러 날에 걸쳐 놀이를 진행합니다(1차시-구멍 관련 그림책 읽기 / 2차시-구멍찾기 놀이 / 3차시-구멍 소개 하기 / 4차시- 우리 몸의 구멍 막기 게임 등).

• 사전에 구멍에 관련된 그림책을 읽을 수 있도록 지원합니다(우리 몸의 구멍).

• 나의 눈, 코, 입, 귀의 모습이 구멍놀이로 달라져 이상하게 느껴지지 않도록 사전에 구멍놀이로 인해 사진으로 출력된 내 모습이 변화될 수 있음을 미리 알려주어 모두 즐겁게 활동에 참여할 수 있도록 독려합니다.

놀이확장 아이디어

• 우리 교실에 구멍이 있는 물건 또는 놀잇감을 찾아 놀이하는 시간을 가집니다(구멍놀이 영역 구성).

• 다양한 방법으로 내 몸의 구멍을 막아 봅니다(주사위를 던진 큰 수에서 작은 수를 뺀 만큼 막아 봅니다).

존중 | 공감 | 책임 | 관계 | 문제해결 | 협력 | 공동체성

쉿! 느껴지니?

놀이 준비물 → 비밀상자, 다양한 재질의 물건(돌멩이, 플라스틱 뚜껑, 뽕뽕이, 솜 등), 눈가리개, 촉감판 길(종이, 시트지 등)

회복적 가치와 놀이 연결하기

• 내 몸의 감각기관에 관심을 가집니다.
• 내 몸의 감각기관 중 촉감을 통해 물건의 특성을 밟아보는 감각으로 느껴 봅니다.
• 친구와 함께 협력하여 촉감 미션에 참여합니다.

놀이를 시작하기 전에

☑ 돌멩이, 뚜껑, 뽕뽕이, 솜 촉각판 길을 아이들과 만들어 준비해 둡니다.

▼ 촉각판을 구성하는 아이들(좌), 촉감을 느끼기 위해 눈가리개를 한 친구의 이동을 돕는 모습(우)

함께 즐기는 회복적 놀이 방법

1. 손으로 만져서 알 수 있는 느낌에 대해 알아봅니다.

 손으로 만져서 피부로 느껴지는 것을 '촉감'이라고 한단다.

2. 손의 촉감을 이용하여 물건을 맞혀 봅니다. 희망하는 유아(학생)가 나와 비밀 상자에 담긴 물건을 손으로 만져 보고 모양과 느껴지는 느낌으로 무슨 물건인지 맞혀 봅니다.
3. '쉿! 느껴지니?!' 게임 방법을 알아봅니다.

> **쉿! 느껴지니?**
>
> ① 두 명씩 짝을 지어 봅니다.
> ② 한 친구가 눈가리개로 눈을 가립니다. 눈을 가린 친구가 비밀 상자부터 촉감판 길을 안전하게 이동할 수 있도록 짝지은 친구가 팔짱을 끼고 이동을 도와주기로 합니다.
> ③ 눈을 가린 친구가 비밀상자 안에 손을 넣어 상자안의 물건을 충분히 만져본 후 꺼내어 짝 친구에게 어떤 물건인지 보여줍니다(단, 한 가지만 선택하여 탐색).
> ④ 짝 친구는 눈을 가린 친구가 촉감판으로 이동하여 각 촉감판을 충분히 발로 탐색하며 (발의 촉감을 느끼며) 이동할 수 있도록 도와줍니다.
> ⑤ 4가지 길을 발로 탐색한 후 눈가리개를 벗고 상자 안의 물건으로 추측되는 촉감판길 위에 서서 콩콩 뜁니다.
> ⑥ 정답일 경우(상자 안의 물건 = 촉감판) 짝 친구가 '정답'이라고 외쳐 줍니다.

4. 짝을 바꾸어 게임을 진행합니다.

 회복적 생활교육을 위한 놀이 활동 TIP

- 다양한 느낌 어휘를 사용할 수 있도록 지원합니다.
- 비밀상자와 촉감판 길을 미리 만들어 구성해 놓습니다.
- 게임 진행 시 촉감판 길의 순서를 바꾸어 느껴지는 느낌으로 정답을 맞히도록 지원합니다.

놀이확장 아이디어

- 물건의 특성에 따라 다양한 느낌과 어휘를 담은 촉감책을 만들어 봅니다.
- 다양한 촉감을 지닌 재료를 분류하고 재료를 활용하여 나만의 작품을 만들어 봅니다.

존중　공감　책임　관계　문제해결　협력　공동체성

과자로 꾸민 내 얼굴

놀이 준비물 → 감정카드(기쁨, 슬픔, 화남 등), 감정표현이 나타난 표정공(기쁨, 슬픔, 화남), 여러 가지 모양과 색이 다양한 과자 종류, 색종이 접시, 표정상자, 《EQ 발달을 돕는 우리 아이 표정놀이》(키움, 2007)

- -

회복적 가치와 놀이 연결하기

- 기쁨, 슬픔, 화남의 감정을 얼굴 표정으로 표현해 봅니다.
- 여러 가지 모양의 과자로 내 얼굴 표정을 꾸밉니다.
- 표정으로 나타난 감정을 유추해 봅니다.

놀이를 시작하기 전에

☑ 감정카드로 센터피스를 구성합니다.

▼ 과자로 완성한 내 얼굴(좌), 표정 놀이 가면책을 써 보는 아이의 모습(우)

함께 즐기는 회복적 놀이 방법

1. 동그랗게 모여 앉아 센터피스에 구성된 감정카드 중 기쁨, 슬픔, 화남 카드를 찾아봅니다.

 센터피스에 놓인 감정카드 중 기쁨 카드를 찾아보자.

2. 감정 표현이 나타난 표정공과 감정카드를 짝지어 봅니다.

 센터피스에 놓인 감정카드에 맞는 표정공을 짝지어 보자!

3. 표정놀이 가면책으로 기분에 따라 어떤 표정이 나타나는지 거울로 관찰합니다.
4. 표정으로 꾸밀 다양한 과자의 모양을 관찰한 후 모양대로 분류하며 탐색합니다.
5. 과자로 얼굴 표정을 만들어 봅니다.

> **과자로 꾸민 내 얼굴**
>
> ① 표정 상자에서 기쁜 표정, 슬픈 표정, 화난 표정공 하나를 뽑습니다.
> ② 내가 뽑은 표정의 얼굴을 꾸며보기로 합니다.
> ③ 종이접시 위에 올리고당을 골고루 펴바릅니다.
> ④ 웃는 얼굴 / 슬픈 얼굴 / 화난 얼굴의 눈, 코, 입을 다양한 모양과 크기, 색의 과자로 꾸며 봅니다.

6. 과자로 꾸민 얼굴 작품을 작품 게시대에 게시한 후, 서로의 작품을 감상합니다.

 회복적 생활교육을 위한 놀이 활동 TIP

- 만3세 유아에게는 과자로 꾸민 얼굴 표정 사진을 보며 구체적으로 눈, 코, 입의 모양을 과자로 어떻게 꾸밀지 구체적인 지시 언어로 지원합니다.
- 과자를 자르기, 뒤집기하여 형태를 바꾸어 표정을 실감나게 표현할 수 있도록 격려합니다.

놀이확장 아이디어

- 같은 표정으로 꾸민 얼굴끼리 분류해 봅니다.
- 남은 과자로 모양과 색에 따라 분류하기 활동을 해봅니다.

난 특별한 사람이야!

놀이 준비물 → 토킹피스, 센터피스를 구분하는 천, 배경음악, 평소에 찍어둔 특별한 점이 담긴 사진, 상장 용지, 색연필, 사인펜

회복적 가치와 놀이 연결하기
- 자신의 특별한 점에 관심을 가집니다.
- 자신의 특별한 점을 나에게 주는 상장으로 표현합니다.
- 나만이 가진 특별함에 대해 이야기 나누며 서로에 대해 존중의 마음을 가집니다.

놀이를 시작하기 전에

☑ 동그란 천 위에 나를 특별하게 해주는 말을 써넣은 종이, 나를 특별히 즐겁게 해주는 장난감을 미리 준비하여 동그랗게 구성합니다.

▼ 특별함을 주제로 꾸민 센터피스(좌), 특별한 상장을 들고 있는 아이 모습

1. 서클로 모여 앉아 몸인사로 여는 인사를 합니다(예: 주먹과 주먹이 만나는 인사하기, 양손을 맞대는 하이파이브로 인사하기, 한쪽 눈을 찡긋하며 인사하기 등).
2. 특별함이라는 말의 의미를 나눕니다.

 특별함이란 말을 국어사전에서 찾아보면 보통과 구별되게 다름이라 되어 있어. 어떤 의미를 담고 있는지 우리의 이야기로 나누어 보자.

 특별함이란 나랑 친구랑 다른 거예요. 내가 다른 사람보다 잘하는 거요.

3. 토킹피스로 나의 특별함을 소개합니다. 센터피스에 구성된 나만의 특별함이 담긴 사진(가정 연계로 학급 SNS를 통해 받은 사진)을 소개에 활용합니다.

 내 특별한 점은 골고루 잘 먹는 거야!   내 특별한 점은 정리정돈을 잘하는 거야!

4. 특별한 나를 위한 상장 만들기 활동을 합니다.
5. 친구에게 서로 특별한 상장을 수여하며, 서로의 특별함을 빛내 줍니다.

 회복적 생활교육을 위한 놀이 활동 TIP

- 부모님과 아이의 특별한 점에 대해 서로 이야기 나누고, 나만의 특별함(장점)이 담긴 사진을 학급 SNS를 통해 전송받습니다.
- 아이들과 사전에 서로의 특별함이 담긴 사진을 함께 보는 시간을 가진다면 서클에서 나만의 특별함을 나누는데 도움이 됩니다.
- 내가 특별히 잘하는 것과 다른 사람에게 도움을 줄 수 있는 특별한 능력을 소개할 수 있도록 상호작용하고 상장의 내용에 나 자체로서의 특별함과 도와주는 나(관계로 연결된)로서의 특별함이 포함되도록 합니다.
- 글자로 표현하는 것에 어려움을 느끼는 아이들은 자신의 특별함에 대해 표현하는 것을 받아 적어 주거나 그림으로 표현하도록 격려합니다.

놀이확장 아이디어

- 상장을 만든 후 여러 가지 모양의 보석으로 상장을 꾸며 봅니다.
- 상장을 게시하여 서로의 특별함을 충분히 나눠보는 시간을 갖도록 격려합니다.

존중 | 공감 | 책임 | 관계 | **문제해결** | 협력 | 공동체성

그때 나의 몸무게는?

놀이 준비물 → 어릴 때의 사진, 태어났을 때의 몸무게 조사지, 체중계, 교실의 물건(내 가방과 가방에 담을 수 있는 물건, 책, 편백나무칩, 블록 등)

회복적 가치와 놀이 연결하기

• 내가 태어났을 때의 몸무게를 알아보고 몸무게만큼의 물건을 어림하여 들어봅니다.

• 현재 측정한 몸무게와 태어났을 때의 몸무게를 비교하며 나의 존재와 성장에 대해 관심을 가집니다.

• 체중계를 이용하여 나의 어릴 적 몸무게만큼의 다양한 물건의 무게를 재어 보고 그 무게를 비교해 봅니다.

놀이를 시작하기 전에

☑ 내 어릴 적과 현재 모습이 찍힌 사진 그리고 몸무게 조사지를 센터피스로 구성하고 나의 성장을 서로 축하하는 말을 주고받습니다.

☑ 이렇게 잘 자라 준 나에게 잘 자랐다는 응원의 말과 잘 키워주신 부모님께 감사한 마음을 표현해 봅니다.

▼ 태어났을 때의 몸무게와 7세인 지금의 몸무게를 각각 적은 몸무게 조사지(좌), 몸무게 조사지와 아기였을 때의 사진으로 구성된 센터피스(우)

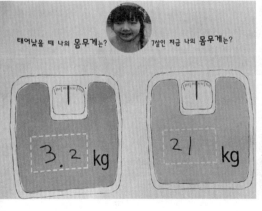

태어났을 때 나의 **몸무게는?**   7살인 지금 나의 **몸무게는?**

3.2 kg   21 kg

함께 즐기는 회복적 놀이 방법

1. 지금 현재 나의 몸무게를 체중계로 측정해 봅니다.

 나의 몸무게가 몇 kg이니?

2. 내가 태어났을 때의 몸무게 조사지를 보고 친구들에게 이야기하며, 나의 어릴 때 몸무게와 현재 몸무게를 비교해 봅니다.

 센터피스에 있는 어릴 때 사진과 지금의 내 모습 사진에 몸무게를 적은 조사지를 연결해 보자.

3. 가방/책/편백나무칩/블록 등을 이용해서 태어났을 때 내 몸무게와 같아지도록 체중계에 올려 수량을 확인하여 똑같은 무게로 만들어 봅니다.

 내가 태어났을 때의 몸무게(3.4kg)만큼 물건을 올려놓아 보자.

4. 태어났을 때 내 몸무게만큼의 무게를 직접 들어보고 느낌을 이야기 나눕니다.

 무게가 어떻게 느껴지니?
우리 부모님은 우리를 돌보며 어떤 생각과 느낌이 들었을까?

 회복적 생활교육을 위한 놀이 활동 TIP

- 무게 재어 보기 활동 전 가정에서 태어났을 때의 사진, 아기였을 때 사용했던 물건, 입었던 옷 등을 보며 이야기 나누며 나의 존재와 성장에 대한 사전경험을 해보고 올 수 있도록 안내합니다.
- 무게를 잴 수 있는 표준화된 다양한 도구들을 영역에 비치하여 무게를 재고, 서로 비교해 보는 놀이를 할 수 있도록 합니다.

놀이확장 아이디어

- 내 키만큼 물건을 쌓아 올려 비교어휘를 사용해 보고 물건과 길이의 관계를 이해해 봅니다.

존중　공감　책임　관계　문제해결　협력　공동체성

화가 호로록 쉼터

놀이 준비물 → 에어 오뚝이 인형, 매트, 두드리는 악기, 구름 쿠션, 푹신한 인형,
CD플레이어, 헤드폰, 쉼터텐트, 그림책《화가 호로록 풀리는 책》
(위즈덤하우스, 2021)

회복적 가치와 놀이 연결하기

- '화'라는 감정과 화로 인한 마음에 대해 나와 친구들의 생각을 공유합니다.
- '화'가 났을 때 나타나는 말은 어떤 말이고 화의 말을 나의 마음을 표현하는 말로 바꾸어 말하는 연습을 해봅니다.
- 속상하고 구겨진 화의 마음을 긍정적인 마음으로 전환하는 놀이를 해봅니다.

놀이를 시작하기 전에

☑ 친구들과 동그랗게 모여 앉아 그림책《화가 호로록 풀리는 책》을 함께 읽어 봅니다.

☑ 오늘 아침 화났던 일을 떠올린 후 오뚝이 펀치 인형에 파워펀치로 화를 표현해 봅니다.

▼ 파워펀치로 화를 표현하는 모습(좌), 교실에 꾸민 화가 호로록 쉼터 센터피스(우)

함께 즐기는 회복적 놀이 방법

1. '화'가 났던 경험을 이야기 나눕니다.

> 많이 화가 났던 적이 있니?
> 왜 그런 마음이 들었니?
> 화가 났을 때 어떤 행동을 하니?

2. '화'가 났을 때 내뱉은 말을 듣고 어떤 느낌이 드는지 이야기 나눕니다(예: 너는 그것도 못해? / 이 바보야! / 넌 하지 마. / 이거 내 거야! / 너 미워 등).
3. 화가 호로록 없어지는 쉼터를 만들기로 합니다.
4. 화가 났을 때 속상한 마음을 푸는 도구와 방법을 친구들과 의논하여 쉼터에 구성합니다.

> 화가 나면 구름인형에게 말해요!

> 화가 나면 음악에 맞춰 악기를 두드려요!

> 화가 나면 점토를 주무르고 두들겨 내 멋대로 만들어 봐요!

5. 화가 났을 때 기분이 좋아지는 호로록 쉼터에서 시간을 보내기로 약속합니다.

> 화가 났을 때 호로록 쉼터에서 속상한 마음을 풀고 난 뒤 마음은 어떤지 말해 줄 수 있니?
> 화가 풀린 내 마음이 어떤지 이야기해 보자.

회복적 생활교육을 위한 놀이 활동 TIP

- 화가 호로록 쉼터에 구성해 놓은 것 말고도 필요한 것을 바꾸어 구성해가며 스스로 화라는 감정을 긍정적으로 해소하는 경험을 할 수 있도록 돕습니다.
- 화를 표현하는 말대신 긍정의 언어를 사용하도록 긍정 언어카드를 만들어 보며 긍정의 말을 사용해 보는 경험을 가집니다.

놀이확장 아이디어

- 사랑하는 말, 상처주는 말 양파를 길러보며 말에 따라 양파의 성장이 어떻게 다른지 알아보는 실험을 해봅니다.

오르락내리락 기쁨 전달

놀이 준비물 → U자 파이프, 기쁨공(스펀지공)

회복적 가치와 놀이 연결하기

- 기쁨의 순간을 떠올려 보고, 내가 기뻤던 감정을 친구들과 공유합니다.
- 기쁨공을 전달하기 위해 신체의 움직임을 조절하며 친구에게 전달하는 놀이에 즐겁게 참여하며 친구에 대한 신뢰의 마음을 가집니다.
- 기쁨공을 전달하는 공간을 활용하거나 방향감각, 도구에 따라 힘을 조절하는 능력을 발휘할 수 있습니다.

놀이를 시작하기 전에

☑ 친구들과 동그랗게 모여 앉아 기쁨공을 굴리며 인사합니다.

▼ U파이프를 연결하여 기쁨공을 전달하는 아이들(좌), 공에 기쁨의 표정을 그려 넣어 기쁨공을 만든 모습(우)

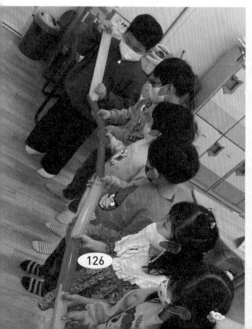

함께 즐기는 회복적 놀이 방법

1. 동그랗게 모여 앉아 내가 가장 기쁜 순간은 언제인지 기쁨공을 토킹피스로 활용하여 돌아가며 나누어 봅니다.

 기쁨은 어떤 감정일까? 내가 가장 기뻤던 순간을 친구들에게 이야기해 보자.

 나는 놀이터에서 친구들을 만나서 놀 때가 가장 기뻐.

 나는 아빠가 회사에서 일찍 오는 날, 같이 있을 때 가장 기뻐.

 나는 동생이랑 햄버거 먹을 때 가장 기뻐

2. 기쁨공을 옆친구에게 다양하게 전달하는 릴레이 전달 놀이를 해봅니다(예: 종이컵으로 기쁨 전달하기/ 국자로 기쁨 전달하기/ 친구 손바닥 위로 기쁨 전달하기 등).
3. U자 파이프를 활용하여 기쁨공을 전달하는 게임에 즐겁게 참여합니다.

기쁨공 전달하기

① 친구들과 옆방향으로 한줄 기차로 섭니다.
② U자 파이프를 소개한 후 나누어 가집니다.
③ U자 파이프를 신체로 탐색합니다.
④ U자 파이프로 기울기를 조절하여 제일 끝에 앉아 있는 우리 반 친구에게까지 기쁨공을 전달합니다.

 회복적 생활교육을 위한 놀이 활동 TIP

- 손에 든 U자 파이프를 너무 높게 올리거나 낮게 들었을 때 공을 전달하기가 어렵다는 것을 사전에 이야기 나누면 좋습니다.
- 공의 움직임과 흐름을 조절하기 위해 손을 움직이는 것에 쉽게 익숙해지기 위해서 2명, 3명, 4명 등 점차 늘려가며 전달 놀이를 이어갑니다.

놀이확장 아이디어

- U자 파이프 탐색 놀이를 통해 스키, 하키, 야구, 올라서서 균형잡기, 썰매, 신체부위에 올려 보기 등 상상 놀이와 신체 놀이를 즐깁니다.

| 존중 | 공감 | 책임 | 관계 | 문제해결 | 협력 | 공동체성 |

신기한 변신 동굴

놀이 준비물 → 훌라후프, 천, 그림책《이상한 굴》(프뢰벨, 1996)

회복적 가치와 놀이 연결하기

- 우리 생활에서 사용하는 물건, 동물의 움직임 등을 표현해 봅니다.
- 변신하고 싶은 것을 상상하여 자유롭게 표현하는 놀이에 즐겁게 참여합니다.

놀이를 시작하기 전에

☑ 변신 동굴 놀이 전에 훌라후프를 지나가 보는 놀이 경험을 미리 해봅니다.

▼ 훌라후프 동굴을 지나가는 모습(좌), 변신 동굴을 빠져나온 후 변신한 모습을 표현하고 있는 아이(우)

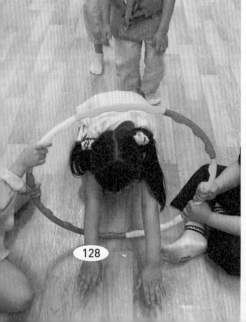

1. 《이상한 굴》 그림책의 한 장면을 보며 이야기 나눕니다.

돼지가 길을 걷다가 멀리서 날아오는 새를 만났어. 그런데 그 새가 돼지에게 "나를 따라와" 라고 하는 거야. 돼지는 새를 따라갔지. 그곳에는 이상한 동굴이 있었어!

2. 동굴 속에 무엇이 있을지 생각해 봅니다.

동굴 속에 무엇이 있을까? (질문 후 답변을 충분히 들을 수 있도록 기다려 준다)

3. 이상한 굴에 들어간 돼지의 꼬리가 변신하는 장면을 보고 이야기 나눕니다.

몸이 흔들흔들 하면서 돼지 꼬리가 어떻게 바뀌었니? 어떤 동물로 변신한 걸까?

4. (준비한 훌라후프를 보며) 아이들이 훌라후프를 통과하며 변신 놀이에 참여합니다.

이 동굴에 들어가면 우리는 변신하게 된단다.
지금부터 깡총 토끼로 변신해 보자(토끼 귀를 양손으로 표현하며 깡충깡충 뛰면서 훌라후프를 통과합니다).

5. 훌라후프에 천을 연결하여 동굴로 구성한 후 통과하여 빙글빙글 팽이, 나풀나풀 나비, 윙윙 비행기 등 상상력을 발휘해 변신하고 싶은 대상이나 골프선수, 아이돌가수, 야구선수, 축구선수 등 미래에 되고 싶은 사람으로 변신해 봅니다.

 회복적 생활교육을 위한 놀이 활동 TIP

- 변신하고 싶은 사물, 동물, 사람에 대한 표현하는 시간을 언어적으로 충분히 지원합니다 (야구선수가 홈런을 쳤네요!! 홈런!!!, 축구선수가 공을 뻥차서 골~~인! 했습니다 등).

놀이확장 아이디어

- 의자와 의자 사이에 훌라후프를 끼우고 훌라후프 터널을 통과하는 놀이로 이어갈 수 있습니다.

미덕을 소개합니다

놀이 준비물 → 미덕쪽지, 뽑기 캡슐(대), 미덕카드(감사, 배려, 협력, 사랑, 나눔 등), 보석, 뽑기 캡슐(소), 트레이싱지

회복적 가치와 놀이 연결하기

• 아름다운 가치 '미덕'의 의미를 압니다.

• 친구와 함께 어울려 지낼 때 나에게 필요한 미덕이 무엇인지 알아봅니다.

놀이를 시작하기 전에

☑ 미덕 가치카드와 미덕쪽지가 담긴 뽑기 캡슐(대), 보석이 담긴 뽑기 캡슐(소)을 담은 통을 센터 피스로 구성합니다("미덕"이란 인간이 인간답게 살기 위한 아름다운 가치 또는 아름다운 자질을 말하며, 감사, 배려, 협력, 사랑, 나눔 등 여러 가지 덕목이 있습니다).

▼ 캡슐에서 꺼낸 미덕카드를 살펴보는 모습(좌), 미덕 주인공이 미덕캡슐과 보석캡슐을 뽑은 모습(우)

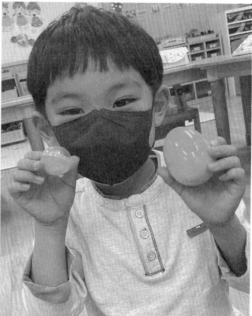

함께 즐기는 회복적 놀이 방법

1. 트레이싱지 안에 숨겨진 글자를 분무기로 나타나게 합니다. 이때 '미덕'이라는 글자가 나타나도록 분무기를 뿌려 나타나게 합니다.
2. 미덕이라는 말의 의미를 찾아보기로 합니다.
3. 하루에 한 명씩 미덕 주인공이 되어 미덕 캡슐, 보석캡슐을 각각 하나씩 뽑습니다.
4. 미덕 주인공이 된 유아(학생)는 자신이 뽑은 미덕을 발표합니다.
5. 오늘의 주인공이 뽑은 미덕의 뜻을 조사의 방법(책, 인터넷, 사전)과 토론의 방법(친구와 뜻에 대해 이야기 나누기)을 통해 알아봅니다.
6. 미덕 주인공은 친구들과 함께 미덕에 대해 조사하고 토론한 내용을 통해 내가 경험한 미덕을 이야기로 만듭니다.
7. 미덕 이야기를 그림과 글자로 표현하고 미덕과 어울리는 보석을 골라 카드에 붙여 미덕 소개 카드를 완성합니다.

회복적 생활교육을 위한 놀이 활동 TIP

- 미덕캡슐 안에 미덕쪽지와 보석 모형을 담아 준비하여 미덕에 대해 알아보고 싶은 호기심을 불어넣어 줍니다.
- 만3~4세 유아의 경우 미덕쪽지에 미덕의 뜻을 함께 담아 캡슐을 뽑은 후 쪽지의 내용을 오려 미덕 소개 카드에 그대로 붙여 완성하도록 합니다.
- 아름다운 가치 사전을 함께 읽어 보며, 가치의 개념과 의미를 나눕니다.

놀이확장 아이디어

- 완성한 미덕 소개 카드를 연결하여 미덕책으로 만들어 게시합니다.

알록달록 감정무지개

놀이 준비물 → 무지개, 플레이콘, 무지개모양 종이와 우드락, 동그란 모양 색종이, 도트물감

회복적 가치와 놀이 연결하기

- 내 감정에도 색깔이 있다면 무슨 색일지 상상해 보고, 내 마음속에는 다양한 감정이 있음을 알아갑니다.
- 감정과 관련된 단어를 사용하고 표현하는 이야기 나누기에 즐겁게 참여합니다.

놀이를 시작하기 전에

☑ 감정무지개에 내 마음의 여러 가지 색깔을 입혀 다양한 마음의 빛깔을 나타내기로 합니다.

☑ 사전에 도트물감의 색깔 중 내 마음의 색깔을 선택하여 동그랗게 모여 앉습니다.

☑ 감정무지개를 옆 친구에게 전달하며, 무지개 모양 종이 안에 현재 나의 감정을 나타내는 색깔로 색칠합니다.

▼ 나의 감정의 색깔 센터피스(좌), 아이들이 완성한 감정무지개(우)

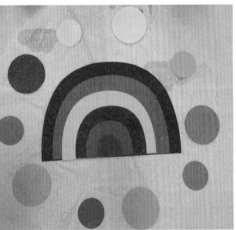 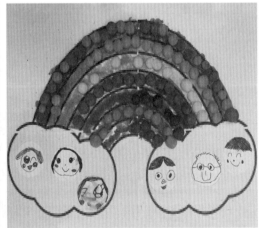

함께 즐기는 회복적 놀이 방법

1. 감정무지개를 중앙에 놓고, 내가 선택한 감정의 색깔종이(색종이)를 선택하여 센터피스로 구성합니다.
2. 동그랗게 모여 앉아 감정의 색깔종이를 토킹피스로 사용하여 내 감정의 색깔을 소개합니다.

 내 감정의 색깔은 빨간색이야.

 내 감정의 색깔은 초록색이야.

3. 내 감정의 색깔이 나타내는 감정은 무엇인지 감정단어로 표현해 봅니다.

 내 마음은 지금 편안해. 그래서 파란색이야.

4. 감정의 색깔이 같거나 비슷한 친구들끼리 모여 마음의 색깔 무지개를 색 플레이콘으로 채워 봅니다.
5. 색무지개 위에 내 얼굴표정을 그린 스티커 종이를 붙여 감정무지개로 완성합니다.

 회복적 생활교육을 위한 놀이 활동 TIP

- 다양한 감정 어휘를 경험할 수 있도록 감정카드로 하루를 시작하는 인사를 해봅니다.
- 나의 감정 색깔을 소개로 표현하기 어려워하는 친구들은 토킹피스를 다음 친구에게 넘겨 부담을 갖지 않도록 하고 생각이 떠오를 때 언제든 말할 수 있는 기회를 갖도록 도와줍니다.
- 우리가 완성한 감정무지개를 교실에 게시하여 감정을 색깔로 표현해 보는 기회를 제공합니다.

놀이확장 아이디어

- 감정무지개 위에 내 얼굴 표정 그림 또는 얼굴 사진을 붙여보며 내 감정을 인식하고 표현하는 놀이로 이어갈 수 있습니다.

존중 | 공감 | 책임 | 관계 | 문제해결 | 협력 | 공동체성

주물주물 감정풍선

놀이 준비물 → 그림책 《컬러몬스터: 감정의 색깔》(청어람아이, 2020), 풍선, 전분 가루 또는 밀가루, 네임펜

회복적 가치와 놀이 연결하기

- 내 감정의 색깔을 풍선 말랑이로 만들어 표현하고 부정적인 감정을 해소합니다.
- 풍선 말랑이 놀이를 통해 감정에 따른 표정, 어휘 등을 상황에 맞게 사용하는 경험을 해봅니다.

놀이를 시작하기 전에

☑ 표정을 그려 넣은 여러 가지 모양과 색의 풍선으로 센터피스를 구성합니다.
☑ 《컬러몬스터: 감정의 색깔》 그림책을 함께 듣습니다.

▼ 감정에 따른 다양한 표정을 주제로 구성한 센터피스(좌), 친구와 함께 감정풍선을 주무르는 모습(우)

함께 즐기는 회복적 놀이 방법

1. 동그랗게 앉아 여러 가지 모양과 색의 풍선으로 감정 표현 놀이를 해봅니다.

> 동그랗게 앉아 풍선을 토킹피스로 하고 풍선을 움직여서 감정을 표현해 보자.
> 표현하는 사람 말고 나머지 친구들이 어떤 감정의 표현인지 알아맞혀 보자(예: 기쁨이 통통통, 슬픔이 또르르, 화가 뻥, (쌀을 넣은 풍선을 흔들며) 두려움으로 오들오들 등).

2. 내 감정풍선 말랑이를 만들어 봅니다.

감정풍선 말랑이 만들기
① 내 감정의 색깔과 동일한 색 풍선을 선택합니다.
② 풍선 입구에 페트병을 연결합니다.
③ 페트병에 종류별로 (밀가루, 전분가루 등) 선택하여 채웁니다.
④ 주먹 크기로 색풍선을 채우고 입구를 묶습니다.
⑤ 내 감정에 맞는 얼굴표정을 그려 넣습니다(눈썹, 눈, 코, 입의 모양 등).

3. 내 감정 말랑이를 주물주물 만져 봅니다.

> 밀가루, 전분가루의 다른 느낌을 비교해 보자.
> 내가 주물주물 만질 때마다 달라지는 감정 말랑이의 표정을 살펴보며 놀이하자.

4. 내 감정 말랑이를 주무르는 놀이를 친구와 함께 상호작용하며 즐깁니다.

회복적 생활교육을 위한 놀이 활동 TIP

- 페트병에 전분가루 및 밀가루를 넣을 때 교사의 도움을 받도록 합니다.
- 감정 말랑이를 주물주물 만질 때마다 달라지는 표정의 변화를 살펴보고 적절한 어휘로 표현하도록 합니다.
- 감정 말랑이 주물주물 놀이를 즐기기 위해 구멍을 내거나 훼손되는 일이 발생하지 않도록 사전에 이야기를 나눕니다.

놀이확장 아이디어
- 《컬러몬스터: 감정의 색깔》 그림책의 내용을 우리가 만든 감정 말랑이로 극화하여 놀이할 수 있도록 지원합니다.

| 존중 | 공감 | 책임 | 관계 | 문제해결 | 협력 | 공동체성 |

다시 일어난 용기 오뚝이

놀이 준비물 → 구슬, 풍선, 매직, 그림책 《두려움을 이기는 용기 사다리》(제제의 숲, 2022)

회복적 가치와 놀이 연결하기
- 용기는 언제 필요한 마음의 힘인지 알아봅니다.
- 용기 오뚝이를 만들어 놀이하며 용기의 마음을 내면화합니다.
- 용기가 필요한 순간, 용기 있게 행동할 수 있는 방법을 놀이로 경험해 봅니다.

놀이를 시작하기 전에
- ☑ 쓰러지면 다시 일어서는 오뚝이 인형놀이를 해봅니다.
- ☑ 용기가 필요한 상황 그림 카드를 글과 그림으로 꾸민 후 센터피스로 구성합니다.

▼ 용기가 필요한 상황 그림과 두려움 감정 오뚝이(좌), 용기 막대로 두려움 감정 오뚝이를 움직여 보는 아이들(우)

함께 즐기는 회복적 놀이 방법

1. 동그랗게 모여앉아 우리를 두렵고 무섭게 만드는 때가 언제인지 토킹피스를 활용하여 돌아가며 이야기 나눕니다(예: 깜깜한 밤이 되어 잠이 들 때/ 친구들 앞에서 발표할 때/ 도와달라고 이야기할 때 등)
2. 어떤 상황에서도 다시 일어나는 용기 오뚝이를 만들기로 합니다.

> **넘어져도 다시 일어나는 용기 오뚝이**
>
> ① 풍선을 뒤집어 구슬을 올려놓고 묶습니다.
> ② 풍선에 공기를 교사의 주먹 크기 만큼 불어넣습니다.
> ③ 채워진 풍선에 용기 있는 표정을 그립니다.

3. 넘어져도 다시 일어나는 용기 오뚝이를 완성한 후 용기가 필요한 상황 그림 삼각대 앞에서 용기 오뚝이 놀이를 합니다.

> 용기는 두려움을 이겨내는 힘이래. "용기파워!", "일어나라 용기 오뚝이" 등 용기를 외치며 용기 막대로 오뚝이를 일으켜 보는 놀이를 즐겨 보자!.

회복적 생활교육을 위한 놀이 활동 TIP

- 용기의 마음을 표현하는 어휘를 놀이하며 사용할 수 있도록 어휘카드도 사전에 제시해 줍니다.
- 용기 있는 표정을 자세히 관찰할 수 있도록 용기와 관련된 다양한 그림책을 감상하는 시간을 가집니다.

놀이확장 아이디어

- 용기의 마음을 표현하는 어휘와 문장을 적은 글자를 칠판에 적어 보는 글자놀이를 할 수 있습니다.

13

세상에 하나뿐인 놀이터

놀이 준비물 → 내가 좋아하는 장난감, 장난감 사용 설명서, 가정 연계지(내가 좋
아하는 놀잇감)

회복적 가치와 놀이 연결하기

• 내가 좋아하는 장난감을 친구들에게 소개하고 놀이 방법을 알려주며, 놀이하는
기쁨과 놀이에 대한 자신감을 가질 수 있습니다.

• 친구가 소중하게 생각하는 장난감으로 함께 놀이하며 친밀감을 느낍니다.

• 내가 가장 잘하고 자신 있는 놀이를 친구에게 안내하고 함께 놀이하며 존중과
공감의 마음을 가집니다.

놀이를 시작하기 전에

☑ 가정과 연계하여 내가 좋아하는 놀잇감을 가져오기로 하는 안내장을 발송하여 우리 집에서 즐
겁게 놀았던 놀잇감을 가져옵니다.

▼ 직접 만든 놀이 사용 설명서를 보여주는 아이(좌), 자아놀이터에서 놀이하는 모습(우)

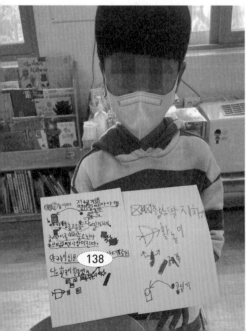

함께 즐기는 회복적 놀이 방법

1. 동그랗게 모여앉아 센터피스에 구성된 놀잇감을 살펴봅니다.
2. 가져온 놀잇감의 이름, 놀이 방법을 소개합니다.
3. 놀잇감 사용 설명서를 만들어 봅니다.
4. 삼각대에 놀잇감 사용 설명서를 부착합니다.
5. 모둠으로 나누어 나만의 놀이터를 개장합니다.

> • 내가 집에서 가져온 놀잇감과 놀이 사용 설명서를 영역에 구성합니다.
> • 친구를 초청하여 놀이합니다.

6. 신호악기가 울리면 다음 친구의 놀이터로 순환하며 놀이합니다.
7. 다음 모둠의 놀이터도 같은 방법으로 순환하여 놀이터 탐방을 마칩니다.

 회복적 생활교육을 위한 놀이 활동 TIP

- 적당한 크기의 놀이봉투를 보내고 그 안에 담을 수 있는 놀잇감, 친구와 함께 놀이하기에 적절한 놀잇감을 3가지 정도 선정하여 가져올 수 있도록 안내문을 사전에 발송합니다.
- 놀잇감의 종류와 놀이 방법을 부모님과 충분히 상호작용한 경험은 나만의 놀이터에 놀러 온 친구들에게 놀이에 대해 자신 있게 설명하고 즐겁게 놀이할 수 있는 동기가 됨을 안내합니다.
- 고가의 장난감이나 망가지기 쉬운 놀잇감보다 재활용품 또는 비구조화된 놀잇감을 가져올 수 있도록 사전에 이야기 나눕니다.

놀이확장 아이디어

- 나만의 놀이터에서 파손된 놀잇감이 있을 경우 장난감 수리점 가게를 열어 장난감을 수리하는 역할놀이를 통해 물건을 소중히 다루고 고쳐서 다시 사용하는 경험을 해봅니다.
- 나에게 필요 없는 놀잇감이나 책을 가져와서 친구와 교환해 보는 바꿔 쓰기의 날을 운영하여 자원의 순환을 경험해 봅니다.

| 존중 | 공감 | 책임 | 관계 | 문제해결 | 협력 | 공동체성 |

나는 따라쟁이 클레이

놀이 준비물 → 클레이와 클레이통, 클레이판, 실물화상기

회복적 가치와 놀이 연결하기

- 클레이의 특성을 알고 다양한 모양으로 만들어 봅니다.
- 클레이의 여러 가지 모양을 우리 몸으로 표현해 봅니다.
- 클레이의 모양을 몸으로 표현하며 나의 신체의 각 부분을 움직여 봅니다.

놀이를 시작하기 전에

☑ 우리 반 친구들이 나누어 사용할 만큼의 클레이를 뭉쳐 모아 통에 담습니다.

☑ 동그랗게 모여 앉아 클레이통 안의 클레이를 우리 반 모든 친구에게 순서가 돌아갈 수 있도록 배려하는 마음으로 내가 사용할 만큼의 클레이를 떼어내 나누어 가진 후 클레이판에 올려놓습니다.

▼ 저마다 클레이로 작품을 만드는 아이들(좌), 몸으로 클레이를 표현하는 모습(우)

함께 즐기는 회복적 놀이 방법

1. 떼어낸 클레이를 클레이판에 올려놓고 여러 가지 모양으로 자유롭게 만들어 봅니다.

 내가 떼어낸 만큼의 클레이를 활용하여 만든 결과물로 센터피스를 구성해 보자.

2. 서클에서 나와 친구들이 만든 클레이 작품의 모양을 관찰해 봅니다.

 똑같은 클레이지만 무엇이 다르니?

 모양이 달라요.

3. 실물화상기를 이용하여 우리가 만든 클레이를 위, 아래, 옆에서 자세히 관찰해 봅니다.

따라쟁이! 클레이 되어 보기

① 한 사람씩 앞으로 나와 클레이 모양을 손모양으로 똑같이 표현해 봅니다.
② 손으로 동그란 모양, 길쭉한 모양, 하트 모양, 네모 모양, 세모 모양을 만들어 봅니다.
③ 우리 몸으로 클레이 모양을 만들어 봅니다.
④ 실물화상기로 출력되는 화면을 보고 클레이의 모양을 그대로 표현해 봅니다.
⑤ 모양어휘를 사용하여 표현하도록 지원하고, 두 명씩 짝지어 표현합니다.
⑥ 스토리텔링으로 모양을 표현합니다. 이후 다양한 표현을 할 수 있게 지원합니다.

 길쭉길쭉 기다란 클레이는 저 아래에 있는 친구를 빨리 만나러 가고 싶어 굴러가고 싶어
졌어. 그래서 몸을 동글동글 말아 동그랗게 변신했대. 그리고 데굴데굴 굴러갔대.

 ### 회복적 생활교육을 위한 놀이 활동 TIP

- 클레이가 되어 똑같이 표현해보며 클레이의 모양대로 우리 몸을 만들려면 팔 / 다리/ 어깨 / 손 등의 모양을 어떻게 움직여야 하는지 구체적인 언어로 표현해 주는 것이 좋습니다.
- 아이들이 몸으로 쉽게 표현할 수 있도록 클레이의 모양을 단순하게 제공합니다(길쭉하게 세운 모양, 동글랗게 뭉친 모양, 길쭉하게 누워 있는 모양, 납작하게 퍼진 모양 등).

놀이확장 아이디어

- 아이들이 클레이 모양을 즉흥적으로 떠오르는 생각으로 다양하게 바꿔 보며 몸으로 표현하는 놀이를 즐기도록 합니다.
- 친구가 몸으로 표현한 모양을 클레이로 만들어 보는 활동으로 이어갈 수 있습니다.

존중　**공감**　책임　관계　문제해결　**협력**　공동체성

오감 국수 놀이터

놀이 준비물 → 국수(파스타면, 소면, 색깔면, 라면 등)의 삶은 면과 생면(건면) 준비,
핑거프린팅 물감, 쟁반, 접시, 미니우산, 밀대, 나무그림, 얼굴그림

회복적 가치와 놀이 연결하기

• 삶은 국수를 오감으로 탐색한 후 눈과 손을 협응하여 국수 놀이를 즐깁니다.
• 국수 놀이를 통해 눈과 손의 협응력을 조절하여 소근육 조절 능력을 기릅니다.
• 우리 반 친구들의 다양한 표현을 존중하며 국수놀이를 즐기고 신뢰감과 친밀감
을 증진합니다.

> **놀이를 시작하기 전에**
>
> ☑ 다양한 국수(파스타면, 소면, 색깔면, 라면 등)를 그릇에 담아 센터피스로 동그랗게 구성하여
> 비교, 관찰해 봅니다.
> ☑ 국수를 만져 보는 탐색 놀이 전, 국수를 맛볼 수 있는 시간을 마련하여 국수 오감 놀이를 다양
> 하게 즐깁니다.

▼ 다양한 종류의 면으로 구성한 센터피스(좌), 삶은 국수를 종류별로 탐색하는 아이들(우)

함께 즐기는 회복적 놀이 방법

1. 다양한 종류의 생면과 삶은 면을 각각 오감으로 탐색하며 놀이합니다.

국수 탐색 놀이(생면)

① 손바닥을 앞뒤로 움직여 비비고 바닥에 굴려 봅니다.
② 손으로 또는 밟아 부러뜨립니다.
③ 맛보고, 냄새도 맡아 봅니다.
④ 채반을 엎어 국수 면을 끼워 봅니다.
⑤ 밀대로 국수 면 잘게 빻아 봅니다.
⑥ 빻은 면을 채반에 내려 국수눈 놀이를 합니다.
⑦ 우산에 떨어지는 국수비 놀이합니다.

국수 탐색 놀이(삶은 면)

① 국수 집게로 옮깁니다.
② 국수 면을 주물주물 만집니다.
③ 국수 면을 주욱주욱 늘려 봅니다.
④ 국수 면은 푹푹푹푹 눌러 봅니다.
⑤ 긴 국수 면을 손가락에 돌돌 감아 국수 반지를 끼워 봅니다(또는 팔에 감아 팔찌 만들기).
⑥ 핑거프린트 물감으로 조물조물 색깔을 입힙니다.

2. 국수로 친구와 함께할 수 있는 놀이에 즐겁게 참여합니다.

국수로 함께 놀아요

① 국수 요리를 만듭니다.
② 국수 면으로 꼬불꼬불 친구 머리카락 꾸밉니다.
③ 국수 면으로 예쁜 꽃을 피웁니다.
④ 친구 색깔면과 섞어서 놀이합니다.

국수로 공동체 나무 꾸미기

① 물감으로 물들인 국수 면을 준비합니다.
② 전지에 나무 그림을 그린 후 실외놀이 터 벽에 부착합니다.
③ 국수 면을 돌돌 뭉쳐잡고 나무 그림에 던져 공동체 나무를 꾸밉니다.

 ### 회복적 생활교육을 위한 놀이 활동 TIP

- 국수 탐색 놀이 시 삶은 면이 말라서 찐득해지면 물을 뿌려 주어 놀이를 이어나가도록 합니다.
- 여러 차시로 나눠 충분한 시간을 갖고 놀이합니다.

놀이확장 아이디어

- 숫자 세기, 길이 비교 등 수학적 놀이로 이어갑니다.
- 다양한 도형 그림판에 국수를 채워 넣는 활동으로 도형감각을 기릅니다.
- 면을 삶은 후의 과학적 변화를 비교·관찰합니다.

나를 바라보는 마음으로
너를 바라본다

공감 놀이로 펼치는 회복적 생활교육은?

나에게서 너로 향하는 공감을 배워 상대의 입장에서 생각
해 보며 서로 이해하고 존중하며 함께 안전하고 평화로운
학급을 만들어가요.

02

공감

놀이

공감의 의미는 다양합니다. 그중 다른 사람의 생각과 느낌을 알아차려 그에 맞게 반응하는 능력으로서의 공감은 아이들 내면의 유능감과 사회적 역량 발휘에 중요하죠. 소위 '인기아'로 통하는 아이들의 주요 특징 중 하나는 친구의 의도를 잘 알아차려 그에 맞게 생각하며 행동한다는 점입니다. 반면 공감 능력이 부족한 아이들은 자기 행동이 다른 사람에게 미치는 영향력을 잘 돌아보지 못해서 자기 마음을 조절하는 능력과 상황에 맞게 행동하는 데 어려움을 느끼죠. 다양한 놀이로 공감을 경험하게 하는 것은 우리 학급의 평화를 세워가는 데 도움을 줍니다.

같은 연령이라도 아이들의 공감 수준은 차이가 있지만, 중요한 것은 공감할 수 있는 경험과 환경을 제공하는 것입니다. 유아기 및 저학년 시기에 공감할 수 있는 경험이 제한적일수록 갈등을 해결하는 능력이 현저히 떨어지게 되고, 문제 앞에서 공격성을 드러내기 쉽습니다. 갈등 해결의 과정에서 공감은 서로를 존중하게 하고 상대의 입장을 생각해 보게 하여 관계를 회복하게 하는 만큼 유아와 저학년 시기는 공감 능력을 키우기 위한 결정적 시기입니다. 또래 간 놀이가 활발하게 이루어지고 친구가 내 삶에서 중요한 존재가 되어가는 시기에 공감으로 펼쳐지는 놀이를 통해 너와 내가 동등한 관계를 맺어가며 서로의 생각과 느낌을 이해하고 존중해 보는 경험을 쌓아갈 수 있습니다.

쉽게 다른 친구를 놀리거나 상처 주는 말을 내뱉고 내가 원하는 대로 되지 않는다는 이유로 친구를 때리거나 물건을 던지는 일로 표현하는 일들이 만연한 교실을 마주했다면 친구의 감정을 이해하고 받아 주는 공감 서클을 제안하고 싶습니다. 친구의 생각을 듣고 나의 생각을 이야기하며 주고받은 공감은 나에게 집중되어 있는 관심을 친구에게로 향하게 합니다.

공감 능력이 자라면 제멋대로 하려는 모습보다 친구를 생각하는 마음으로 욕구와 행동을 조절하려는 모습을 보입니다. 바깥놀이에 새롭게 설치된 놀이기구에서 놀이하고 싶은 마음에 우다다다 달려갔던 아이는 어느새 순서 정하기를 제안하기도 하고 위험한 행동을 하려는 친구에게 이렇게 말을 하기도 하죠.

> 뛰면 위험해서 천천히 가야 해, 다치면 못 놀잖아. 걸어가도 충분히 놀수 있어!

서클 놀이와 함께 공감을 경험하면 먼저 친구의 생각을 돌아보고 자기 말보다 친구의 말을 경청하면서 다음을 예측해 보는 성숙한 마음이 자라게 됩니다. 기다림과 인내를 통해 더 좋은 시간을 보낼 수 있다는 믿음이 아이들에게 자리잡게 된거죠. 이처럼 공감을 충분히 경험한 아이들은 물리적·정서적 안전함을 위해 자기 마음과 행동을 조절할 수 있습니다. 여기에서는 공감에 초점을 맞춰 다양한 놀이를 소개합니다. 공동체 안에서 나의 마음과 너의 마음을 온전히 알아차리려는 마음의 공감, 나와 너의 생각이 달라 이해 차이에서 생겨난 갈등을 인식하고 해결하기 위해 소통의 노력을 멈추지 않는 공감, 우리 반이 함께하는 행복을 위해 서로의 마음을 풍성하게 나누는 공감, 관계에서 일어난 갈등을 해결하기 위해 참여하는 공감, 친구와 사이좋은 관계 맺기를 위해 배려의 마음을 표현하기 위한 공감 등을 경험하고자 합니다. 하루에도 무수한 색채로 물드는 교실에서 친구와 감정을 공유하고 관계를 맺으며 사회적 기술을 적용해 보는 의미 있는 경험을 쌓아가기를 바랍니다.

01

선생님, 패턴으로 만나요!

놀이 준비물 → 선생님 얼굴 사진(옆반선생님, 담임선생님, 급식도우미선생님, 돌봄선생님, 방과후선생님 등), 패턴상자

회복적 가치와 놀이 연결하기
• 패턴을 구성하며 선생님과 친밀감을 느낍니다.
• 내가 정한 패턴에 맞게 우리 선생님 얼굴 패턴을 완성합니다.
• 패턴 만들기 미션에 즐겁게 참여합니다.

놀이를 시작하기 전에

☑ 우리 선생님 얼굴 사진, 우리 교실의 물건 사진으로 센터피스를 구성합니다.

▼ 선생님 얼굴로 구성한 센터피스(좌), 패턴으로 구성한 다양한 선생님의 얼굴들(우)

148

1. 동그랗게 모여 앉아 센터피스에 구성된 사진 중 우리 선생님의 얼굴을 찾아봅니다.

 센터피스에 놓인 사진 중 우리 선생님들의 얼굴을 찾아볼까?

2. 동그랗게 앉아 '우리 선생님이 최고야' 노래를 부르며, 선생님 막대인형을 앉은 순서대로 옆 사람에게 돌리다가 노래가 멈추면 선생님 막대인형를 들고 있는 사람이 패턴을 구성합니다.
3. 센터피스에 구성된 선생님 얼굴 사진 중 하나를 선택합니다.
4. 패턴판이 그려진 칠판 앞으로 가서 패턴판의 빈칸 위에 패턴을 구성합니다.
5. 다음 순서 유아(학생)는 패턴에 맞게 선생님 얼굴 패턴을 완성합니다.
6. 마지막 순서 유아(학생)까지 선생님 얼굴을 구성합니다.

 회복적 생활교육을 위한 놀이 활동 TIP

- 패턴을 잊어 버렸을 때 친구에게 물어보기 찬스를 쓸 수 있도록 하여 유연하게 대처할 수 있도록 사전에 이야기 나누면 좋습니다.
- 선생님에게 친밀감을 갖도록 하는 것이 패턴 놀이의 방향임을 잊지 않고 패턴 미션을 수행할 수 있도록 교사의 언어적 지원이 필요합니다.

놀이확장 아이디어

- 패턴이 익숙해지면 새로운 패턴으로 다시 구성해 봅니다.
- 패턴 놀이판을 제공하여 나만의 패턴을 구성해 보는 경험을 합니다.

친구 머리 꾸미기

놀이 준비물 → 우리 반 친구들 사진, 활동지, 여러 가지 색깔 점토, 다양한 모양과 색의 꾸미기 스티커, 쓰기 도구, 뽑기통

회복적 가치와 놀이 연결하기

• 우리 반 친구의 생김새에 대해 관심을 가집니다.
• 친구의 머리 꾸미는 놀이에 함께 참여하며 즐거움을 느낍니다.
• 다양한 미술 재료와 도구로 머리 꾸미기를 통해 친구에 대한 생각과 느낌을 표현합니다.

놀이를 시작하기 전에

☑ 친구의 눈, 입술, 머리카락 등의 모양과 색을 탐색합니다.
☑ 다양한 머리 모양의 친구 사진을 센터피스로 구성합니다.

◀ 친구 얼굴과 다양한 머리 모양으로 구성한 센터피스(좌), 친구에게 어울리는 머리 모양을 꾸민 모습(우)

함께 즐기는 회복적 놀이 방법

1. 뽑기통에서 내가 꾸미고 싶은 친구 얼굴을 뽑습니다.
2. 친구의 얼굴만 나온 사진(머리카락 부분을 제외한)을 보고 머리 모양을 어떻게 꾸며 줄지 이야기 나눕니다(에바 알머슨(Eva Armisen)의 명화를 활용해도 좋음).
3. 머리카락이 없는 친구에게 교실 속 다양한 재료와 도구를 활용하여 머리카락을 꾸며 줍니다.

 소중한 나의 친구 머리를 어떻게 꾸며 주면 좋을까?
교실에서 친구 머리를 꾸미고 싶은 재료들을 재료통에 모아 보자(나뭇잎, 꽃잎 스티커, 색클레이, 여러 종류의 보석 등).

4. 완성된 작품을 우리 반 친구들에게 소개하고 꾸민 친구에게 작품을 전달합니다.

 회복적 생활교육을 위한 놀이 활동 TIP

• 클레이, 털실 등 머리카락을 꾸밀 수 있는 다양한 재료를 마련하여 아이들이 활용할 수 있도록 지원합니다.
• 머리 모양이 나오는 클레이 놀잇감을 제공해 주어 다양한 꾸미기를 지원합니다
• 헤어 잡지의 머리 모양을 보고 참고할 수 있도록 상호작용 해줍니다.
• 화가 에바 알머슨 작품을 환경에 게시하여 머리 꾸미기 활동을 도와줍니다.

놀이확장 아이디어
• 여러 가지 모양의 과자로 친구의 머리 모양을 꾸며 보는 놀이와 연계해 봅니다.
• 산책길의 여러 가지 자연물로 친구의 머리 모양도 꾸며 봅니다.

마음 풍선 패턴 놀이

놀이 준비물 → 다양한 모양의 풍선, 그리기도구, 모양 스티커

회복적 가치와 놀이 연결하기

- 다양한 모양의 풍선을 탐색하고 반복되는 규칙을 찾아 친구와 풍선 패턴을 만들어 봅니다.
- 친구와 함께하는 마음 풍선 패턴 놀이를 통해 내 마음을 충분히 느끼고 친구의 마음과 마주합니다.
- 다양한 감정을 풍선 패턴 놀이로 표현하며 다름에 대한 이해와 존중으로 공감의 기초를 세워갑니다.

놀이를 시작하기 전에

☑ 다양한 색깔, 모양 풍선에 바람을 넣고 내 감정에 맞는 표정을 그려 센터피스로 구성합니다.

☑ 여러 색깔과 모양의 풍선을 탐색합니다.

▼ 친구와 함께 마음 풍선 패턴을 구성하는 모습(좌), 모양 스티커로 패턴을 만드는 모습(우)

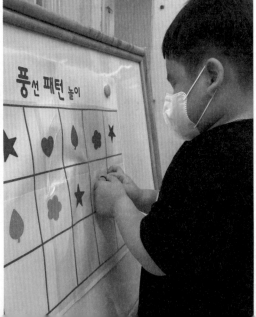

함께 즐기는 회복적 놀이 방법

1. 풍선으로 친구와 함께할 수 있는 놀이를 해봅니다.

> **친구와 함께하는 풍선놀이**
>
> ① 머리카락에 비벼 정전기 실험하기
> ② 한줄 기차로 앉아 머리 위로 풍선 주고받기
> ③ 친구와 짝을 지은 후 친구가 던져주는 풍선을 함께 정한 신체 부위(어깨, 배, 손등, 발등, 엉덩이 등)에 맞추기

2. 모양 스티커로 패턴을 만들어 봅니다(예: AB, ABC, ABCD 규칙이 반복되는 패턴 등).
3. 친구와 만들어가는 마음 풍선 패턴 놀이에 즐겁게 참여합니다.

> **마음 풍선 패턴 놀이**
>
> ① 패턴 그림을 보고 규칙적으로 반복되는 모양을 찾습니다.
> ② 풍선의 색과 모양으로 규칙을 만들어 패턴을 만들어 봅니다.
> ③ ABC패턴으로 만들기로 한 후, 모양이 각기 다른 세 개의 풍선을 들고 있는 세 명의 유아(학생)가 나와 풍선 패턴을 만들어 봅니다.
> ④ 자신의 풍선 모양을 확인한 후 다음 풍선 패턴 순서에 나와 풍선 패턴을 완성합니다.
> ⑤ 알맞게 ABC패턴으로 완성이 되었는지 확인해 봅니다.

4. 풍선 패턴 완성 후 사진으로 찍어 결과물을 TV 화면으로 송출하여 의도한 규칙대로 패턴이 완성되었는지, 패턴을 만들 때 즐거웠던 경험을 나누며 평가해 봅니다.

 회복적 생활교육을 위한 놀이 활동 TIP

- ABC패턴의 순서를 아이들이 정하여 풍선 패턴 놀이를 자유롭게 할 수 있도록 합니다.
- 다양한 패턴을 만들어 풍선 패턴 놀이에 적용하여 패턴에 익숙해질 수 있습니다.

놀이확장 아이디어

- 풍선에 소량의 쌀(곡물) 또는 콩을 아이들이 직접 넣어 바람을 주입한 후 묶어 풍선의 겉을 눈, 코, 입의 모양을 그려넣어 내 마음을 표현하는 표정을 그려 넣고 놀이합니다.
- 풍선 빨리 잡기, 풍선 바람으로 날리기 등 신체놀이로 확장하여 대근육을 발달시킵니다.

04

감정스카프와 마음여행

놀이 준비물 → 스카프, 궁금이 구멍상자, 훌라후프

회복적 가치와 놀이 연결하기

• 친구와 함께 감정스카프 놀이에 즐겁게 참여하며 친밀감을 느낍니다.
• 친구와 함께 스카프를 활용하여 위, 아래, 앞, 옆, 뒤 등 공간과 방향을 인식하며
  움직입니다.
• 감정스카프로 놀이하며 느낀 친밀한 감정을 구체적인 언어로 표현합니다.

놀이를 시작하기 전에

☑ 여러 개의 구멍난 상자 안에서 여러 가지 색깔의 스카프를 쭉쭉 당겨 꺼내어 펼쳐 중앙에 놓인
　동그란 훌라후프 안의 빈 공간을 채워 센터피스를 구성합니다.

▼ 감정스카프로 꾸민 센터피스에 둘러앉은 아이들(좌), 감정스카프로 감정을 표현하는 아이들(우)

154

함께 즐기는 회복적 놀이 방법

1. 동그랗게 모여 앉아 스카프를 움직이며 특성을 탐색해 봅니다.

- 스카프 빙글빙글 돌리기 • 스카프로 목욕놀이 • 스카프로 빨래놀이
- 스카프 던져 손 또는 앉아서 무릎으로 받기 • 스카프 꽃 피우기(움켜잡았다 천천히 펼치기)

2. 짝친구와 함께 스카프 놀이를 합니다.

- 인형 그네 태워주기 • 음악에 맞추어 위, 아래로 흔들어 보기
- 친구와 스카프를 잡고 빠르게, 천천히 흔들기 • 스카프 꼬리 잡기 놀이

3. 스카프로 감정을 표현합니다.

- 화: 화난 공으로 만들어 던지기, 쿵쾅쿵쾅 밟기 • 두려움: 온 몸으로 꽁꽁 감싸기
- 기쁨: 넓게 펼쳐 친구와 마주잡고 통통 튀기기
- 슬픔: 길게 늘어뜨려 한쪽 끝을 잡고 머리 위에서 발끝으로 주룩주룩 흘러내리기

4. 친구와 함께 변신 감정스카프 놀이를 함께 즐깁니다.

- 공, 인형, 블록 등을 스카프위에 올려 담아 친구와 옮겨 봅니다.
- 변신스카프 놀이를 즐깁니다(예: 씽씽 기쁨의 썰매놀이, 통통 튀는 기쁨 놀이, 꽁꽁 숨바꼭질 놀이, 두근두근 까꿍놀이, 펄럭펄럭 위풍당당 용기맨 놀이, 슬픔의 비가 주룩주룩 놀이, 조마조마 꼬리 술래잡기 놀이)

 회복적 생활교육을 위한 놀이 활동 TIP

- 스카프 양쪽 끝을 마주잡을 때 힘 조절을 하도록 도와줍니다.
- 안전이 확보되고 충분한 움직임이 가능한 공간에서 스카프 놀이에 참여합니다.

놀이확장 아이디어

- 스카프에 놀잇감을 담아 움직일 때 처음에는 혼자, 2명, 3명, 4명까지 인원을 늘려 이동하면서 협동심을 길러 봅니다.
- 짝친구와 스카프 던지고 받기, 공중에 스카프 던져 신체부위(손, 손등, 팔, 머리, 무릎 등)로 받기, 스카프 던지고 손뼉치고 받기 등의 놀이로 이어갑니다.
- 스카프를 길게 늘어뜨려 연결한 뒤 스카프 기차놀이를 합니다.

존중 | **공감** | 책임 | **관계** | 문제해결 | 협력 | 공동체성

꾹꾹, 로션 도장 찍기

놀이 준비물 → 로션, 짙은 색의 색깔 종이, 밀가루, 그릇, 뽑기통, 사각 투명트레이

회복적 가치와 놀이 연결하기

- 친구 손에 로션을 발라 주며 친구에 대한 존중과 공감, 사랑의 마음을 표현합니다.
- 로션을 바른 손바닥 도장을 찍으며 판화기법을 경험합니다.

놀이를 시작하기 전에

☑ 손을 깨끗이 씻고 옵니다.

▼ 로션으로 찍어낸 손도장에 밀가루를 털어내는 모습(좌), 친구와 함께 손도장 나무를 꾸며 완성한 모습(우)

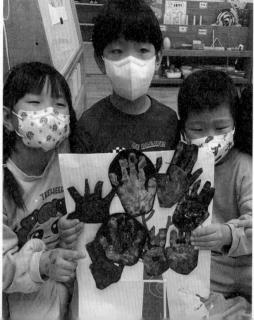

함께 즐기는 회복적 놀이 방법

1. 뽑기통에서 나의 짝친구를 뽑습니다.
2. 짝친구와 마주 앉아 친구의 손에 로션을 발라주고(손등, 손바닥 등), 발라 준 느낌을 이야기 나눕니다.
3. 손바닥에 로션을 다시 한번 발라 로션이 흡수되기 전 색지 위에 꾸욱 손도장을 찍어 로션의 유분을 손 모양으로 남게 합니다.
4. 색지를 사각 투명트레이에 옮겨 로션의 유수분이 남아 있는 상태인 색지 위에 밀가루를 살살 뿌린 후 털어냅니다.
5. 친구와 찍은 손바닥 로션 도장을 모양대로 오려 손도장 나무를 꾸며 봅니다.

 ### 회복적 생활교육을 위한 놀이 활동 TIP

- 색지의 색이 짙은 색일수록 손바닥 로션 도장이 선명하게 드러납니다.
- 손 전체에 로션을 바르는 것을 힘들어하는 아이가 있다면 손바닥 모양으로 오린 그림에 지문 도장 찍기 활동으로 대체할 수 있습니다.

놀이확장 아이디어

- 로션 손바닥 도장을 찍은 후 나와 친구의 손바닥 크기를 비교하는 놀이로 이어나갈 수 있습니다.
- 로션 발바닥 도장 찍기 활동으로도 해볼 수 있습니다.

존중 | **공감** | 책임 | **관계** | 문제해결 | 협력 | 공동체성

친구 얼굴 메모리 게임

놀이 준비물 → 얼굴이 나와 있는 출석 이름표, 친구 얼굴 메모리카드

회복적 가치와 놀이 연결하기

- 새롭게 만난 친구의 얼굴에 친밀감을 느낍니다.
- 친구 얼굴이 놓여 있던 위치를 집중하여 관찰하고 기억합니다.
- 메모리 게임에 즐겁게 참여하며 기억한 친구 얼굴을 선택하면서 순간 판단력을 기릅니다.

놀이를 시작하기 전에

☑ 얼굴이 나와 있는 출석 이름표로 센터피스를 구성합니다.

◀ 친구 얼굴과 출석 카드로 꾸민 센터피스(좌), 자신이 획득한 친구 메모리카드 주인공을 소개하는 모습(우)

함께 즐기는 회복적 놀이 방법

1. 동그랗게 모여 앉아 내 얼굴이 나온 출석 이름표로 나의 이름을 소개합니다.
2. 친구 얼굴 메모리 게임을 소개합니다.

> **친구 얼굴 메모리 게임**
>
> ① 게임할 공간에 친구 얼굴 메모리카드를 뒤집어 놓습니다.
> ② 게임할 순서대로 나와 2장씩 메모리카드를 얼굴이 보이게 뒤집습니다.
> ③ 같은 얼굴이 연달아 나올 경우 메모리카드를 가져가고 다른 친구 얼굴이 나올 경우 다시 뒤집어 놓습니다.
> ④ 뒤집어 놓은 친구 사진이 다 없어지면 메모리 게임이 끝납니다.

3. 내가 획득한 친구 메모리카드의 주인공을 소개합니다.

 회복적 생활교육을 위한 놀이 활동 TIP

- 성취감과 성공률을 높이기 위해 연령에 따라 친구 얼굴 메모리카드의 개수를 조절하며 게임에 참여하도록 합니다.
- 처음에는 적은 수의 친구 얼굴 메모리카드로 시작하고 익숙해질수록 수를 늘려 나갑니다.

놀이확장 아이디어

- 친구 이름 메모리카드를 활용하여 메모리 게임을 이어갈 수 있습니다.
- 친구의 얼굴 사진과 이름 글자를 대응하는 언어 게임으로 이어갈 수 있습니다.

존중　공감　책임　관계　문제해결　협력　공동체성

이心전心 마음 대칭

놀이 준비물 → 패턴블록, 대칭그림, 데칼코마니 기법의 예술작품

회복적 가치와 놀이 연결하기

- 친구가 구성한 패턴블록의 위치와 모양을 세심하게 관찰하여 대칭을 이루며 패턴블록을 구성해갑니다.
- 친구가 구성한 패턴블록의 형태에 대칭을 맞추어 놀이하며 친구의 마음과 관점에서 생각해 보는 경험을 합니다.
- 대칭으로 블록을 구성해 보며 전체와 부분 간의 관계를 알고 위치와 모양에 관심을 가집니다.

놀이를 시작하기 전에

☑ (색테이프로 가운데 선을 붙인) 칠판의 왼쪽 면에 도형 조각을 놓으면 다른 한쪽에 대칭을 이루는 도형을 올려놓으며 센터피스를 구성합니다.

▼ 패턴블록으로 구성한 센터피스(좌), 친구와 짝지어 앉아 완성한 반쪽그림(우)

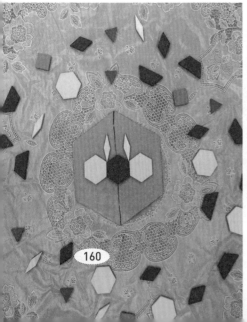

함께 즐기는 회복적 놀이 방법

1. 친구와 짝지어 앉아 친구가 반쪽그림 퀴즈를 내면 다른 한 친구가 반쪽그림을 완성합니다.

 그림의 반쪽만 그려 보자. 짝친구가 나머지 한쪽을 그려 전체 그림으로 완성해 보자.

2. 반쪽그림을 보고 무슨 그림인지 알아맞혀 봅니다.

 그림이 어떻게 보이니? 어떻게 하면 반쪽그림이 완성될까?

3. 똑같은 그림을 오른쪽에 그려 넣으면 그림이 완성됨을 알고 대칭의 개념에 관심을 가집니다.

 대칭이란 가운데 선을 중심으로 양쪽 모양이 마주보고 있는 것을 말한단다.

4. 센터피스의 패턴블럭 모양을 탐색하고, 이를 활용하여 놀이합니다.

너와 나 대칭 놀이
① 둘씩 짝지어 순서를 정해 A친구가 구성하고 싶은 모양의 한쪽을 구성합니다.
② B친구는 A친구가 구상한 모양을 예측합니다.
③ 친구의 모양 대칭을 관찰한 후 모양에 따른 대칭을 블록으로 완성합니다.

친구 마음 대칭 놀이
① 둘씩 짝지어 먼저 A친구가 마음 모양을 상상하여 패턴블럭의 반쪽에 구성합니다.
② B친구는 A친구의 마음 모양을 예측한 후, 남은 반쪽에 대칭을 맞춥니다.
③ A와 B친구가 순서를 바꿔서 해봅니다.

회복적 생활교육을 위한 놀이 활동 TIP

- 점, 직선, 면 등을 기준으로 같은 거리에서 마주보는 대칭 원리를 놀이로 경험해 봅니다.
- 주변의 여러 물체를 대칭이 되도록 나누어 보는 경험을 할 수 있도록 지원하며 모든 물건이 반으로 자른다고 대칭이 되는 것이 아님을 알 수 있습니다.
- 데칼코마니 작품(대칭으로 표현한 아름다움) 속에서 수학의 원리 대칭을 발견할 수 있도록 상호작용합니다.

놀이확장 아이디어
- 중앙에 선이 있는 종이를 주고, 짝지은 두 명 중 한 명이 먼저 한쪽 그림을 그린 후 관찰하여 다른 쪽을 똑같이 그려 완성하여 대칭 그림 전시회를 열어 봅니다.
- 데칼코마니 기법으로 미술작품을 완성해 봅니다(펼친 모습을 상상하며 놀이).

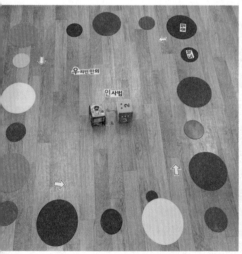

08

존중　공감　책임　관계　문제해결　협력　공동체성

아주아주 특별한 인사

놀이 준비물 → 원마커, 방수라벨지, 주사위(2개)

회복적 가치와 놀이 연결하기

• 원마커로 보드게임길을 만들어 이동하는 대형 게임판을 구성합니다.
• 친구를 존중하는 마음을 가지고 우리 반의 특별한 인사를 정합니다.
• 인사의 의미를 알고 서로에게 예의를 지키며 마음을 기쁘게 하는 인사법으로 인
사합니다.

놀이를 시작하기 전에

☑ 우리 반만의 특별한 인사법을 그려 넣은 카드(방수라벨지)를 준비합니다.

▼ 원마커로 구성한 게임길(좌), 길 위에서 인사 미션을 수행하는 아이들의 모습(우)

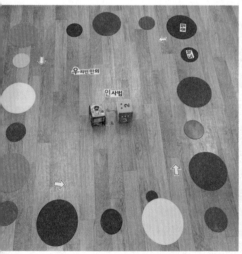

1. 동그랗게 모여 앉아 우리 반만의 특별한 인사를 해봅니다(예: 하이파이브 인사, 윙크 인사, 하트 인사, 어깨와 어깨가 맞닿는 인사, 엄지손가락 하이파이브 인사, 최고야 인사 등).
2. 원마커를 활용한 게임 방법을 알아봅니다.

> **특별한 인사 게임**
>
> ① 교실 양 쪽 벽에 두 그룹으로 나누어 앉아 교실 중앙에 게임할 공간을 마련합니다.
> ② 크기가 다른 원마커(대,소)로 게임길을 구성하기로 합니다.
>
> 원마커로 게임판을 만들어 보자. 큰 동그라미, 작은 동그라미를 섞어 게임길을 만들고, 출발과 도착 표시 그리고 방향을 나타내는 화살표도 표시해 보자.

3. 우리 반의 인사법 6가지 그림카드(방수라벨지)를 부착한 주사위와 숫자(1,2,3) 주사위를 만듭니다.
4. 우리 반만의 특별한 인사 게임길 구성과 주사위를 살펴보고 게임 방법을 알아봅니다.

> **인사 미션 게임**
>
> ① 둘씩 짝지어 짝과 함께 각각 주사위 1개씩을 동시에 던집니다.
> ② 주사위 숫자만큼 말판을 이동하고, 인사 주사위에 나온 인사를 주고받습니다.
> ③ 주사위 2개를 던져 화살표 방향으로 도착할 때까지 계속 인사 미션을 수행합니다.

회복적 생활교육을 위한 놀이 활동 TIP

- 사전에 우리 반만의 특별한 인사법을 이야기 나누어 정한 후 그림카드를 미리 제작하는 시간을 가집니다.
- 게임판을 구성한 뒤 숫자 주사위로 이동하는 연습을 한 후 게임을 시작합니다.
- 반의 모든 친구가 돌아가면서 게임을 즐길 수 있도록 순서를 정하여 게임에 참여합니다.
- 자유놀이 시간에 게임을 실행하여 해보고 싶은 만큼 충분히 게임을 즐기도록 합니다.

놀이확장 아이디어

- 아이들이 협의하여 다양한 주제로 게임판과 주사위를 만들어 놀이하도록 지원합니다.
- 우리 반만의 특별한 인사법 책 만들기를 할 수 있습니다.

사랑을 전하는 손가마꾼

놀이 준비물 → 하트 인형, 의자

회복적 가치와 놀이 연결하기

• 친구와 함께 손가마를 만들어 즐겁게 놀이합니다.
• 친구의 팔, 다리 움직임에 맞추어 이동하며 협력을 경험합니다.

놀이를 시작하기 전에

☑ 가마꾼이 가마지던 옛날 사진 자료, 손가마 놀이를 즐기는 옛날 아이들의 모습이 담긴 그림 자료를 센터피스로 구성합니다.

▼ 손가마 위에 하트 인형을 올린 모습(좌), 조심해서 하트 인형과 함께 "사랑해!"라는 말을 전달하는 모습

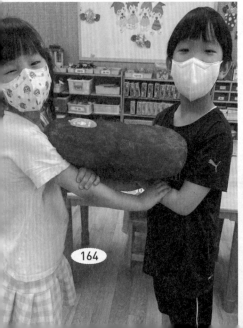

함께 즐기는 회복적 놀이 방법

1. 전래놀이인 손가마 놀이에 대해 이야기 나눕니다.

 가마를 만든 친구들의 손 모양을 살펴보자. 가마를 타는 친구의 모습은 어떠니?

손가마 놀이
① 두 명씩 짝지어 손가마를 만들어 봅니다.
② 손의 모양을 잘 살펴보며 오른팔을 쫙 펴고, 왼손으로 잡고 오른손으로 친구의 팔을 잡아 봅니다(반대편 친구는 같은 방식으로 반대편에서 잡아 봅니다).
③ 친구와 만든 손가마에 하트 모양 인형을 태우고 돌아오기로 합니다.
④ 인형을 떨어트리지 않고 이동하는 방법에 관해 이야기 나눕니다.

2. 손가마로 하트 인형을 태우고 출발하여 의자에 앉아 있는 친구에게 안전하게 전해 주고 "사랑해!" 외치고 돌아오는 미션을 수행하기로 합니다.

사랑을 전하는 손가마꾼!
① 짝을 지어 손가마를 만들고, 그 위에 하트 인형을 조심해서 태웁니다.
② 징소리가 울리면 짝과 발걸음을 맞춰 출발하고, 가마에 태운 하트 인형을 의자에 앉아 있는 친구에게 전달합니다.
③ 인형이 떨어지지 않도록 잘 전달한 후, "사랑해!" 고백하고 돌아옵니다.
④ 다음 순서의 친구들도 같은 방법으로 돌아옵니다.

 회복적 생활교육을 위한 놀이 활동 TIP

• 빨리 돌아오는 것에 초점을 두지 말고, 친구의 움직임에 맞추어 함께 돌아올 수 있도록 지원합니다.
• "사랑해!" 말고도 다양한 표현을 정하여 전하고 돌아오게 해봅니다.

놀이확장 아이디어

• 신문지 가마를 만들어 가마 태우고 오기 놀이를 해봅니다.
• 친구에게 마음을 표현하는 말을 직접 써서 친구에게 전해 주는 활동으로 이어갑니다.

존중　공감　책임　관계　문제해결　협력　공동체성

친구 인생 한 컷

놀이 준비물 → 여러 가지 블록, 사진기, 삼각대, 의자, 꾸미기 소품(선글라스, 리본 넥타이 모형, 가발 등)

회복적 가치와 놀이 연결하기
- 친구의 얼굴을 사진에 소중하게 담아 선물하는 경험을 통해 친구와 친밀감을 느낍니다.
- 사진관에서 하는 일을 알아보고 역할을 나누어 놀이에 참여합니다.
- 블록과 의자 등으로 사진관을 구성합니다.

놀이를 시작하기 전에

☑ 실제 사진관의 모습이 담긴 사진과 사진관 놀이에 필요한 소품들로 센터피스를 구성합니다.

▼ 친구 인생 한 컷 전달식을 한 아이들(좌), 사진사처럼 친구 사진을 찍어 주는 모습(우)

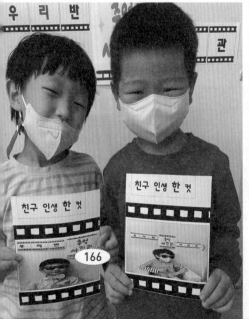

함께 즐기는 회복적 놀이 방법

1. 사진관에 다녀온 경험을 이야기 나눕니다.

사진관에 간 적이 있니?
무엇을 하러 갔었니?

2. 우리 반 사진관을 구성합니다.

교실에 있는 물건과 블록을 이용해서 사진관을 구성해 보자.
무엇이 더 필요할까?(선생님의 지원이 필요한 물건과 아이들 스스로 구성할 수 있는 교실
속 자료를 적절히 활용할 수 있도록 지원)

3. 역할을 나누어 친구들의 얼굴을 사진에 담기로 합니다.

소품을 골라 나의 멋진 모습으로 포즈를 취해 보자.
사진을 찍어 주는 사람과 찍히는 사람, 코디네이터(소품으로 꾸며주는 사람)으로 역할을 나
누어 사진으로 친구의 얼굴을 소중하게 기록해 보자.

4. 기록한 사진을 프로젝션 TV로 감상하고, 잘 나온 사진을 고릅니다.
5. 선택된 사진을 라벨지에 인화한 후 랜덤뽑기로 뽑아서 내가 뽑은 친구 얼굴 스티커 사진을 액
   자틀에 넣어 꾸며 줍니다.
6. 친구 얼굴 사진 전달식을 가집니다.

회복적 생활교육을 위한 놀이 활동 TIP

• 친구에게 꾸미고 남은 스티커 사진을 가정에 보냅니다.
• 사진기를 소중하게 다루고 사용법을 함께 알아봅니다.
• 한 사람당 사진 찍는 횟수를 미리 정하여 질서 있게 사진 찍기 놀이를 전개합니다.

놀이확장 아이디어

• 친구 얼굴 자화상을 그려 액자에 넣어 선물하기 놀이로 확장하여 전개합니다.

존중　공감　책임　관계　문제해결　협력　공동체성

슬픔동굴과 위로우산

놀이 준비물 → 우산, 모양 라벨지, 눈물 모양 OHP 필름, 낚싯줄, 책상,
대형비닐(검정), 종이, 친구 얼굴 스티커

회복적 가치와 놀이 연결하기

- 속상한 일이 있을 때 그 마음을 솔직하게 표현해 봅니다.
- 친구의 감정이 상했을 때 마음을 위로하는 말을 전달할 수 있습니다.
- 다른 친구의 기분을 살펴 전하는 말과 행동으로 친구의 기분을 위로할 수 있음을
  압니다.

놀이를 시작하기 전에

☑ 내가 겪었던 슬픔을 눈물 방울 모양 OHP 필름위에 그림으로 그린 후 센터피스로 구성합니다.

☑ 슬플 때 위로하는 말(우리 반 친구의 숫자만큼 써서 붙이기)을 친구들과 알아본 후 모양 시트지
에 쓰고 우산에 부착한 후 위로의 우산을 만듭니다.

▼ 슬픔동굴을 빠져나오는 모습(좌), 슬픔을 주제로 구성한 센터피스에서 위로우산을 쓴 친구에게 위로의 말을 건네는
모습(우)

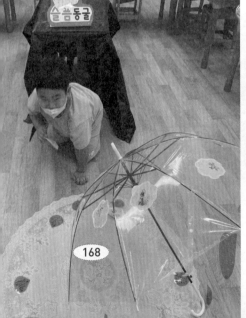

함께 즐기는 회복적 놀이 방법

1. 동그랗게 모여 앉아 내가 겪은 슬픔을 토킹피스로 소개합니다.

> 내가 가장 슬펐을 때는 언제일까?
> 친구들과 내가 겪었던 슬픔을 나누어 보자.

2. 우리 반 친구들이 겪은 슬픔을 투명줄(낚싯줄)에 엮어 빗물 모빌로 만들어 봅니다.

> 모둠별로 모여 우리의 슬픔을 빗물처럼 이어 보자.

3. 책상에 슬픔의 모빌을 부착한 후 책상과 검정 비닐로 슬픔동굴을 구성하고 동굴을 통과한 후 한 명씩 나와 위로의 우산을 씁니다.
4. 위로의 우산을 쓴 친구를 향해 종이를 말아서 만든 종이 메가폰에 대고 위로의 말을 건넵니다 (예: 괜찮아 / 힘내 / 넌 할 수 있어 / 잘될 거야 등).
5. 위로의 말을 들은 친구의 얼굴 스티커를 위로의 우산 위에 붙여 줍니다.
6. 모든 유아(학생)가 돌아가면서 위로의 말을 모두 들은 후 함께 외칩니다.

> 괜찮아! 우리 모두 잘 될 거야!

회복적 생활교육을 위한 놀이 활동 TIP

- 아이들이 속상하고 슬픈 일에 대해 떠올리기 어려워한다면 슬픔과 관련된 그림책을 들려 주어 슬펐던 감정을 떠올리게 할 수 있습니다.
- 눈물 모빌을 만들기 전 속상한 일에 대해 나누는 시간에 교사가 시범으로 '선생님은 이럴 때… 이렇게 속상했어'라고 말하고 슬픔과 위로를 나누는 시간을 가지도록 하여 아이들도 속상하고 슬펐던 감정에 대해 자연스럽게 이야기할 수 있도록 지원합니다.

놀이확장 아이디어

- 슬픔에 대해 나누며 아이들이 만들었던 슬픔동굴과 위로의 우산을 교실의 적당한 공간에 모빌로 달아 속상한 일이 있거나 슬픈 일 있을 때 위로받을 수 있는 공간으로 구성해 봅니다.

존중　공감　책임　관계　문제해결　협력　공동체성

마법의 용기 알사탕

놀이 준비물 → 그림책 《알사탕》(책읽는곰, 2017), 동동이 막대인형, '나랑 같이 놀래?' 구름 글자카드, 스티로폼 공, 색깔 아이스크림 막대, 클레이, 여러 가지 모양 보석스티커, 유성펜, 가위

회복적 가치와 놀이 연결하기

• 마음의 소리를 표현할 수 있도록 용기를 주는 마법의 알사탕을 만들어 봅니다.
• 표현하지 않으면 알 수 없는 마음의 소리를 용기 있게 표현해 보는 경험을 합니다.
• 마음의 소리를 들을 수 있는 알사탕 놀이에 즐겁게 참여합니다.

놀이를 시작하기 전에

☑ 동동이 막대인형과 구름 모양 종이에 적힌 '나랑 같이 놀래' 글자카드를 유아(학생)의 숫자대로 준비하여 센터피스로 구성합니다.

▼ 동동이(막대인형)에게 용기 있는 말을 전하는 모습(좌), 친구와 서로 용기의 말과 함께 알사탕을 선물하는 모습(우)

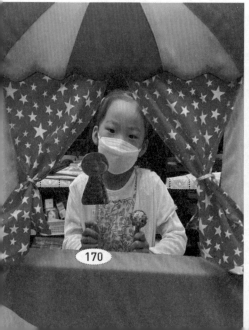
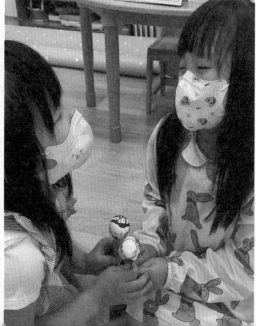

함께 즐기는 회복적 놀이 방법

1. 동그랗게 모여 앉아 《알사탕》의 그림책 주인공 동동이가 되어 두려워했던 마음이 무엇이었 는지 이야기 나눕니다.

 같이 놀고 싶은데 표현하지 않았어요. 마음속에서만 생각하면 아무도 몰라요.

 꽁꽁 숨겨둔 두려움을 이겨내고 동동이가 한 말은 무슨 말이었니?

 나랑 같이 놀래? 하고 용기 있게 말해요.

2. 센터피스의 구름 종이에 적힌 '나링 같이 놀래?'라는 말을 함께 외쳐 봅니다.
3. 두려움을 이겨낼 수 있도록 용기를 준 마법의 알사탕 만들기 놀이를 합니다.

> **용기를 준 마법의 알사탕**
> ① 스티로폼공에 유성펜으로 다양한 무늬를 그려 넣습니다.
> ② 다양한 무늬가 그려진 스티로폼공에 보석스티커를 붙여 꾸밉니다.
> ③ 색깔 아이스크림 막대를 스티로폼공에 꽂아 알사탕을 완성합니다.
> ④ 클레이와 보석스티커를 활용해 알사탕을 여러 개 만들어 봅니다.

4. 주인공 동동이(막대인형)에게 용기 있는 말을 전해 준다(예: -"나랑 같이 놀래?", "내가 도와 줄까?", "우리 함께 하자" 등)
5. 오늘 하루 놀이시간에 마음의 소리를 내게 해주는 마법의 용기 알사탕을 들고 용기의 말과 함 께 알사탕을 친구에게 선물하는 미션을 수행합니다(예: 나랑 같이 놀자 / 도와줄 수 있니? / 미 안해 / 고마워 등).

 회복적 생활교육을 위한 놀이 활동 TIP

- 다른 재료(클레이, 천사점토)를 활용하여 다양한 알사탕을 만들어 볼 수 있습니다.
- 인형극 틀을 활용하여 친구들과 상황극을 펼치며 평소에 하지 못했던 말을 해볼 기회를 여러 번 가질 수 있도록 돕습니다.

놀이확장 아이디어

- 평소 마음에만 담아 두었던 마음의 소리를 글자카드로 만들어 보게 하여 용기 있는 말을 사용할 수 있도록 지원합니다.

반짝반짝 빛나는 내 친구

놀이 준비물 → 여러 가지 보석비즈 색깔칩, 셀로판지, 라이트테이블, OHP필름, 유
성펜, 친구 얼굴 사진

회복적 가치와 놀이 연결하기

• 친구 얼굴을 세밀하게 관찰하여 OHP필름에 그림으로 그려 보며, 친구에 대한
친밀감을 가집니다.
• 라이트테이블과 반짝거리는 재료로 친구의 모습을 꾸며 주며, 친구의 소중함을
느낄 수 있습니다.

놀이를 시작하기 전에

☑ 우리 반 친구들의 얼굴 사진을 센터피스로 구성합니다.

▼ 친구 얼굴 사진 위에 OHP필름을 올리고 따라 그리는 모습(좌), 라이트테이블 위에 반짝거리는 재료로 꾸민 친구 얼굴(우)

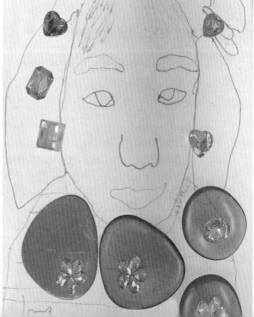

172

1. 모둠별로 동그랗게 모여 앉아 뒤집어라 엎어라 게임으로 짝친구를 뽑습니다.
2. 선정된 짝친구끼리 서로의 얼굴(눈,코,입 등)을 탐색한 후 친구 얼굴 사진을 대고 OHP 필름에 그대로 옮겨 그려 봅니다.
3. 짝친구끼리 앉아 라이트테이블(가운데 선을 그어 두 명씩 놀이할 수 있도록 표시함)을 켜고 짝친구 얼굴이 그려진 OHP필름을 각각 올려놓습니다.
4. 빛이 들어오는 친구의 얼굴 위에 여러 가지 꾸미기 재료(보석비즈, 색깔칩, 셀로판지 등)로 친구 얼굴을 꾸며 줍니다.
5. 빛으로 꾸며진 내 친구 얼굴을 사진으로 찍어 인화한 후 선물합니다.

회복적 생활교육을 위한 놀이 활동 TIP

- OHP 필름(인쇄용)에 반 친구들 사진을 인쇄하여 제공할 수 있습니다.
- 사전에 빛을 활용한 라이트테이블 놀이에 참여하여 빛 놀이에 익숙해진 후 놀이에 참여하는 것도 도움이 됩니다.

놀이확장 아이디어

- 자유놀이 시 라이트테이블에 빛 놀이 재료를 다양하게 제공하여 우리 엄마, 아빠 등 인물 꾸미기 외에도 우리 교실, 바깥놀이터 등을 구성하는 놀이로 이어갈 수 있습니다.

너에게로 갈 거야!

놀이 준비물 → 코퍼줄, 다양한 색과 굵기의 실뭉치, 마음종이, 얼굴사진

회복적 가치와 놀이 연결하기

• 내 친구에게 기분 좋은 말을 털실을 굴리며 전하여 나의 마음을 표현해 봅니다.

• 실을 이용하여 나와 너의 마음을 표현해 보며 풀기, 감기 등의 방법으로 예술적으로 구성합니다.

• 서로의 마음과 마음이 연결되어 털실을 굴려 보는 게임을 함께하며 친구에 대한 신뢰감을 기릅니다.

놀이를 시작하기 전에

☑ 코퍼줄로 서클을 만들어 봅니다.

▼ 코퍼줄로 만드는 크고 작은 동그라미(좌), 털실 굴리기로 서로 연결된 마음길(우)

함께 즐기는 회복적 놀이 방법

1. 코퍼줄을 두 손으로 잡고 당기고 늘리며, 크고 작은 동그라미를 만들어 봅니다.
2. 동그랗게 앉아 맞은편의 친구에게 털실을 굴리며 인사합니다(예: 고마워, 사랑해, 함께하자, 행복해, 미안해, 먼저해, 좋아해, 반가워 등).
3. 굴러오는 털실의 끝을 잡은 친구가 맞은 편의 친구에게 다시 굴리며 인사합니다.
4. 털실이 만든 길을 살펴본 후 우리의 마음을 연결해 준 털실을 잘라서 실 그림에 사용하기로 합니다.

 우리를 연결해 준 실로 친구의 마음을 꾸며 보자.

5. 털실로 마음을 전한 친구 사진을 마음 종이 끝에 붙이고 맞은 편에 내 얼굴 사진을 붙입니다.
6. 나와 친구가 연결되는 말이 적힌 마음 종이에 양면테이프를 붙인 후 알록달록 실로 마음을 표현해 봅니다(예: 돌돌 말아 붙이기, 물결 모양으로 연결하기, 쭉 뻗은 선으로 이어 붙이기 등).
7. 나와 친구가 연결된 실 그림을 전시하고 감상해 봅니다.

 회복적 생활교육을 위한 놀이 활동 TIP

- 털실 굴리기를 할 때, 한쪽 끝을 잘 잡고 맞은편 친구에게 굴려 엉키지 않게 서로 연결된 마음길을 구성하도록 지원합니다.
- 털실을 이용하여 마음을 표현하는 과정에서 털실이 엉키는 경우 가위로 잘라 다시 시작할 수 있도록 도움을 줍니다.

놀이확장 아이디어

- 친구와 함께 털실 풀기, 다시 감기 놀이를 하거나 실뜨기 등을 하며 우정을 쌓아 봅니다.

존중　공감　책임　관계　문제해결　협력　공동체성

어서 오이소!

놀이 준비물 → 오이, 색도화지, 거울, 로션, 안전칼, 도마

회복적 가치와 놀이 연결하기
- 오감(관찰하기, 만져 보기, 먹어 보기, 냄새 맡기 등)을 활용하여 오이를 다양한 방법으로 탐색해 봅니다.
- 오이 마사지 가게를 열어 손님과 마사지해 주는 사람으로 각각 역할을 나누어 맡아 보며 친구와 친밀감을 느낍니다.

놀이를 시작하기 전에

☑ 오이를 준비하고 충분히 관찰할 수 있는 시간을 줍니다.

☑ 오이의 색깔, 모양, 촉감, 냄새, 맛 등 겉모습과 속모습을 구석구석 탐색합니다.

▼ 오이 마사지 가게를 준비하는 모습(좌), 친구 얼굴에 오이를 올려 주는 모습(우)

함께 즐기는 회복적 놀이 방법

1. 오이 마사지 가게를 열기 위해 준비해야 하는 것에 대해 알아봅니다(예: 간판, 얇게 자른 오이, 손님이 누울 자리, 손씻기, 거울과 로션 등).
2. 잘린 오이를 친구 얼굴에 붙여 줍니다.

 오이를 어떻게 붙이면 좋을지 생각하며 붙여 보자! 친구에게 어떤 느낌인지 물어 볼까?

3. 자른 오이를 이용한 다양한 놀이 방법을 알아봅니다.

자른 오이로 글자 만들기	자른 오이로 건축물 구성하기
① 자른 오이를 이어 붙여 친구의 이름 글자를 만듭니다.	① 길게, 굵게, 사각, 둥근모양 등으로 오이를 잘라 봅니다.
② 친구와 함께하기 위해 지켜야 할 가치 글자도 만듭니다.	② 친구들과 순서를 정한 후 여러 모양으로 자른 오이로 무엇을 구성할지 이야기 나눕니다.
자른 오이로 오이탑 쌓기	③ 모둠별로 수영장, 놀이터 등을 구성해 봅니다.
① 오이를 반으로 잘라 오이의 씨를 관찰합니다.	④ 우리가 오이로 완성한 건축물을 보고 떠오른 이야기를 지어 봅니다.
② 층층이 오이탑을 쌓고, 친구와 서로 높이를 비교합니다.	

회복적 생활교육을 위한 놀이 활동 TIP

- 오이 마사지 가게의 손님과 마사지해 주는 사람의 역할을 각각 나눠 놀이하면서 친절과 감사의 말을 주고받을 수 있도록 돕습니다.
- 오이를 자르는 과정에서 안전하게 칼을 사용하면서 오이 놀이를 즐길 수 있는 방법을 사전에 이야기 나눈 후 놀이합니다.
- 오이를 활용하여 친구들과 수학 놀이를 하면서 수학적 사고 과정을 공유하고 수학적 어휘를 표현할 수 있습니다.

놀이확장 아이디어

- 다양한 모양으로 자른 오이를 빨대로 이어 동물 만들기를 할 수 있습니다.
- 자른 오이의 단면(세로로 길게 자른 단면, 가로로 반 자른 단면)에 색 물감을 묻히고 종이 위에 꾹 찍고, 그 모양에 이어 생각나는 것을 그림으로 그려 봅니다.

저마다 그리고 함께
책임을 다하며 연대하는 우리

책임 놀이로 펼치는 회복적 생활교육은?

함께 놀이하며 책임감을 키우고 교실 공동체 안에서 진정한 나를 찾아가는 한편, 친구의 존재를 있는 그대로 받아들이며 나와 친구들 모두가 어우러져 하나가 되어갑니다. 누군가의 책임이 아닌 우리의 책임인 것입니다.

책임

놀이

첫 교육기관에 온 아이들은 그동안 자신에게 모든 것을 맞춰 주던 부모의 품을 벗어나 또래 친구들과 함께 생활하게 됩니다. 함께 놀이하며 교실 공동체 안에서 진정한 나를 찾아가고 친구의 존재를 있는 그대로 받아들이며 나와 친구들 모두가 어우러져 하나 되는 경험을 쌓아가며 적응하는 거죠. 공동체를 이루어 그 안에서 친밀하고 끈끈한 관계를 맺기 위해 나와 너에 대한 존중과 공감의 경험을 쌓는 것은 중요합니다. 그런데 한 가지가 더 있습니다. 자기 자신을 소중히 여기고, 또 서로의 존재를 소중하게 생각하며 관계를 맺을 수 있으려면 책임의 마음이 함께 자라야 합니다. 책임이란 어떤 일과 관련하여 발생한 결과에 대해 스스로 져야 하는 의무나 부담을 말합니다. 책임감을 느낀다는 것은 자신이 져야 할 의무를 예측하고 선택하며 선택한 대로 행할 수 있어야 한다는 뜻입니다. 누구든 다른 사람과 원만한 관계를 맺고 환경에 적응하며 공동체의 구성원으로 성공적인 삶을 살아가기 위해 자기가 해야 할 일에 대해 책임을 지고 끝까지 최선의 노력을 기울이는 자세가 필요하죠.

유아기와 초등 저학년 시기에 생활교육을 통해 길러야 할 책임감은 올바른 생활습관 속에서 스스로 선택하고 행동하는 주도적 태도입니다. 책임감이 높지 않은 아이들은 자신의 실수도 그 원인을 다른 친구에게 돌리며 불평하는 경향이 있습니다. 이는 서로 신뢰하는 관계를 맺는 데 방해가 되며, 아이가 현재의 생활에도 만족을 느끼기 어렵게 합니다. 책임을 기르기 위해서는 친구와의 관계, 앞으로 벌어질 상황에 대해 미리 생각하고 가장 좋은 방법을 선택할 수 있어야 합니다. 교실에서 자신감을 가지고 해야 할 일을 스스로 선택하고 실행하면서 스스로 잘할 수 있는 것들은 점점 많아지게 됩니다. 잘할 수 있다는 유능감은 자신의 행

동과 마음 조절에도 영향을 미쳐 친구에 대한 수용과 존중의 마음으로 이어집니다. 아이들과 눈높이를 맞춰 함께 책임을 정의해 보는 것도 좋습니다. 우리 반에서 아이들이 친구들과 함께 정의한 책임은 다음과 같습니다.

 친구가 블록으로 만든 성이 내 실수로 무너져 내렸을 때 마음이 속상해진 친구에게 미안하다고 말하고, 무너진 성을 친구와 함께 다시 만드는 것이에요.

특히 책임의 가치를 담은 놀이를 반복하면 좋습니다. 놀이 과정에서 아이들은 자연스럽게 주어진 책임을 다하기 위해 친구들과 약속을 세우고 지키기 위해 노력하고 인내하는 법을 배웁니다. 그 안에서 함께하는 즐거움을 느끼고, 또 함께 정해진 목표를 달성하였을 때 우리가 하나 되어 뭔가 이뤄냈다는 연대감과 성취감, 서로에 대한 믿음이 형성되며, 문제해결 능력도 자라나죠.

　그래서 이 장에서는 '책임'에 초점을 맞춘 놀이들을 소개합니다. 아이들이 작은 사회인 교육기관에서 공동체의 구성원으로서 스스로 선택한 일에 대해 끝까지 마무리 하고자 하는 마음을 가지고 노력하는 책임, 나에게 권리가 있고 나의 권리를 누리는 것과 같이 다른 사람에게도 권리가 있음을 알아 친구에게 존중의 마음을 갖는 책임, 공동체의 평화를 위해 나의 욕구를 절제하는 책임, 합리적이고 좀 더 나은 의사결정에 적극적으로 참여하는 책임, 친구와 더불어 잘 지내기 위해 약속을 만들어가고 지키려는 책임감을 길러 주기 위해 서클 나눔과 놀이로 풀어내고자 하였습니다.

약속풍선을 지켜라!

놀이 준비물 → 테니스 채(또는 아이들이 직접 만든 채), 불어진 풍선, 유성매직, 방수라벨지

회복적 가치와 놀이 연결하기

• 친구들과 협력하여 지켜야 할 약속을 그려 넣은 풍선 지키기 미션에 즐겁게 참여합니다.

• 교실에서 지켜야 할 약속, 친구 사이에 지켜야 할 약속을 기억하고 책임의 마음을 다하여 지킵니다.

놀이를 시작하기 전에

☑ 우리가 세운 교실 약속이 담긴 그림과 우리 반 친구들의 얼굴 사진을 센터피스로 구성합니다.

▼ 약속으로 구성한 센터피스(좌), 약속풍선이 바닥에 떨어지지 않게 지켜 주는 아이들(우)

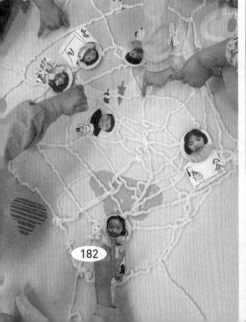

함께 즐기는 회복적 놀이 방법

1. 토킹피스를 활용하여 우리 교실에서 내가 잘 지키고 있는 약속을 돌아가며 소개합니다(예: 줄 서기, 놀잇감 정리하기, 차례 지키기, 양보하기, 친구와 사이좋게 놀기, 나눠 쓰기 등).

 요즘 우리 교실에서 내가 가장 잘 지키고 있는 약속을 소개해 보자! (이때 소개하기 어려워 하는 친구들은 사전에 준비한 약속 그림을 보여주는 것으로 소개)

2. 각자 내가 중요하다고 생각하는 교실 속 약속을 그린 그림(라벨지)을 풍선에 붙입니다.
3. 우리 반의 행복을 지켜 준 '약속아, 고마워!' 하고 함께 외치며 테니스 채로 풍선을 위로 띄우 고 받습니다.

 우리가 지킨 약속은 우리 반의 행복을 지켜 주는 것임을 느낄 수 있도록 함께 외쳐 보자!

4. 약속풍선 지키기 놀이 방법을 알아보고 소그룹으로 놀이합니다

약속풍선 지키기
① 우리 반 약속풍선을 하나씩 띄우고, 테니스 채를 사용해 떨어지지 않도록 붕붕 띄워 줍 니다.
② 모든 약속풍선을 띄우면 땅에 떨어지지 않도록 함께 채로 지켜 줍니다.

 회복적 생활교육을 위한 놀이 활동 TIP

- 부딪힘이나 충돌 예방을 위해 서로의 거리가 충분히 확보된 공간에서 활동합니다.
- 2~3명 소그룹으로 작은 공간으로 시작하여 운동장 대그룹 활동으로 점차 활동의 폭을 넓혀 나갑니다.
- 사전에 테니스 채를 안전하게 사용하는 방법을 이야기 나눈 후 놀이합니다.
- 테니스 채 대신 백업으로 채를 만들어 사용하면 안전하게 놀이할 수 있습니다.

놀이확장 아이디어
- 테니스 채 대신 다양한 재료(백업 등)로 직접 만든 채를 활용해 봅니다.
- 우리 반 약속 그림 그리기나 글자 표현을 어려워하는 아이들은 우리가 지켜야 할 약속에 대해 이야기한 후 그림과 글자 내용을 라벨지에 미리 준비하여 색칠한 후 풍선에 붙여 놀이를 시작하는 것도 좋습니다.

조심해! 기억해!

놀이 준비물 → 녹음부저, 교실과 실외 공간의 사진, 뽑기통

회복적 가치와 놀이 연결하기

- 우리 반 안전약속을 지켜야 할 장소가 있음을 알아갑니다.
- 안전하게 생활하려면 우리를 지키는 약속을 지켜야 함을 알고 책임 있게 실천합니다.
- 놀이가 즐겁게 이루어질 수 있도록 지켜야 할 약속을 알고 지킵니다.

놀이를 시작하기 전에

☑ 화장실, 바깥놀이터, 모래놀이장, 계단, 교실의 각 영역 등의 사진을 센터피스로 구성합니다.
☑ 안전약속이 필요한 장소 사진과 안전약속이 담긴 안전 피켓(앞 · 뒷면)을 만듭니다.

▼ 안전약속으로 구성한 센터피스(좌), 녹음부저에 안전약속을 녹음하는 아이들(우)

184

함께 즐기는 회복적 놀이 방법

1. 모둠별로 우리 모둠이 맡을 안전약속 장소를 뽑기통에서 뽑습니다.
2. 우리 모둠이 맡은 놀이 영역에서 지켜야 할 약속을 알아봅니다.

- 이야기놀이터: 친구의 이야기를 잘 들어줘! · 탐구놀이터: 섞이지 않게 잘 정리해!
- 예술놀이터: 친구의 작품을 소중히 여기자! · 건축놀이터: 블록을 마음대로 부수면 안 돼!
- 극놀이터: 역할을 돌아가면서 하자!

3. 녹음부저에 놀이 안전약속을 녹음합니다.
4. 각 장소에 따른 안전약속을 듣고 기억하는 시간을 가집니다.

   안전약속 조심해! 기억해! 잊지 않도록!
   ① 안전약속이 필요한 장소에 안전 피켓과 녹음부저를 준비합니다.
   ② 안전약속 장소에서 녹음된 녹음부저를 눌러 봅니다.
   ③ 녹음부저를 통해 나오는 각 장소에서 지켜야 할 안전약속을 듣습니다.

5. 다른 안전약속 장소에서 지켜야 할 약속을 알아보고, 같은 방법으로 놀이하며 안전약속을 지킬 수 있습니다.

- 바깥놀이터: 차례를 잘 지켜 놀이기구를 타야 해! · 계단: 걸어서 한 칸씩 이동해!
- 화장실: 바닥이 미끄러워서 걸어다녀야 해! · 모래놀이장: 모래를 던지면 위험해!

 회복적 생활교육을 위한 놀이 활동 TIP

- 학기초 놀이를 관찰하여 갈등이 일어나는 상황과 약속이 필요한 순간을 사진이나 기록으로 남겨 우리에게 필요한 약속을 모둠 친구들과 충분히 이야기 나누도록 합니다.
- 아이들이 정한 약속을 자신들의 목소리로 직접 녹음하고 듣도록 합니다(모든 아이들이 녹음에 참여할 수 있도록 여러 날에 걸쳐 놀이를 진행합니다).
- 아이들이 직접 놀이약속을 녹음부저에 녹음하여 영역마다 비치해 두면 오가며 들어보면서 더 잘 기억할 수 있습니다.

놀이확장 아이디어
- 각 놀이 영역마다 녹음한 내용으로 안전약속판을 만들어 게시하여 자발적으로 약속을 지킬 수 있도록 돕습니다.

| 존중 | 공감 | **책임** | 관계 | 문제해결 | **협력** | **공동체성** |

우리 원(학교) 사진 전시회

놀이 준비물 → 디지털카메라, 우리가 직접 찍은 인화된 사진, 조명, 블루투스 스피커, 액자틀

회복적 가치와 놀이 연결하기

* 우리 원(학교)의 장소와 영역에 책임의 자세로 관심을 가집니다.
* 우리 원(학교) 안에서 찍고 싶은 장소를 디지털카메라로 직접 찍어 봅니다.
* 우리가 찍은 원(학교)의 사진 전시회를 엽니다.

놀이를 시작하기 전에

☑ 교실에서 즐겁게 놀이하고 있는 우리들의 모습이 담긴 사진을 센터피스에 구성합니다.

☑ 사진기 사용법을 미리 익히고, 안전하게 소중하게 다룰 수 있도록 돕습니다.

▼ 원(학교)에서 가장 마음에 드는 공간을 둘러보는 아이들(좌), 마음에 드는 장소를 찍는 모습(우)

함께 즐기는 회복적 놀이 방법

1. 우리 원(학교)에서 내가 좋아하는 장소에 대해 이야기 나눕니다.

 우리 원(학교)에서 가장 마음에 드는 장소는 어디니?
내가 좋아하는 장소를 아름답게 기억할 수 있는 있는 방법은 무엇일까?

2. 우리 원(학교) 사진을 찍어 사진 전시회를 열기로 계획합니다.
3. 사진작가들의 랜선 사진 전시회를 감상합니다.
4. 모둠별로 카메라를 들고 우리 원(학교)에서 사진에 담고 싶은 장소를 찾아 직접 사진을 찍어 기록으로 남깁니다.
5. 모둠별로 모여 기록으로 남긴 사진 중 인화하여 전시회에 전시할 사진을 선택합니다.
6. 전시회를 여는 방법을 이야기 나눕니다.

 액자틀에 꾸미기 재료로 꾸며 보자.

 우리가 찍은 사진의 제목을 적어서 함께 전시하자.

 다른 반 동생들도 감상하려면 복도에 전시하는 건 어떨까?

 전시회 제목은 무엇으로 할까? 사진이 돋보이려면 조명도 달아주자.

 사진을 감상할 때 음악이 흐르는 것도 좋겠어. 초대권을 나눠 주고 전시회에 초대하자!

7. 각 모둠별로 사진을 설명하는 큐레이터와 관람자 역할을 나눠서 해봅니다.
8. 초대권을 만들어 다른 반 동생들에게도 나눠주고 전시회에 초대합니다.

 회복적 생활교육을 위한 놀이 활동 TIP

• 모둠별로 사진기를 제공할 때, 사진을 찍는 순서를 정하여 갈등이 일어나지 않도록 아이들 간에 약속을 정하도록 돕습니다.

놀이확장 아이디어

• 사진 전시회장을 구성할 때 조명과 음악 등 디렉팅을 하는 역할, 홍보하는 역할, 사진작가, 설명하는 큐레이터, 관람자의 역할 등으로 나눠 역할놀이를 해봅니다.

존중 공감 **책임** 관계 **문제해결** **협력** 공동체성

놀이기구 숨바꼭질

놀이 준비물 → 디지털카메라, 출력한 바깥놀이터 사진

회복적 가치와 놀이 연결하기

- 놀이기구 이용 시 지켜야 할 책임의 약속을 이야기 나눕니다.
- 놀이기구 사진의 부분 모양을 모아 전체로 구성하는 놀이에 즐겁게 참여합니다.

놀이를 시작하기 전에

☑ 바깥놀이터에 나가 모둠별로(미끄럼틀, 시소, 그네, 정글짐) 놀이기구를 하나씩 맡아 전체가 잘 나오게 사진을 찍습니다.

▼ 놀이기구 퍼즐조각 숨바꼭질 놀이 중인 아이들(좌), 찾아낸 퍼즐을 맞춘 모습(우)

함께 즐기는 회복적 놀이 방법

1. 우리가 찍은 바깥놀이기구 사진을 보면서 이야기 나누고, 놀이기구를 소개합니다.

> (사진을 보며) 놀이터의 가면 ~도 있고, OO도 있고, △△도 있지!
> 놀이기구 사진으로 퍼즐놀이를 해봐요!

2. 바깥놀이 시간에 놀이기구 퍼즐 숨바꼭질 놀이를 해보기로 합니다.

놀이기구 퍼즐 숨바꼭질

① 숨바꼭질 놀이에 참여할 아이들은 잠시 눈을 가리고 기다립니다.
② 교사는 놀이기구 퍼즐조각을 바깥 놀이터에 숨깁니다.
③ '꼭꼭 숨어라' 신호에 맞추어 아이들이 흩어져 놀이터 곳곳에서 퍼즐 조각을 하나씩 찾
   아서 모아 봅니다.
④ 각 놀이기구의 퍼즐 조각을 맞추면(4개) 놀이기구가 완성됩니다.

3. 퍼즐이 완성된 놀이기구 이용 시 안전약속을 알아봅니다.
4. 바깥놀이터에 동그랗게 모여 앉아 놀이기구의 안전약속을 듣고 어떤 놀이기구의 약속인지
   알아맞혀 봅니다.

회복적 생활교육을 위한 놀이 활동 TIP

• 만5세 이상인 경우 놀이기구 사진을 직접 퍼즐로 제작하여 놀이할 수 있으나, 만3~4세의
  경우 퍼즐 조각 만들기에 교사가 도움을 지원합니다.
• 퍼즐 숨바꼭질 놀이에 참여하며 부딪혀 다치지 않도록 주변을 살피고 배려하며 놀이에
  참여할 수 있도록 합니다.

놀이확장 아이디어

• 우리 반이 가장 좋아하는 놀이기구 그래프를 만들어 친구들이 가장 좋아하는 놀이기구
  가 무엇인지 알아봅니다.

존중　공감　**책임**　관계　**문제해결**　협력　**공동체성**

안전한 곳에서 살 권리

놀이 준비물 → 보드게임 말판, 행복한 나 아바타, 안전한 곳과 안전하지 않은 곳
그림(네이버이미지 검색), 자석시트지

회복적 가치와 놀이 연결하기

• (유엔아동권리협약 27조) 어린이는 안전한 곳에서 살며 건강하게 살아야 할 권리가 있음을 알아봅니다.
• 우리가 건강하게 자라는 데 필요한 음식, 옷, 안전한 집이 필요하다는 것을 규칙 있는 놀이로 경험합니다.
• 어린이가 건강하게 살 수 있는 안전한 환경과 그렇지 못한 환경을 구분할 수 있습니다.

놀이를 시작하기 전에

☑ 어린이가 살기에 안전한 장소와 그렇지 못한 장소 사진과 행복한 나 아바타를 안전한 장소에 배치하여 센터피스로 구성합니다.

☑ 행복한 나 아바타를 제작합니다(안전한 환경에서 살고 있는 행복한 나의 얼굴을 사진으로 찍어 출력하고 머리, 몸, 옷을 그림으로 꾸며 준 뒤, 뒷부분에 자석시트지를 부착).

☑ 안전한 환경(깨끗한 물, 아름다운 자연, 건강한 음식)을 그림으로 그려 그림판을 제작합니다.

▼ 환경 그림판에 아바타를 붙이는 모습(좌), 안전한 곳에서 살 권리 보드게임판(우)

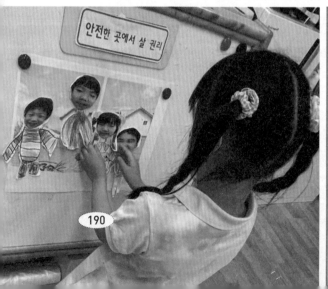

산에서 뜨거운 물이
계속 나와요!

평화로운 마을
(물, 온도, 음식, 안전한 환경)

평화로운 마을
(물, 온도, 음식, 안전한 환경)

햇볕이 뜨거워서
땅이 갈라졌어요!

바람이 쌩쌩
날아갈 것 같아요!

평화로운 마을
(물, 온도, 음식, 안전한 환경)

함께 즐기는 회복적 놀이 방법

1. 동그랗게 모여 앉아 안전한 장소 / 위험한 장소 사진 중 안전할 권리를 누리기 위해 꼭 알아야할 장소(안전/위험한 장소)를 선택하고 토킹피스로 돌아가며 소개합니다.
2. 안전한 곳에서 살 권리 보드게임판과 내 아바타 그림 스티커, 안전한 환경 그림판을 보고 게임 방법을 알아봅니다.

> **안전한 곳에서 살 권리 보드게임 방법**
>
> ① 6칸에 안전한 곳(3칸), 안전하지 않은 곳(3칸)을 지그재그로 배치하여 대형 보드게임판을 제작하고 말판으로 바닥에 붙입니다.
> ② 떨어진 거리에 칠판을 배치하고 칠판의 중앙에 안전한 환경(깨끗한 물, 아름다운 자연, 건강한 음식) 그림판(뒷부분 자석판으로 제작)을 붙입니다.
> ③ 게임 순서가 되었을 때 행복한 나 아바타를 가지고 출발합니다.
> ④ 보드게임판에서 안전한 장소 칸으로만 이동하여 칠판에 부착된 안전한 환경 그림판 위에 내 아바타를 붙이고 돌아옵니다.
> ⑤ 모두 게임에 참여하면 게임을 마칩니다.

3. 내가 건강하게 자라기 위한 안전한 환경의 조건에 관해 이야기 나눕니다.

 회복적 생활교육을 위한 놀이 활동 TIP

- 행복한 나 아바타는 행복한 아이들의 표정을 사진으로 찍어 출력한 후 얼굴 사진을 제공한 후 몸통, 머리 모양, 옷을 꾸미도록 하여 제작합니다.
- 안전한 환경 그림판은 집그림에 꽃과 나무, 깨끗한 물, 맛있는 음식을 아이들이 직접 그려 넣도록 하여 사전에 제작해 둡니다(연령이 낮은 아이들은 꽃과 나무, 깨끗한 물, 음식을 스티커로 붙여 꾸미기).

놀이확장 아이디어

- 홍수, 가뭄, 화산폭발, 태풍 등의 자연재해가 우리에게 주는 영향을 알아보고 기후위기를 생태전환교육으로 연결하여 놀이를 확장할 수 있습니다.

찾아라! 교실 속 무지개

놀이 준비물 → 색깔 파라슈트, 파라슈트의 색과 동일한 색깔카드

회복적 가치와 놀이 연결하기
- 색깔카드의 색과 같은 우리 교실의 놀잇감, 물건을 찾아봅니다.
- 색파라슈트(빨,파,노,초) 위에 같은 색의 놀잇감과 물건을 대응하고 분류합니다.
- 우리 반 친구와 함께 우리 교실의 물건과 놀잇감이 무엇인지 알아보고 책임 있게 정리하는 습관을 가집니다.

놀이를 시작하기 전에

☑ 파라슈트의 색과 동일한 색깔카드로 센터피스를 구성합니다.

☑ 동그랗게 모여 앉아 파라슈트를 탐색합니다(예: 흔들기, 위로 올리기, 아래로 내리기 등)

▼ 색 파라슈트 탐색 놀이(좌), 파라슈트의 색깔과 같은 색깔 장난감을 분류하는 모습(우)

함께 즐기는 회복적 놀이 방법

1. 색깔카드의 색을 살펴봅니다.

 색깔카드의 색이 파라슈트 위에도 있어요.

2. 파라슈트의 색깔과 색깔카드를 1:1 대응해 봅니다.
3. 색깔카드를 뒤집어 놓습니다.
4. 둘씩 짝지어 랜덤으로 색깔카드를 하나 고릅니다.
5. 친구와 함께 선택한 색깔카드와 같은 색깔의 놀잇감과 물건을 찾으러 출발합니다.
6. 신호악기가 울리면 친구와 찾은 색깔카드와 색이 같은 교실의 물건과 놀잇감을 색깔 파라슈트위에 대응하고 분류해 놓습니다.
7. 우리가 찾고 분류한 색깔 놀잇감과 물건으로 놀이하는 시간을 가집니다.

- 노랑놀이-옥수수 따러 가요 놀이
- 빨강놀이-딸기 아이스크림 가게 놀이
- 파랑놀이-첨벙첨벙 동물 수영장 놀이
- 초록놀이-나는 야채 요리사 놀이

8. 파라슈트 색깔 놀이 후 사용한 교실의 물건과 놀잇감을 제자리에 정리합니다.

 ## 회복적 생활교육을 위한 놀이 활동 TIP

- 각자 찾은 한정된 수와 색의 놀잇감으로 정해진 시간 동안 제한이 있는 놀이 안에서 자유롭게 상상 놀이를 즐길 수 있도록 안내합니다.
- 색깔을 알아보고 색카드로 놀이하는 기회를 제공하여 색과 색의 이름이 익숙해질 수 있는 놀이 기회를 제공합니다.
- 파라슈트 놀이 시 빨강, 파랑 등 색깔 놀잇감을 찾아와서 파라슈트 위에 올려 띄워 보며 색깔 탐색 놀이를 사전에 진행해도 좋습니다.

놀이확장 아이디어

- 색깔로 대응하고 분류한 물건과 놀잇감으로 친구들과 놀이한 후 물건 사용 및 놀잇감으로 놀이할 때의 약속에 대해 나누는 활동으로 이어갈 수 있습니다.

07

교실 물건에 도장 찍기

놀이 준비물 → 색접시, 물감, 붓, 우리 교실 물건과 놀잇감(나무,자석,플라스틱블록, 음식모형, 자동차모형, 풀뚜껑, 도화지, 클레이 등

회복적 가치와 놀이 연결하기

• 우리 교실 놀잇감의 모양에 관심을 가지고 탐색하며, 제자리에 정리정돈하는 책임의 습관을 가집니다.

• 우리 교실에 있는 물건의 다양한 모양을 탐구하기 위해 물감 도장 찍기 놀이에 참여하며 모양에 대해 궁금한 점을 알아갑니다.

• 물감을 활용한 찍기 놀이에 참여하며 물감 사용 방법을 알고 손의 힘과 움직임을 조절합니다.

놀이를 시작하기 전에

☑ 내가 좋아하는 우리 교실의 물건 또는 놀잇감을 가져와 센터피스로 구성합니다.

▼ 교실 물건들로 구성한 센터피스(좌), 물감도장 모양을 보고 놀잇감을 알아맞히는 모습(우)

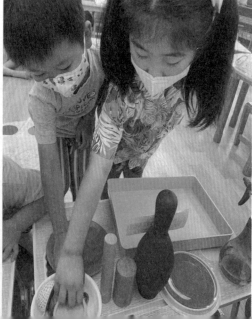

194

함께 즐기는 회복적 놀이 방법

1. 동그랗게 모여 앉아 센터피스에 구성한 우리 교실의 물건과 놀잇감(토킹피스로 활용)을 소개합니다.
2. 우리가 모은 교실의 놀잇감과 물건의 모양을 탐색합니다.

 자동차 바퀴의 모양은 무슨 모양일까? 블럭의 모양은 어때?

3. 놀잇감(물건)을 클레이로 찍어 나오는 모양을 관찰합니다.

 클레이에 새겨진 놀잇감은 어떤 모양이니?
물감으로 찍어서 나타내면 어떨까?

4. 놀잇감(물건)과 물감으로 도장 찍기 놀이를 해봅니다.

교실 물건에 도장 찍기

① 빨강, 주황, 초록, 파랑 색접시가 놓인 책상을 준비하여 색깔 센터피스를 구성합니다.
② 센터피스에 구성한 놀잇감과 물건을 가져옵니다.
③ 빨강, 주황, 초록, 파랑 센터의 4가지 색깔 중 각각에 찍고 싶은 색깔 책상 위에 놀잇감을 분류합니다.
④ 도장 찍기 순서를 정하여 빨강, 주황, 노랑, 초록 센터를 방문하여 놀잇감의 모양 도장 찍기 놀이를 합니다.

5. 물감도장으로 나타난 놀잇감의 모양을 보고 어떤 놀잇감인지 알아맞혀 봅니다.
6. 물감도장 찍기에 사용한 놀잇감을 물에 깨끗이 씻어 말린 후, 제자리에 정리합니다.

 회복적 생활교육을 위한 놀이 활동 TIP

• 빨강, 파랑, 주황, 초록 등 모양찍기를 하면 눈에 띄게 나타나는 색깔로 물감의 색을 정할 수 있도록 돕습니다.
• 모양 찍기 놀이 시 모양이 잘 찍힐 수 있는 방법을 이야기 나눈 후 놀이하면 좋습니다.

놀이확장 아이디어

• 모양 찍기 놀이를 한 후 원, 삼각형, 사각형 등의 모양 중 놀잇감과 닮은 도형의 모양을 찾아 분류하는 놀이로 이어갈 수 있습니다.

| 존중 | 공감 | 책임 | 관계 | 문제해결 | 협력 | 공동체성 |

뭐든 스스로 할 수 있어!

놀이 준비물 → 훌라후프, 스스로 그림 카드, 상자

회복적 가치와 놀이 연결하기
- 우리 집과 교실에서 내가 할 수 있는 일을 찾아 스스로 해보는 자신감과 책임의 마음을 기릅니다.
- 스스로 할 수 있는 일을 실천하며 유능감을 키웁니다.

놀이를 시작하기 전에

☑ 스스로 할 수 있는 일을 한 가지 생각해 보고 글자와 그림으로 스스로 할 수 있는 일을 카드 안에 표현합니다(예: 집에서 스스로 할 수 있는 일 카드 / 교실에서 스스로 할 수 있는 일 카드).

☑ 우리가 표현한 스스로 카드를 센터피스로 구성합니다.

▼ 해당 지점의 훌라후프를 통과하는 모습(좌), 신체 동작으로 스스로 하는 일을 표현하는 모습(우)

함께 즐기는 회복적 놀이 방법

1. 동그랗게 모여 앉아 내가 스스로 할 수 있는 일을 토킹피스로 돌아가며 소개합니다.

> 아침 시간 등교 준비를 위해 내가 스스로 하는 일은 어떤 일이 있을까?(예: 집에서 세수
> 하기, 이 닦기, 옷 입기, 이불 정리하기, 가방 매기, 머리 빗기, 로션 바르기 등)
> 교실에서 혼자서도 잘하는 일은 무엇일까?(예: 내 주변 정리정돈, 손 씻기, 사물함 정리,
> 친구들과 선생님께 아침인사하기, 책읽기, 급식 먹기, 화장실 다녀오기 등)

2. 친구들이 소개한 스스로 할 수 있는 일(집, 교실) 카드를 한 상자 안에 넣고 섞습니다.
3. 출발지점에서 통과할 훌라후프 2개의 중앙에 집, 교실 그림을 각각 붙인 후 두 명씩 짝지어 훌라후프 양옆을 잡아 세웁니다.
4. 상자에서 카드를 뽑은 친구가 스스로 카드의 그림(집인지 교실인지)을 확인한 후 해당되는 출발지점의 훌라후프를 통과합니다.
5. 훌라후프를 통과한 후 신체동작으로만 스스로 하는 일을 표현합니다.
6. 서클에 앉아 있는 나머지 친구들은 스스로 하는 일 동작을 보고 알아맞힙니다.

 회복적 생활교육을 위한 놀이 활동 TIP

- 스스로 해야 할 일을 동작으로 미리 표현해 보고 게임을 진행하면 참여도가 높아집니다.
- 스스로 하는 일 카드를 그림으로 표현하게 하거나 소개하는 내용을 그림카드로 준비해 주고 활동을 진행해도 좋습니다.

놀이확장 아이디어

- 일과를 동작으로 표현하여 알아맞혀 보는 게임으로 이어갈 수 있습니다.

존중　**공감**　**책임**　관계　문제해결　협력　**공동체성**

날려라! 속상다트

놀이 준비물 → 종이컵, '이것만 고쳐주세요'(가정 연계 조사지), 인터뷰 영상, 빨대, 투명시트지, 네임펜, 속상한 표정의 부모님 얼굴 그림

회복적 가치와 놀이 연결하기

- 내가 가장 속상했던 순간을 떠올려 보고 속상한 감정의 느낌을 알아봅니다.
- 부모님을 속상하게 했던 일을 생각해 보고 부모님의 생각과 내 생각이 어떤 점에서 같거나 다른지 알아봅니다.
- 속상함을 날리는 방법으로 내 행동의 변화가 필요함을 알고, 바른 행동을 실천하려는 책임의 마음을 놀이로 경험합니다.

> ### 놀이를 시작하기 전에
>
> ☑ 사전에 가정에 '이것만 고쳐주세요' 활동을 안내하여 부모님을 속상하게 하는 일을 조사해온 조사지를 센터피스로 구성합니다.
> ☑ 내가 생각한 부모님을 속상하게 하는 일 인터뷰 영상을 준비합니다.

▼ 고치고 싶은 행동으로 세운 속상탑(우), 다트로 탑을 쓰러뜨리는 모습(우)

198

함께 즐기는 회복적 놀이 방법

1. 내가 생각한 부모님을 속상하게 하는 일과 부모님이 생각하신 내용이 같은지 비교해 봅니다.

 너희가 인터뷰한 영상과 부모님이 보내 주신 조사지의 내용이 같니?

2. 속상한 표정을 짓고 있는 부모님의 표정이 기쁨과 행복으로 바뀔 수 있으려면 어떻게 해야 할지 이야기 나눕니다.

 부모님을 속상하게 하는 나의 잘못된 행동을 고쳐 보기로 하자. 내가 하고 싶은대로가 아니라 다른 사람의 마음을 생각하며 나의 생각을 조절하는 마음을 "절제"라고 해.

3. 라벨지 위에 부모님의 행복을 위해 고치고 싶은 행동을 그림과 글자로 표현해 보고 종이컵에 붙여 속상이 종이컵 인형을 완성합니다.
4. 종이컵으로 속상 미로길을 구성하고, 속상함을 날릴 '절제' 화살 6개를 모아 묶습니다.
5. 고치고 싶은 행동이 그려진 종이컵이 무너지지 않게 속상탑을 쌓아 봅니다.
6. 날려라! 속상다트 게임 방법을 알아봅니다.

날려라! 속상다트
① 고치고 싶은 행동이 포함된 속상탑 맞은편에 섭니다.
② "절제" 빨대 화살을 들고 속상 미로 종이컵 길로 출발합니다.
③ 속상 미로길을 지나 속상탑 앞에 섭니다.
④ 고치고 싶은 행동이 그려진 속상탑을 골라 절제 화살을 날립니다.
⑤ 속상탑이 모두 무너질 때까지 고치고 싶은 행동이 그려진 종이컵에 반복해서 화살을 날립니다.

 회복적 생활교육을 위한 놀이 활동 TIP

- 종이컵으로 속상길을 구성할 때 처음에는 직진 길, 길이 익숙해지면 난도를 올려 구불구불하고 장애물이 있는 속상길로 구성합니다.
- 빨대화살의 안전한 놀이법을 미리 이야기 나누어 안전하게 놀이합니다.
- 부모님의 속상한 마음을 풀어 드리기 위해 고쳐야 할 나의 잘못된 습관을 인식하고 마음을 조절하여 행동을 변화시켜야 함을 놀이를 통해 경험합니다.

놀이확장 아이디어

- 다양한 감정탑을 쌓아 주먹으로 발차기로 무너뜨리는 놀이를 하여 유능감과 카타르시스를 느낄 수 있도록 신나게 놀이합니다.

모두 제자리로!

놀이 준비물 → 놀이바구니, 놀잇감

회복적 가치와 놀이 연결하기

- 우리 반에 어떤 놀잇감이 있는지 알아보고, 놀이 후 제자리에 정리하는 책임의
  자세를 배웁니다.
- 신체의 움직임을 조절하며 게임에 적극적으로 참여합니다.
- 정리의 필요성을 게임으로 경험하며 정리정돈하는 습관을 길러갑니다.

놀이를 시작하기 전에

☑ 뾰족한 길, 쭉 뻗은 길, 계단처럼 네모난 길을 종이테이프로 붙여 게임길로 구성하여 걸어 봅니다.

☑ 평소에 정리에 어려움을 겪는 놀잇감을 모아 센터피스로 구성합니다.

▼ 다양한 길 앞에 서 있는 모습(좌), 저마다 도착한 곳에 있는 놀잇감을 정리바구니에 정리하는 모습(우)

함께 즐기는 회복적 놀이 방법

1. 평소 정리하기 어려웠던 놀잇감을 가져와 모아 봅니다.
2. 놀잇감과 정리바구니를 구분하여 책상 위에 따로 올려놓습니다.
3. 세 명이 앞으로 나와 서서 시작 신호를 주면 출발합니다.
4. 삐죽삐죽 세모난 길, 쭉 벋은 길, 계단처럼 네모난 길 등을 따라서 바구니 앞에 도착합니다.
5. 도착한 곳에 있는 정리바구니에 알맞은 놀잇감을 정리하고 내 자리로 돌아옵니다.
6. 정리 게임 후 각 놀이 영역의 제자리에 정리바구니를 놓습니다.
7. 모든 놀잇감이 제자리에 정리된 것을 보고 자기 자신을 칭찬하고, 또 서로를 칭찬해 줍니다.

 자, 우리 함께 한 손은 자기 머리 위에, 또 한 손은 자기 엉덩이 위에 올려놓고 이렇게 칭찬해 보자. "수고했어!" 그리고 친구에게도 서로 말해 주자. "친구야, 수고했어!"

 회복적 생활교육을 위한 놀이 활동 TIP

• 시작신호를 준 후 출발 시 "코끼리 코하고 10번 돌고 출발하기" 등 미션을 넣어 게임을 진행하면 더욱 즐겁게 참여를 유도할 수 있습니다.

놀이확장 아이디어

• 정리할 때 지켜야 할 약속판을 모둠별로 만들어 게시합니다.

존중	공감	책임	관계	문제해결	협력	공동체성

책임꽃이 피었습니다!

놀이 준비물 → 꽃 모양 종이, 투명한 수조, 가족을 위해 할 수 있는 일 그림(동그라미 종이), 물

회복적 가치와 놀이 연결하기

- 가족을 위해 내가 스스로 할 수 있는 일을 알아보고, 나는 가족에게 도움을 주는 소중하고 책임 있는 구성원임을 느낍니다.
- 꽃 모양 종이에 가정에서 실천할 수 있는 일을 그림으로 그려 봅니다.
- 물 위에 놓인 종이꽃이 활짝 피어나는 과학적 경험을 통해 모세관 현상에 대해 알아봅니다.

놀이를 시작하기 전에

☑ 가정 연계로 우리 집에서 내가 가족을 위해 할 수 있는 일을 사전에 알아봅니다.

☑ 가족을 위해 내가 할 수 있는 일을 동그라미 종이 위에 그려본 후 센터피스로 구성합니다.

▼ 가족을 위해 할 수 있는 일이 담긴 종이꽃으로 꾸민 센터피스(좌), 종이꽃을 들고 가족을 위해 할 수 있는 일을 발표하는 모습(우)

함께 즐기는 회복적 놀이 방법

1. 동그랗게 모여 앉아 가족을 위해 내가 할 수 있는 일을 토킹피스로 소개합니다(예: 신발 정리 하기, 안마하기, 빨래개기, 분리수거하기, 숟가락 젓가락 놓기, 식사 후 그릇 개수대에 담그기, 식탁 닦기 등).
2. 종이꽃을 살펴봅니다.

> 여기 종이꽃이 보이니?
> 꽃잎을 접어 보고 활짝 펴기도 해보자.

3. 동그라미 종이 위에 그린 가족을 위해 내가 할 수 있는 일 그림을 종이 꽃 가운데 부분에 붙여 봅니다.
4. 내가 할 수 있는 일 그림이 보이지 않게 꽃잎을 접어 봅니다.
5. 투명한 수조에 물을 받아 종이꽃을 띄워 봅니다.
6. 시간이 지나면서 물이 스며든 종이꽃잎이 활짝 펼쳐지는 과학적 현상을 관찰합니다.
7. 가정에서도 종이꽃 피우기 활동을 할 수 있도록 연계합니다.

회복적 생활교육을 위한 놀이 활동 TIP

- 가정의 달 5월에 가정 연계 활동으로 진행할 경우 긍정적인 생활습관으로 이어질 수 있 습니다.
- 학급 SNS를 통해 우리 반 친구들의 실천을 공유해 봅니다.
- 서로 끌어당기는 힘으로 인해(표면장력) 아래에 고여 있던 물이 종이를 통해 저절로 거꾸 로 스며 올라가는 모세관 현상을 놀이를 통해 경험합니다.

놀이확장 아이디어

- 가정에서 스마트폰 이용 수칙을 정하고 관련된 내용으로 종이꽃 피우기 놀이를 할 수 있 도록 학급 SNS에 안내하여 올바른 스마트폰 이용 수칙을 모세관 현상 실험 놀이로 잘 기억하고 실천해 봅니다.

숲속의 난타연주회

놀이 준비물 → 주방놀이 도구(급식판, 국자, 뒤집개, 포크, 냄비, 컵, 숟가락, 도마, 후라이팬 등), 요리사 모자, 클래식 음원, 〈큰북을 울려라〉 음원, 블루투스 스피커

회복적 가치와 놀이 연결하기

• 숲속의 소리와 주방 도구를 활용한 소리 합주를 통해 어우러진 소리 미학을 경험합니다.
• 우리 반 친구들과 주방 도구로 간단한 소리와 리듬을 만들어 연주해 봅니다.
• 우리 반 친구들이 생각해 낸 여러 가지 방법으로 소리를 만들어 보고 서로 박자를 맞추어 봅니다.

놀이를 시작하기 전에

☑ 〈큰북을 울려라〉 동요를 함께 불러보며 악기연주를 해봅니다.
☑ 놀이 전 난타연주 영상을 미리 감상해 봅니다.

▼ 산책하며 자연의 소리에 귀기울이는 모습(좌), 주방놀이 도구를 두드리며 연주하는 아이들(우)

함께 즐기는 회복적 놀이 방법

1. 근처 숲에 산책가기를 계획해 봅니다.

> 어디로 산책을 가면 좋을까? 산책가서 해보고 싶은 놀이가 있니?
> 산책하러 자연으로 나가면 무슨 소리가 들리지?
> 산책을 하며 들리는 새소리, 바람소리, 물소리를 들으면 어떤 마음이 드니?

2. 산책을 위해 떠난 숲 길에서 우리 반 친구들과 난타연주를 하기로 합니다.

> 지난번에 우리가 감상한 난타연주를 숲속에서 한다면 어떤 느낌일까?
> 새소리, 물소리, 바람소리와 함께 우리의 연주 소리가 어떻게 들릴까?
> 산책하기 전 내가 연주하고 싶은 주방놀이 도구를 역할 영역에서 골라 보자.
> 급식실의 조리 도구도 연주악기로 사용해 보자.

3. 산책길에서 연주회 장소를 정하고 함께 모여 주방놀이 도구를 탐색합니다.
4. 친구가 만드는 박자(예: -따따 따따따 / -따 따 따 따 딴딴 / -딴 딴딴딴 따 / -딴딴 딴딴 따 다다단따 따)를 따라 쳐봅니다.
5. 준비한 음원의 리듬, 세기에 맞추어 합주해 봅니다(예: 작게, 세게, 강하게, 부드럽게, 약하게, 빠르게, 느리게 등).
6. 숲속 난타연주회 영상을 촬영하여 교실로 돌아와 감상합니다.

 회복적 생활교육을 위한 놀이 활동 TIP

- 주방 도구를 너무 세게 두드리면 부러질 수도 있고 그로 인해 다칠 수도 있으므로, 힘을 조절하여 적당한 힘으로 두드리고 친구와 함께 돌아가며 악기로 사용해 보도록 합니다.
- 박자 놀이를 충분히 즐길 수 있는 기회를 준 후에 연주회를 열어 봅니다(클래식 음원, 평소에 즐겨 부르는 동요(곡의 길이가 짧은) 등 여러 곡으로 연주회를 엽니다).

놀이확장 아이디어

- 주방놀이 도구 이름과 특징을 알아보는 주방놀이 도구책을 만들어 봅니다.
- 가져간 주방놀이 도구로 숲에서 요리하기, 밥상 차리기 놀이로 이어갈 수 있습니다.

존중 　공감 　**책임** 　관계 　문제해결 　협력 　**공동체성**

책임인사 사방치기

놀이 준비물 → 인사말 카드, 원마커, 사방치기판, 인사말 주사위(안녕 / 고마워 /
미안해 각각 2면씩)

회복적 가치와 놀이 연결하기
- 바르고 책임 있게 인사하는 방법(안녕, 고마워, 미안해 등)을 알고 적절한 상황
  에 맞게 인사합니다.
- 상황에 따라 필요한 인사법을 알고, 적절한 인사말로 표현합니다.
- 게임의 방법을 알아보고 규칙에 따라 즐겁게 참여합니다.

놀이를 시작하기 전에

☑ 안녕, 고마워, 미안해 인사말 카드를 완성하고 센터피스로 구성합니다(예: 안녕, 고마워, 미안
해 글자를 적은 글자카드를 만들어 놓습니다).

▼ 인사말을 주제로 꾸민 센터피스(좌), 인사말 주사위를 던져 사방치기하는 모습(우)

함께 즐기는 회복적 놀이 방법

1. 동그랗게 모여 앉아 토킹피스로 안녕, 고마워, 미안해 인사말 중 하나를 골라 말해 봅니다.

 토킹피스로 인사를 해볼 거야. 그런데 안녕, 고마워, 미안해 인사 중 하나만 선택할 수 있 단다. 그 인사를 할 때 인사에 맞는 표정도 함께 지으며 인사를 돌아가며 나눠 보자.

2. 원마커와 책임인사말 카드를 활용하여 사방치기판을 만들어 봅니다.

사방치기판 만들기

① 원마커 위에 책임인사말 카드(안녕, 고마워, 미안해)를 붙입니다.
② 사방치기판에 인사말 카드가 부착된 원마커를 각각 올려놓습니다.
③ 주사위에도 같은 인사말 카드를 부착하여 책임인사 주사위를 만듭니다.

3. 책임인사(안녕, 고마워, 미안해) 사방치기 방법을 알아봅니다.

책임인사 사방치기

① 사방치기 숫자칸에 책임인사말 카드를 올려놓고, 순서를 정해 책임인사 주사위를 던집니다.
② 주사위의 인사말을 확인하고, 같은 인사말 카드가 놓인 사방치기 숫자칸에 콩주머니를 던진 후, 해당 칸의 옆 칸(가장 가까운 칸)까지 선을 밟지 않고 한 발 또는 두 발로 이동 한 뒤, 그 자리에서 인사말에 어울리는 동작과 함께 인사합니다.
③ 사방치기판 끝까지 이동한 후 같은 이동 방법으로 되돌아오는데, 이때 던져 둔 콩주머 니를 주우며 인사말을 한 번 더 하고 제자리로 돌아옵니다.

 회복적 생활교육을 위한 놀이 활동 TIP

- 책임인사(안녕, 미안해, 고마워 인사) 글자카드는 테두리 글자로 제공하여 글자를 따라 써 볼 수 있도록 지원하고 그림도 함께 표현하도록 합니다.
- 글자 쓰기에 어려움이 있는 아이들에게는 안녕, 미안해, 고마워 글자카드의 상황 그림을 교 사가 제공합니다.
- 상황에 따른 인사법에 대한 이야기 나누기를 사전에 한 후 놀이를 진행합니다.

놀이확장 아이디어

- 안녕, 고마워, 미안해 인사책을 반 친구들과 함께 만들어 봅니다.
- 어른을 만났을 때, 헤어질 때, 실수했을 때 등 다양한 상황에 따른 인사말을 알아봅니다.

존중	공감	**책임**	관계	문제해결	협력	공동체성

다친 동물을 도와줘요!

놀이 준비물 → 들것(광목천, 나무막대4개), 동물병원 그림, 동물인형, 붕대, 책상,
의자, 삐뽀삐뽀 사이렌 소리

회복적 가치와 놀이 연결하기

• 다쳐서 도움이 필요한 동물에게 도움을 주는 방법을 알고 실천해 봅니다.
• 규칙을 지켜 다친 동물 도와주기 게임에 즐겁게 참여합니다.
• 동물을 사랑하고 보살피는 책임의 마음을 가집니다.

놀이를 시작하기 전에

☑ 다친 동물에게 필요한 주사, 청진기 등 병원 놀잇감을 센터피스로 구성합니다.

▼ 동물병원을 주제로 꾸민 센터피스(좌), 다친 동물 인형을 들것에 태워 동물병원으로 옮기는 모습(우)

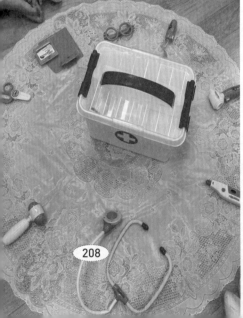

함께 즐기는 회복적 놀이 방법

1. 책상과 의자에 동물병원 그림과 수의사 그림을 부착하여 동물병원으로 구성합니다.
2. 다친 동물 도와주기 게임의 자료를 탐색해 봅니다.

> 들것, 동물인형(다리에 붕대가 감아둔다)이 보이니?
> (들것을 보며) 아픈 동물들을 치료하기 위해 안전하게 병원으로 데려다줄 수 있는 방법은 무엇일까?
> 들것은 아픈 사람, 동물을 눕혀서 병원까지 데려다줄 때 사용하는 거야.

3. 2명의 유아(학생)가 나와 앞뒤로 들것을 들고 동물 인형을 실어 보는 시범을 보입니다.
4. 다친 동물 도와줘요! 게임을 해봅니다.

다친 동물을 도와줘요!

① 2명씩 나와서 들것에 다친 동물을 싣고 조심스럽게 들것을 들고 출발선 앞에 섭니다.
② 삐뽀삐뽀 사이렌 소리를 듣고 출발합니다.
③ 들것을 들고 동물병원까지 다친동물을 실어 주고 동물병원 반환점을 돌고 돌아옵니다.
④ 순서대로 게임을 한 뒤 게임 약속을 잘 지켰는지 평가합니다.

> 다친 동물을 병원에 데려다주어 도움을 준 마음은 어떠니?

회복적 생활교육을 위한 놀이 활동 TIP

- 안전하게 이동하여 동물을 잘 데려다주었는지, 동물을 잘 실어서 데려다주려면 친구와 어떻게 들것을 들고 움직여야 했는지 등 이야기를 나누며, 배려와 책임의 마음을 가질 수 있도록 상호작용합니다.

놀이확장 아이디어

- 다친 동물을 치료할 때 필요한 놀이 자료를 준비하고 원하는 역할을 맡아 아픈 동물을 돌보고 치료해 주는 동물병원 놀이를 이어갑니다.

존중 | 공감 | **책임** | 관계 | **문제해결** | **협력** | 공동체성

알로 재미있게 놀아요!

놀이 준비물 → 다양한 알(메추리알, 달걀, 타조알 등), 스카프, 수정토, 다양한 모양의 그릇과 도구, 풍선, 유성매직, 투명보틀

회복적 가치와 놀이 연결하기

- 알로 놀이하며 다양한 크기와 모양의 알이 있음을 알고, 공동체 놀이에 참여합니다.
- 친구들과 알로 즐길 수 있는 놀이를 참여하며 놀이 약속을 이해합니다.

놀이를 시작하기 전에

☑ 메추리알, 닭알(계란), 타조알 등 다양한 종류의 알을 센터피스로 구성합니다.

 얘들아, 이건 뭘까? 이건 크기는 서로 다르지만 모두 동그란 모양이야. 그리고 이 안에서 생명이 자라고, 시간이 지나면 스스로 깨지기도 해!

▼ 다양한 크기와 모양의 알로 구성한 센터피스(좌), 둥지로 알을 옮기기 위해 전달하는 모습(우)

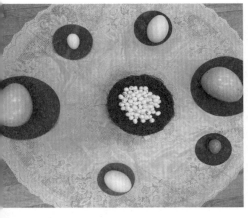

1. 둥그렇게 모여 앉아 다양한 종류의 알을 탐색해 봅니다.
2. 다양한 알 놀이 방법을 알아봅니다.

살랑살랑 춤추는 알 놀이

① 친구와 스카프를 펼쳐 양 끝을 잡습니다.

② 스카프 위에 알을 올린 채, 음악에 맞추어 살랑살랑 춤을 춥니다.

친구에게 알 굴리기 놀이

① 둥글게 모여 앉아, 친구 이름과 사랑해를 외치며 알을 굴립니다.

② 모두에게 빠짐없이 돌아가도록 굴립니다.

알을 지켜라 놀이

① 우리가 지켜 줄 알을 소개한 후, 두 팀으로 나눠 일렬로 앉습니다.

② 양손을 머리 위로 올린 후 알을 잡아 다음 친구에게 전달합니다.

③ 먼저 둥지에 알을 소중히 올리면 승리!

개구리알(수정토) 놀이

① 수정토(개구리알)를 투명 컵에 담고, 물을 부어 4~5시간 불린 후 다양한 컵과 그릇에 다양한 도구로 옮겨 담습니다.

② 움직이는 개구리알 놀이: 알(수정토)이 담긴 투명보틀에 발포비타민을 떨어뜨린 후 개구리알의 움직임 관찰하기.

③ 개구리알 대포 놀이: 알(수정토)이 담긴 일회용 물병 입구에 풍선을 끼운 후 물병을 거꾸로 돌려 빈 풍선에 알을 채워 풍선 가운데를 누르면 개구리알 대포 발사!

④ 대포놀이 후 개구리알로 채운 풍선을 묶어 촉감놀이하기

⑤ 개구리알이 담긴 풍선에 다양한 표정을 그린 후, 만질 때마다 달라지는 표정 변화 관찰하기.

회복적 생활교육을 위한 놀이 활동 TIP

• 알을 활용한 놀이에 참여하며 알의 특징을 이해합니다.

• 알이 깨지지 않도록 소중히 다루어 놀이하며 섬세함과 배려심을 키웁니다.

놀이확장 아이디어

• 여러 가지 모양과 크기의 알로 수 세기, 순서 짓기, 패턴 놀이 등의 수학 놀이로 확장하여 수학적 사고를 키울 수 있습니다.

• 가정에서 알을 활용한 요리 활동 후 친구들에게 소개할 수 있습니다.

• 가정에서 알의 부화 과정을 조사해 오도록 한 후, 이를 친구들에게 발표하며 과학적 호기심을 풀 수 있습니다.

놀이로 회복적 가치와
배움을 연결해요!

아이들의 놀이가 재미 추구를 넘어, 의미 있는 배움으로 이어지도록 돕는 것은 교사의 중요한 역할입니다. 교사는 아이들의 놀이를 조망하며 내적 동기에서 발현되는 자발적 놀이, 아이의 생각과 선택에 영향을 주는 안내된 놀이, 교사의 의도가 구체적으로 전달되는 지시적 놀이가 반 아이들의 흥미와 발달 수준, 문화에 따라 균형 있게 이루어지도록 해야 합니다(순진이 외, 2018). 그래서 5장은 앞서 소개한 회복적 가치를 의미 있는 배움으로 연결시킨 놀이들을 소개하려 합니다. 생활교육과 함께 감정, 문해, 수학, 과학, 예술 등 배움을 키워가는 아이들의 모습을 만날 수 있습니다. 또한 생성형 인공지능과 함께 점점 더 예측하기 어려운 불확실한 시대를 살아갈 아이들에게 필요한 역량을 키우는 미래교육 놀이들도 담았습니다.

5장

의미 있는 배움
연결하기

놀이를 통해 회복적 가치를 배움과 연결하는 것은 중요합니다. 따라서 놀이를 매개로 회복적 가치와 배움을 내면화할 수 있도록 안내하고 지원하는 교사의 역할이 더욱 강조됩니다. 유아와 초등학교 저학년 시기의 아이들은 사회적 존재로서의 나, 그리고 나와 관계를 맺고 있는 친구의 존재에 대해 더 알고 싶어 합니다. 자기 생각과 느낌 등도 점점 더 자유롭게 표현하기 시작하지요. 그러다 보니 친구들의 평가에도 민감해지기 시작합니다. 사회관계의 기초가 되는 생활습관이 형성되는 시기이기도 하지요. 교실에서 함께 생활하며 소속감을 느끼고 공동체 안에서 나의 존재를 인식하기도 합니다. 사신의 흥미와 관심에 따라 선택하고, 선택한 것에 책임을 지는 것이 무엇인지 알아갑니다. 또한 주변의 사물을 분류하고 하루 일과 속에서 순서를 지키며 전체와 부분의 관계를 이해하고 수량을 이해하는 기초적 사고력이 발달하기 시작하죠. 기초개념이 하나둘 쌓이면서 이를 바탕으로 자유로운 상상이 가능해져 다양한 상황에서 역할놀이도 즐길 수 있게 됩니다. 그 과정에서 갈등도 생겨나고, 나름대로 갈등 해결을 위한 노력도 합니다. 이 모든 과정에서 아이들 저마다의 개별성을 온전히 이해하고 친구와 비교하지 않으며, 고유한 존재로 인정해 주는 것이 필요합니다. 아이들을 그 자체로 존중하여 그 나름의 가능성, 잠재 능력이 최대한 발현될 수 있도록 지원해야 하죠.

놀이로 배움을 이어가며 아이들 저마다의 유능감을 발휘하고 건강하게 자기를 표현하는 과정을 통해 나와 너, 우리의 관계를 맺어가고 서로의 지식을 공유하며 놀이를 확장하려는 노력을 관찰과 기록으로 이어갔습니다. 관찰 현장에서 마주하는 아이들은 다양한 어려움을 호소합니다. 예컨대 자신의 생각을 말로 표현하는 것에 어려움을 느끼는 아이, 자유놀이 시간에 심심하다며 선생님만 졸졸 쫓아다니는 아이, 단순하고 단편적 놀이만 반복하여 놀이 확장에 어려움을 느끼는 아이, 놀이 중 갈등을 만나면 던지고, 때리는 방법으로 해결하려는 아이 등을 쉽게 만나게 됩니다. 이런 모습을 보면 다음과 같은 의문이 들기도 합니다.

- 자발적이고 발현적인 놀이와 배움의 연계가 자연스럽게 일어나는가?
- 아이들은 놀이에서 스스로 유능감을 발휘하는 존재인가?
- 지식의 공유와 놀이의 확장이 순환적으로 일어나는가?
- 함께 구성하는 지식의 공동 구성이 일어나고 있는가?

아마 현실적으로 쉽게 답하기 어려울 것입니다. 여기에 어릴 때부터 학업성취를 중요시하는 문화적 압박에 따른 부모의 불안은 학습에 대한 강요로 치우치기 일쑤다 보니, 정작 이 시기에 반드시 길러져야 하는 올바른 태도, 습관, 가치관에 부정적인 영향을 미치기도 합니다. 따라서 교육기관에서 이루어지는 다양한 교육 활동에 대한 지원과 지지를 이끌어내기 위해 교사들은 학부모의 불안을 신뢰로 전환해야 하는 실제적 노력을 실천해야 합니다. 교육 전문가인 우리는 글자를 잘 쓰고 수를 더하고 빼는 등의 기능적인 학습보다 자기 생각을 표현하고 글의 의미를 이해하며 생활 속의 문제를 수·과학적 사고로 탐구하고 해결해 나가는 태도를 기르는 것이 더 중요함을 학부모에게 알려주고, 아이들의 학습에 가장 적절한 방식인 놀이의 가치도 공유해야 합니다. 그에 대한 해답이 바로 놀이와 배움의 의미 연결이며, 마지막 장에서 제안하려는 놀이들입니다. 회복적 가치를 기반으로 감정, 문해, 수학, 예술, 과학, 미래로 펼치는 놀이들은 아이들이 안전하고 평화로운 교실을 함께 세워가도록 힘을 길러줍니다. 나아가 아이들 저마다 의미 있는 배움과 회복적 가치를 동시에 내면화하게 될 것입니다.

알쏭달쏭 내 마음,
어떻게 표현하면 좋을까요?

감정 놀이로 펼치는 회복적 생활교육은?

함께 놀이하며 느끼게 되는 다양한 나의 감정을 솔직하지만, 정중하게 표현하는 방법을 배우고 알아가게 될 것입니다. 또한 나의 감정뿐만 아니라 친구의 감정도 존중하며 공감하게 될 것입니다.

01

감정

놀이

어른들도 감정을 표현하는 방식이나 강도 등에 있어 각자의 성향에 따라 차이를 보입니다. 누군가와의 갈등으로 불편한 감정이 들었을 때, 감정을 조절하며 대화로 차분히 풀어가는 사람이 있는 반면에 감정을 주체하지 못해 마구 폭발시켜 사소한 갈등도 매번 큰 싸움으로 번지게 하는 사람도 있지요. 아이들도 마찬가지입니다. 똑같은 감정을 느껴도 좀 더 거칠고 사납게 폭발시키는 아이들이 있습니다. 불편한 감정을 마치 폭풍우가 휘몰아치는 것처럼 표현하죠. 여러분의 교실에도 자신의 감정을 제대로 조절하지 못하거나 표현 방법이 서툴러 곤란을 겪는 아이들이 있을 것입니다. 화가 나거나 슬플 때, 무조건 '짜증나!'라고 외치거나 물건을 던지는 등의 공격적 행동을 보이는데, 이것은 감정을 어떻게 다루어야 하는지 잘 모르기 때문에 나타나는 행동입니다.

아이들이 이처럼 거센 감정의 바람을 일으킬 때가 교사의 지도가 가장 필요한 순간이지만, 역설적이게도 교사로서 가장 무기력함을 느끼는 순간이기도 합니다. 이때 슈퍼맨처럼 아이들의 마음을 짠하고 변화시키는 초능력이 있다면 얼마나 좋을까요. 비록 초능력은 없지만, 우리에게는 감정의 변화를 이끌어낼 수 있는 능력이 있습니다. 바로 따뜻하게 마주 잡은 손과 서로를 바라보는 눈, 너와 함께하겠다는 입술의 말과 함께 감정을 가라앉히도록 기다려주고, 나아가 앞으로 어떻게 할 것인지 함께 모여서 해결책을 찾는 과정을 나누는 것, 즉 회복으로 나아가는 노력을 함께 하는 것이지요. 또 자신의 분노가 친구들, 교실 전체에 어떤 영향을 미치는지를 아이 스스로 깨닫게 하는 것이 중요합니다. 회복은 문제행동을 용인한다는 뜻은 아니니까요. 친절하지만 단호한 어조로 꾸준히 전달할 필요가 있습니다.

소리치는 것을 멈춰야 네 이야기를 들어줄 수 있어. 친구들과 선생님이 지금 많이 불편하단다. 친구들의 몸과 마음이 다치지 않도록 지금 하는 행동을 멈춰야 해.

물론 한 번에 달라지는 기적은 기대하기 어렵지만, 따뜻한 분위기 속에서 꾸준히 문제행동에 대한 영향과 그로 인한 불편함이 전달되고, 감정을 다스리는 상황이 반복될수록 문제행동의 횟수와 강도는 눈에 띄게 줄어듭니다. 그렇게 느낀 따뜻함은 신뢰로 쌓여가며 우리 반 친구들, 우리 선생님과 함께인 교실은 누구든 있는 그대로 받아들여지는 안전한 공간이 됩니다.

요즘 들어 더더욱 아이들이 가정에서 대화를 통해 감정을 표현하는 법을 배울 기회가 많이 줄어든 것 같습니다. 따라서 다양한 감정을 매개로 교실에서 또래와 놀이하는 경험은 더욱 중요해졌습니다. 친구와 어울려 놀이하며 그 안에서 다양한 감정을 직면해 보는 기회를 통해 마음을 조절하고, 긍정적인 표현을 끌어내며, 부정적인 욕구를 해소하고, 표현의 자유로움도 느끼게 됩니다. 또한 놀이 안에서 서로 신뢰를 주고받는 끈끈한 관계로 나아갈 수 있습니다. 때때로 의견 충돌로 갈등이 생겼을 때, 마음을 조절하고 더 나아가 친구를 배려하고 세워 주며 힘들어하는 친구에게 도움을 줄 수 있는 관계로 발전할 수 있도록 친구들과 함께하는 공동체 놀이 기회가 많아져야 합니다. 감정 표현이 서툴러 관계의 문제를 겪고 있는 아이들이 놀이로 관계의 단절을 관계의 연결됨으로 전환하는 노력을 시작한다면 서로의 생각을 나누며 더욱 친밀하고 단단한 관계로 나아갈 수 있을 것입니다. 자, 지금부터 감정 놀이들을 만나 봅시다!

존중 | 공감 | 책임 | 관계 | 문제해결 | 협력 | 공동체성

반짝반짝, 내 마음 물병

놀이 준비물 → 텀블러, 물, 반짝이가루

회복적 가치와 배움 연결하기

- 내 마음 물병을 꾸미며 내 마음속 여러 가지 감정을 알아봅니다.
- 놀이를 통해 내 마음속 여러 가지 감정을 인식하고 적절하게 표현해 봅니다.
- 내 마음의 수많은 감정 중 부정적인 감정을 긍정적으로 전환할 수 있도록 감정을 조절해 보는 연습을 해봅니다.

놀이를 시작하기 전에

☑ 얼굴표정이 나타난 감정카드로 패턴을 만들어 센터피스로 구성합니다(화남, 두려움, 무서움, 슬픔, 짜증남, 억울함 등).

☑ 동그랗게 모여 앉아 돌아가며 토킹피스로 힘들었던 감정을 소개합니다

 엄마한테 혼이 났을 때 화가 나요.

아빠에게 혼이 나면 슬퍼요.

 천둥번개가 치던 날 두려웠어요.

동생이랑 싸웠을 때 짜증났어요.

 밤에 잠자려고 방에서 불을 껐을 때 무서웠어요.

친구와 싸웠을 때 억울한 마음이 들었어요.

▼ 마음 물병에 담은 다양한 감정들(좌), 마음 물병을 흔들어 쏟아지는 보석을 바라보는 아이들(우)

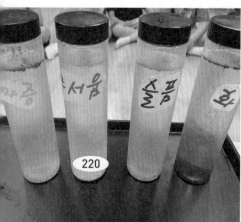

함께 즐기는 회복적 놀이 방법

1. 내 마음 물병 만들기를 알아보고, 마음을 어떻게 표현할지 서로 이야기 나눕니다.
2. 내 마음과 어울리는 색깔의 반짝이 가루를 넣고, 선택한 색깔의 반짝이가 가라앉을 때까지 기다립니다.
3. 반짝이가 가라앉는 동안 물병을 고요하고 잔잔한 내 마음에 비유하고 살펴봅니다.
4. 화, 짜증, 슬픔, 두려움 등 불편한 감정을 떠올리며 내 마음 물병을 흔들어 봅니다.

 화: 내 마음은 고요하고 잔잔했어. 그런데 갑자기 동생이 나에게 와 소리를 악!!지르며 화를 냈어. 내 마음은 요동쳤어. 부글부글 끓는 것 같기도 하고 유리창이 쨍그랑 깨지는 것 같기도 하고 블록이 와르르 무너지는 것 같기도 했어. 그리고 왕 대포가 펑 터지는 것 같기도 했고 커다란 불이 내 마음에 확 달려드는 것 같이 뜨겁기도 했어.
자, 이 이야기로 내 마음을 떠올리며, 물병을 화(짜증, 슬픔, 무서움)가 났던 만큼 아래, 위로, 옆으로 흔들어 보자.

5. 물병 안에서 마구 쏟아지는 반짝이 보석들을 보며 요동치는 내 마음을 관찰해 봅니다.
6. 물병 속 반짝이 보석(분노, 짜증, 슬픔, 두려움)들이 가라앉을 때까지 내 안의 부정적인 감정이 밖으로 나가도록 들숨날숨으로 길게 호흡하며 마음을 조절합니다.
7. 흔들고 가라앉는 것을 관찰하며 감정을 조절하는 호흡을 반복적으로 해봅니다.

 내 마음에서 반짝이 보석은 사라지지 않아. 가라앉는 것을 관찰해 보자.
내 마음은 내가 조절할 수 있단다.

8. 화, 짜증, 슬픔, 무서울 때 내 마음 물병을 보며 마음을 조절하기로 합니다.

 화가 났을 때 잘 보이지 않는 것들을 가라앉히고 나면 잘 볼 수 있어요.

 회복적 생활교육을 위한 놀이 활동 TIP

- 반짝이 보석 가루의 색은 나의 마음 상태에 따라 직접 선택할 수 있도록 합니다.
- 뚜껑이 열려 새지 않도록 마개를 테이핑으로 잘 막아줍니다.

놀이확장 아이디어

- 검정 도화지에 목공풀을 면봉으로 찍어 내 마음의 모양을 그린 후 반짝이 가루를 뿌려 반짝이는 내 마음을 표현합니다.

02

기쁨공과 함께라면

놀이 준비물 → 탱탱볼(대, 소), 보자기, 손거울, 표정공, 홀라후프, 라벨지(표정을 그려 넣은)

회복적 가치와 배움 연결하기

- 기쁨의 순간을 떠올려 친구들과 함께 여러 가지 소리와 방법으로 웃어 봅니다.
- 기쁨공에 표정을 그려 넣어 기쁨의 감정을 공의 움직임(튀기기, 굴리기, 주고받기, 위로 던졌다 받기 등)으로 자유롭게 표현해 봅니다.
- 기쁨의 보자기 위에서 기쁨공의 움직임과 함께 하하하, 호호호, 껄껄껄, 음하하하 등 다양한 웃음소리를 내며 기쁨이 전이되는 행복한 순간을 놀이로 경험해 봅니다.

놀이를 시작하기 전에

☑ 가장 기쁠 때의 표정을 거울로 관찰해 보고, 거울 토킹피스가 돌아갈 때 가장 기쁜 표정을 지으며 다음 순서의 친구에게 토킹피스(손거울)를 건네줍니다.

▼ 기쁨공이 중심에 놓인 센터피스(좌), 미니 농구골대에서 기쁨공을 골인시키는 모습(우)

함께 즐기는 회복적 놀이 방법

1. 두 명씩 짝지어 기쁨 보자기로 기쁨의 파도를 만들어 봅니다(예: 폴짝폴짝 신이 난 파도/ 들썩들썩 행복 춤추는 파도/ 덩실덩실 기쁜 파도 등).
2. 탱탱볼에 기쁜 표정을 그려 넣은 후, 다양한 표정의 공을 센터피스로 구성해 봅니다.

> 기쁨에 찬 얼굴의 눈, 코, 입은 어떤 모습일까? 표정을 그려 넣어 보자.

3. 기쁨공을 활용해 다양하게 놀이해 봅니다.

기쁨공을 활용한 놀이 방법

① 굴러다니는 기쁨

> 둥그랗게 앉아 반대편 친구에게 '하하하' 웃으면서 기쁨공을 굴려 전달해 보자!

② 나누는 기쁨

> 한줄 기차로 앉아 팔을 하늘 위로 쭉 뻗어 기쁨공을 넘겨 보자. 마지막 친구는 '기쁨'을 외치며, 기쁨공을 앞으로 다시 넘겨 줘!

③ 둥실둥실 떠다니는 기쁨

> 기쁨보자기에 기쁨공을 올려 떨어트리지 말고 위아래로 움직여 보자(폴짝폴짝, 들썩들썩, 덩실덩실), 기쁨공이 움직일 때마다 크게 웃어 보자.

④ 기쁨공 슛! 골인

> 미니 농구골대 공 받침대에 기쁨공을 올려놓자. 올려진 기쁨공을 손가락으로 튕겨 골인시키는 거야. 친구와 순서를 지켜 시원하게 기쁨공을 골인시키자.

 회복적 생활교육을 위한 놀이 활동 TIP

- 기쁨공을 다양하게 움직여 보며 기쁨은 나눌수록 커진다는 것을 놀이로 경험합니다.

놀이확장 아이디어

- 축구골대에 기쁨공을 팡팡 차 보며 기쁨을 표현하는 놀이를 이어갈 수 있습니다.
- 기쁨공을 여러 가지 방법으로 움직여 보며 기쁨의 움직임을 그림으로 표현해 봅니다.

찐득찐득, 짜증이란…

놀이 준비물 → 포스트잇, 밀가루 반죽, 그림책《짜증난 곰을 달래는 법》(키득키득, 2010), 신나는 배경음악(블루투스 스피커)

회복적 가치와 배움 연결하기

• 짜증 나는 순간을 떠올려 보고 친구들과 함께 이야기 나누며 짜증의 감정을 표현해 봅니다.

• 신나는 음악에 맞춰 몸을 흔들며 내 몸에 붙은 짜증을 떨쳐내 봅니다.

• 짜증을 색깔로 표현해 보고 찐득거리는 짜증의 느낌을 짜증공 던지기로 떨칩니다.

놀이를 시작하기 전에

☑ 《짜증난 곰을 달래는 법》 그림책 제목에서 두 글자를 가리고 그림책 표지에 나온 "곰"의 얼굴 표정을 보고 짜증의 느낌을 포스트잇에 그린 후 센터피스로 구성합니다.

☑ 함께 그림책을 읽습니다.

▼ 짜증 포스트잇을 몸에 붙이고 짜증스러운 표정을 지어 보는 아이들(좌), 몸에 붙인 짜증이 떨어져 나가도록 신나는 음악에 맞춰 몸을 흔드는 모습(우)

224

함께 즐기는 회복적 놀이 방법

1. 그림책으로 짜증의 감정에 대해 알아본 후 동그랗게 모여 앉아 끈적끈적 찰싹찰싹 붙어 있는 짜증의 느낌을 슬라임 놀이로 느껴 봅니다. 예컨대 슬라임을 길게 늘어뜨리고 주물주물 만져 보며 끈적끈적하고 찰싹 붙어 있는 짜증의 느낌을 경험해 봅니다.
2. 짜증 포스트잇 10장을 나누어 가집니다.

 짜증을 나눠줄 거야. 이 짜증은 끈적끈적 철썩 우리에게 달라붙을 거야.

3. 자리에서 일어나 〈그대로 멈춰라〉 노래를 부르다가 멈출 때 만난 친구에게 짜증 포스트잇 하나를 붙여 줍니다. 그리고 포스트잇이 사라질 때까지 친구를 만나 더덕더덕 붙입니다.
4. 친구가 붙여 준 짜증이 없어질 때까지 몸을 흔들어 달라붙은 짜증을 떨쳐 냅니다.

 음악이 나오는 동안 몸을 흔들어서 내 몸에 붙어 있는 짜증을 떨쳐 버리자.

5. 바닥에 떨어진 짜증 포스트잇을 외치는 숫자구호에 따라 주워 보고, 모두 사라졌을 때 함께 모아 짜증공으로 만들어 순서대로 앞으로 나와 짜증 동굴 그림에 맞춰 봅니다.

 회복적 생활교육을 위한 놀이 활동 TIP

- 짜증의 이미지를 슬라임의 끈적하고 찰싹 붙는 느낌으로 경험해 보고 짜증을 표현하는 어휘를 사용하여 놀이할 수 있도록 합니다.
- 짜증 포스트잇을 친구에게 붙여 줄 때 얼굴, 상반신에 붙여 주어 몸을 흔들어 떼어 내기 쉽도록 합니다.

놀이확장 아이디어

- 그림책의 주인공인 짜증난 곰을 달랠 수 있었던 방법 '양의 베개'를 미술 놀이로 연계하여 양 그림에 솜으로 꾸며 솜의 부드러운 느낌을 느껴 보며 짜증의 감정을 해소하는 놀이로 이어갈 수 있습니다.
- 짜증이 났을 때 짜증의 감정을 떨쳐내는 나만의 방법을 친구들에게 소개합니다.

짜증은 따끔 선인장

놀이 준비물 → 종이컵, 점토, 스파게티면, 동그란 라벨종이(위로와 공감의 말을 쓸
수 있는), 반짝이 보석스티커, 말하는 선인장(장난감)

회복적 가치와 배움 연결하기

- 자연물 선인장의 특징을 오감으로 관찰하며 여러 가지 감정 중 선인장의 느낌을
  닮은 감정과 연결하여 인식, 표현해 봅니다.
- 따끔따끔, 까칠까칠, 따가운 느낌을 짜증의 감정과 연계하여 인식하고 표현합니다.
- 짜증의 마음을 이겨 내는 힘은 친구가 전해 주는 위로와 공감의 말임을 알고, 서
  로 위로와 공감의 말을 전하는 기회를 가집니다.

놀이를 시작하기 전에

☑ 짜증나는 감정을 표현하는 느낌 단어카드(교사목록, 아이목록)를 만들어 센터피스에 구성합니다
  (예: 하기 싫어, 짜증나, 힘들어, 못해, 안 먹어, 재미없어, 저리 가, 안 해, 싫어, 하지 마 등).

▼ 짜증날 때 나오는 말을 선인장에 녹음하는 모습(좌), 짜증의 모양을 가시로 구현한 다양한 선인장들(우)

함께 즐기는 회복적 놀이 방법

1. 동그랗게 모여 앉아 짜증이 날 때 나오는 말을 말하는 선인장에 녹음하여 들어봅니다.
2. 짜증의 감정과 연결할 수 있는 실제 '선인장'을 오감으로 관찰합니다.
3. 재료를 탐색한 후 내 마음 선인장 만드는 방법을 알아봅니다.

> **내 마음 선인장**
>
> ① 종이컵에 점토를 2/3 채웁니다.
> ② 점토 중간에 나무젓가락을 세웁니다.
> ③ 관찰한 선인장과 비슷한 색깔 점토로 선 인장(내 마음 짜증) 모양을 만듭니다.
> ④ 나무젓가락에 선인장을 꽂아 고정합니다.
> ⑤ 스파게티 면을 잘라 가시를 만듭니다.
> ⑥ 선인장의 몸체에 내 마음을 따끔따끔, 까칠까칠, 뾰족뾰족하게 만드는 짜증을 하나씩 꽂으며 짜증의 감정을 인식합니다.
> ⑦ 짜증 가시 선인장을 완성합니다.

4. 내 마음 선인장을 만들어 봅니다.

 　내 마음의 짜증의 모양을 따끔따끔, 까칠까칠, 뾰족뾰족한 선인장으로 만들어 보자.

5. 모둠별로 앉아 짜증날 때 들으면 위로가 되는 말을 쓰고 종이컵(선인장 화분) 위에 붙입니다.

　짜증이 날 때 들으면 편안해지는 말을 친구에게 해보자.

6. 위로를 주는 말 위에 마음 보석(반짝이 보석스티커)을 붙여서 꾸며 봅니다.

회복적 생활교육을 위한 놀이 활동 TIP

- 선인장의 가시는 빨대를 잘라서 사용해 볼 수도 있습니다.
- 선인장의 가시를 꽂을 때 짜증날 때 하는 말(하기 싫어, 짜증나, 힘들어, 못해, 안 먹어, 재미없어, 저리 가, 안 해, 싫어, 하지 마)을 직접 표현해 보며 짜증이라는 부정적인 감정을 인식해 봅니다. 우리 안의 부정적인 감정도 자연스럽고 당연히 일어나는 감정임을 알 수 있도록 놀이하면서 짜증을 이겨 내는 마음은 공감과 위로하는 말을 통한 것이라는 것을 인식하도록 지원합니다.

놀이확장 아이디어

- 짜증의 감정이 나에게 미치는 영향을 나누고 위로가 되는 말로 전환하는 놀이(위로로 활짝 피는 꽃-위로하는 말 꽃꽂이)로 이어갑니다.

존중　공감　책임　관계　문제해결　협력　공동체성

둥둥둥, 화를 느껴봐!

놀이 준비물 → 모닥불 랜턴, 내 머릿속 그림, 포스트잇, 롤리팝 드럼, 북,
그림책 《화가 둥!둥!둥!》(시공주니어, 2009)

회복적 가치와 배움 연결하기

• 화가 난 순간을 떠올려 친구들과 함께 이야기 나누며 화의 감정을 표현해 봅니다.

• 여러 가지 북을 연주하여 마음이 시원해질 때까지 화를 풀어 봅니다.

• 화가 났을 때 풀지 않고 참으면 내 마음은 어떨지 이야기 나누고, 화가 났을 때 화를
푸는 방법에 대해 알아봅니다.

놀이를 시작하기 전에

☑ 그림책 표지를 모자이크로 가려 하나씩 떼면서 《화가 둥!둥!둥!》 그림책의 표지를 살펴봅니다.

☑ 함께 그림책을 읽습니다.

▼ 북을 치면서 화나는 감정을 표현하는 모습(좌), 화를 주제로 구성한 센터피스(우)

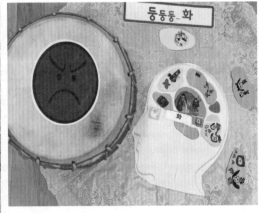

함께 즐기는 회복적 놀이 방법

1. 나는 어떤 때 화가 나는지 모닥불 랜턴을 토킹피스로 건네며 화난 순간에 대해 이야기 나눕니다(예: 친구가 말 안 들을 때/ 아빠 엄마가 내가 사고 싶은 장난감을 안 사주었을 때, 친구가 내가 만든 블록을 쓰러뜨렸을 때 등).

 (화를 표현하는 눈썹 테이프를 얼굴에 붙이며) 화가 난 표정은 어떠니?
화가 난 내 머릿속은 어떻게 생겼을까?
화를 느낀 내 마음은 어떠니?

 얼굴에서 뜨거운 것이 느껴져요. 눈과 입에서 불이 나는 거 같아요.

 둥둥둥 울리는 소리가 들리는 것 같아요.

2. 친구와 나의 화가난 얼굴을 서로 살펴보고 어떤 느낌이 드는지 이야기 나눕니다.
3. 화가났을때 내 머릿속에 있을 것 같은 것을 그림으로 표현해 봅니다.

 나를 화나게 하는 것을 떠올려 그림으로 그려 보자.

4. 머릿속에 있는 화를 없애기 위해 둥둥둥 울리는 화의 마음을 여러 가지 북을 둥둥둥 연주하며 시원해질 때까지 화를 풀어 봅니다.

 회복적 생활교육을 위한 놀이 활동 TIP

- 화의 이미지를 둥둥둥 북을 연주하는 놀이로 경험해 볼 수 있도록 북채를 잡고 북 연주하는 방법을 사전에 이야기 나눕니다.
- 눈썹 테이프를 화가 난 모양으로 붙여봅니다(잘 떼어지도록 검정 부직포 테이프를 활용하면 좋습니다).

놀이확장 아이디어

- 화가 풀릴 수 있도록 신문지 화 격파 놀이를 하며 화에 대한 감정을 해소하는 경험을 해봅니다.

06

존중　공감　책임　관계　문제해결　협력　공동체성

쾅쾅 터지는 화

놀이 준비물 → 썬더드럼, 북, 트라이앵글 등, 불꽃 그림, 클레이, 종이, 페인트 물감,
투명지퍼백, 뿅망치

회복적 가치와 배움 연결하기

- 화의 느낌을 놀이로 경험하고, 화가 난 마음을 긍정적인 방법으로 표현할 수 있습니다.
- 쾅쾅 터질 것 같은 화의 마음을 페인트 물감 놀이로 해소합니다.
- 화나는 마음을 다양한 색깔의 페인트 물감을 터트려 보는 놀이로 표현하며 긍정적인 감정으로 전환해 봅니다.

놀이를 시작하기 전에

☑ 동그랗게 앉아 돌아가면서 화의 감정을 표현할 수 있는 악기를 2~3가지 정도 연주해 봅니다.

> 화가 나서 마음이 쨍그랑 깨지는 소리를 트라이앵글로 챙챙챙 연주해 보자.
> 화가 나서 우르르쾅쾅 터질 것 같은 마음을 썬더드럼으로 연주해 보자.

▼ 클레이로 화를 표현한 아이들(좌), 투명 지퍼백 안의 페인트 물감(화)을 쾅쾅 터뜨린 모습(우)

230

함께 즐기는 회복적 놀이 방법

1. 화가 났을 때의 감정을 그림으로 나타내 보고, 클레이로 화를 표현해 봅니다.
2. 내 마음의 화를 표현한 불꽃 그림 종이를 지퍼백에 넣습니다.
3. 내 화는 무슨 색깔일지 생각해 보고, 어울리는 색깔의 페인트 물감을 선택하여 지퍼백에 넣어 봅니다.

 화는 무슨 색깔일까?
내 화의 색과 어울리는 색을 물감에서 찾아보자.

4. 투명지퍼백 안에 내 화의 여러 색깔(페인트 물감)을 넣어 봅니다.
5. 투명지퍼백의 지퍼를 꾹꾹 눌러 밀봉합니다.
6. 뿅망치를 사용하여 지퍼백 안의 페인트 물감을 터트립니다.
7. 터뜨려진 화를 보고 느낀 점을 이야기 나눕니다.

 회복적 생활교육을 위한 놀이 활동 TIP

• 화를 이미지화하기 위해 색깔로 연상한 후 색카드에 화의 색깔을 칠해 봅니다.
• 뿅망치로 놀이할 때는 뿅망치가 친구를 때리는 도구로 사용되지 않도록 유의합니다.

놀이확장 아이디어

• 부직포 화 그림을 가슴에 목걸이 줄로 매어 '화' 덩어리가 된 후 화(페인트 물감)를 발로 밟아 터트리는 놀이로 이어갈 수 있습니다.

존중 공감 **책임** 관계 문제해결 협력 공동체성

화가 호로록, 화 주머니

놀이 준비물 → 빨간 비닐봉지(화 주머니), 유성매직, 종이, 머리밴드

회복적 가치와 배움 연결하기

- 화가 났던 경험을 떠올리며 다른 친구를 공격하지 않고 마음속 화를 건강하게 풀 수 있는 방법을 놀이로 경험합니다.
- 화 주머니에 나의 화를 가득 담아 흔들며 화를 표현합니다.
- 화를 풀어가는 놀이로 부정적 감정을 건강하게 절제하고, 긍정적인 감정으로 전환합니다.

놀이를 시작하기 전에

☑ 화가 났을 때 외치고 싶은 한 글자 말을 타오르는 불 모양 종이에 적어 봅니다.

☑ 화가 났을 때 외치고 싶은 말을 적은 타오르는 불 모양 종이를 센터피스로 구성합니다.

▼ 화날 때 외치고 싶은 한 글자들로 구성한 센터피스(좌), 버럭이가 되어 화 주머니에 화를 실컷 외치는 모습(우)

232

함께 즐기는 회복적 놀이 방법

1. 화가 났을 때 외치고 싶은 한 글자 말을 친구들과 공유합니다(예: -까 / 악 / 후 / 야 / 끽 등).
2. 화를 내는 아이 그림을 그려 '버럭이'라고 이름 짓고, '버럭이'를 머리 밴드에 부착합니다.
3. 화 주머니(빨강 비닐)를 들고 실외로 나갑니다.
4. 저마다 '버럭이'가 되어 화가 났을 때 외치고 싶은 말을 화 주머니에 대고 실컷 외쳐 봅니다.
5. 마음이 시원해질 때까지 충분히 외쳐 본 후에 화 주머니를 묶습니다.
6. 화 주머니로 화가 호로록 풀리는 놀이를 신나게 해봅니다(예: 하늘에 띄우기/ 발로 뻥차기/ 던지고 받기/ 두드리기 등).

회복적 생활교육을 위한 놀이 활동 TIP

- 화가 났던 경험, 나를 화나게 한 사람을 떠올린 후 화를 표현해 보며 마음속 화를 건강하게 풀어 볼 수 있도록 지원합니다.
- 원이나 학교, 집에서 평소에 할 수 없던 또는 제지당할 만한 행동인 '소리 지르기'를 마음이 시원해질 때까지 해보며 응어리진 화를 놀이로 풀어 나갑니다.
- 나만의 화 풀기 방법을 돌아가며 소개하여 화에 대한 절제와 다른 친구의 화 푸는 비법을 함께 알아봅니다.

놀이확장 아이디어
- 잠자기, 푹신한 인형 끌어안기, 아이스크림이나 사탕 먹기, 비밀친구 인형에게 내가 화난 이유 말해 주기, 종이접기 등 우리 반 친구들이 생각한 화 풀리기 방법을 교실에서 놀이로 경험해 볼 수 있습니다.

존중 | 공감 | 책임 | 관계 | 문제해결 | 협력 | 공동체성

용서의 바람이 불면

놀이 준비물 → 투명부채, 깃털, 돌멩이, 보석스티커

회복적 가치와 배움 연결하기

• 우리 반 친구들이 다 함께 용서 부채로 모아 만든 바람의 힘으로 깃털을 위로 날려 보며 가벼워진 용서의 마음을 느껴 봅니다.

• 누구로부터 상처받거나 속상했던 경험을 돌멩이에 그려 넣고 용서부채로 만든 바람의 힘으로 움직이지 않는 것을 경험하며 용서하지 못했을 때의 마음을 느껴 봅니다.

• 무겁고 어려웠던 마음이 용서로 인해 가벼워지는 마음으로 전환되는 느낌을 놀이로 경험하면서 친구의 실수나 잘못을 이해하는 마음의 힘을 기릅니다.

놀이를 시작하기 전에

☑ 속상했던 일을 떠올려 돌멩이에 그려 넣은 후 센터피스로 구성합니다.

▼ 부채에 용서의 말을 적어 구성한 센터피스(좌), 부채로 용서의 바람을 일으켜 용서깃털을 날리는 모습(우)

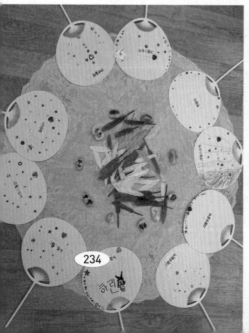

234

함께 즐기는 회복적 놀이 방법

1. 용서의 부채를 소개한 후 부채에 저마다 용서의 말을 씁니다.
2. 용서의 말을 빛내는 의미를 담아 반짝반짝 빛나는 보석스티커로 꾸며 줍니다.
3. 돌멩이, 깃털, 용서의 부채를 탐색한 후 용서의 바람이 불면 놀이 방법을 함께 정합니다.

용서의 바람이 불면

① 센터피스에 구성된 돌멩이 중앙에 깃털을 모아 놓습니다.
② 만약 돌멩이와 깃털이 마음이라면 돌멩이는 용서하기 전 속상하고 무거운 마음, 깃털은 친구의 실수나 잘못도 이해해 주어 가벼워진 용서의 마음으로 정합니다.
③ 돌멩이와 깃털의 센터피스를 동그랗게 둘러싼 후 자리에 앉아 반짝반짝 빛나는 용서부채로 용서의 바람을 다 함께 일으켜 봅니다.
④ 용서의 바람이 불 때 속상하고 무거운 마음(돌멩이)의 움직임과 용서의 마음(깃털)의 움직임을 비교해서 관찰해 봅니다.
⑤ 우리가 협력해서 마음 모아 만든 용서의 바람을 타고 가볍게 날아오르는 깃털을 관찰하며 친구의 실수나 잘못을 너그럽게 이해해 주는 용서의 마음을 느껴 봅니다.

4. 우리가 만든 용서 바람의 힘으로 가볍게 날아오르는 깃털처럼 우리도 용서를 통해 친구의 실수나 잘못을 이해해 주어 가볍게 된 마음을 놀이로 경험했던 느낌을 친구들과 이야기 나눕니다.

 회복적 생활교육을 위한 놀이 활동 TIP

• 스스로 글자 적기를 어려워할 경우 용서의 말을 라벨지에 출력하여 부채에 붙여 용서부채를 만들어 봅니다.
• 혼자 만든 바람, 3명, 5명, 우리 반 전체가 만든 바람의 힘을 순차적으로 느껴 볼 수 있도록 상호작용할 수 있습니다.
• 깃털의 움직임을 세게 느끼고 싶다면 전통무용부채를 용서부채로 이용합니다.

놀이확장 아이디어

• 속상하고 무거운 마음이 그려진 돌멩이로 속상한 마음 탑쌓기 후 무너뜨리는 놀이를 통해 부정적인 감정을 해소할 수 있습니다.

존중　공감　책임　관계　문제해결　협력　공동체성

슬픔이 주룩주룩

놀이 준비물 → 라이트테이블, 빛깔블록(비치:담 놀이블록), 사인펜, 물뿌리개, 밴드,
그림책《무지개 눈물》(황제펭귄, 2012)

회복적 가치와 배움 연결하기

• 나를 슬프게 하는 상황을 인식하고 슬픔의 감정을 표현해 봅니다.
• 각자 슬픔의 원인은 다르지만, 눈물이 나오는 다양한 순간(아플 때, 억울할 때, 벅
차오를 때, 무서울 때, 속상할 때, 기쁠 때 등)을 여러 가지 색으로 표현해 봅니다.
• 슬픔도 충분히 표현하는 것이 건강한 마음의 표현임을 사인펜 물 그림 놀이를 통해
경험해 봅니다.

놀이를 시작하기 전에

☑ 그림책《무지개 눈물》을 함께 읽고 눈물의 다채로운 빛깔(예: 다홍빛, 파랑빛, 노랑빛, 초록빛 등)
을 띤 빛깔블록을 빛이 잘 들어오는 곳에 센터피스로 구성합니다.

▼ 라이트테이블 위에 구성한 슬픔의 빛깔(좌), 슬픔 그림(사인펜 그림)에 물뿌리개로 눈물을 뿌리는 모습(우)

함께 즐기는 회복적 놀이 방법

1. 동그랗게 모여 앉아 내 슬픔의 색깔과 어울리는 센터피스의 빛깔블록을 라이트테이블 위에 올려놓고 나의 눈물 빛깔을 소개합니다.

 (파란빛을 들고) 우리 아빠가 아플 때 걱정되어 흘린 파랑 눈물이에요.

 (다홍빛을 들고) 내 친구가 이사갔을 때 흘린 다홍빛 눈물이에요.

2. 나의 눈물 빛 색깔을 여러 색의 사인펜 중 고릅니다.
3. 모둠별로 모여 앉아 커다란 종이에 나의 슬픔을 사인펜(내가 고른 슬픔 색깔 빛과 같은 색으로)으로 그려 봅니다(예: 동생이 물을 쏟은 건데 내가 혼나서 억울했을 때, 친구가 내가 만든 블록을 무너뜨렸을 때, 내가 키우던 물고기가 죽었을 때 등).
4. 바깥으로 나가 우리가 그린 슬픔을 벽에 고정합니다.
5. 우리가 그린 슬픔 사인펜 그림에 물뿌리개로 슬픔의 눈물을 뿌려 줍니다.
6. 주룩주룩 흘러내리는 슬픔을 감상합니다.

 주룩주룩 흐르는 슬픔의 빛깔을 감상해 보자.

7. 슬픔 그림을 말린 후 반창고를 붙여 주며 "괜찮아~"라고 말해 주면서 슬픔을 위로하는 시간을 가집니다.

 ### 회복적 생활교육을 위한 놀이 활동 TIP

- 사인펜의 특성을 살린 번짐 기법을 관찰할 수 있도록 상호작용합니다.
- 물뿌리개 사용 시 다른 친구에게 뿌리지 않도록 유의합니다.
- 슬픔이라는 감정에서 벗어나기 위해 위로를 통해 회복할 수 있는 힘을 얻을 수 있음을 압니다.
- 눈물 빛깔은 빛깔블록 대신 셀로판지를 활용해도 좋습니다.

놀이확장 아이디어

- 물티슈에 사인펜으로 눈물의 모양(색, 선, 물방울로 표현하기) 그림을 그려 사인펜의 번짐을 관찰해 보며 슬픔을 느껴 봅니다.
- 라이트테이블 위에서 빛깔블록으로 나의 마음 빛 놀이를 구성하며 빛을 감상합니다.

용기대포를 발사해!

놀이 준비물 → 종이상자, 용기 글자, 가위, 종이컵, 네모라벨종이

회복적 가치와 배움 연결하기

• 가장 두려움을 느끼는 순간에 대해 친구들과 이야기 나누며 누구에게나 느껴지는 두려움의 마음을 공유합니다.

• 눈에 보이지 않는 두려움을 형상화하고 무너뜨리는 놀이를 하며 두려움에 맞서는 용기의 마음을 기릅니다.

• 용기상자로 만든 공기대포로 종이컵(두려움 과녁)이 쓰러지는 과정을 놀이하며 과학의 원리(파스칼의 원리)를 경험합니다.

놀이를 시작하기 전에

☑ 내가 두려워하는 상황을 라벨지에 그린 후 종이컵에 붙여서 두려움 탑을 쌓아 센터피스로 구성합니다.

▼ 두려움 종이컵으로 탑을 쌓은 모습(좌), 용기대포를 발사하여 두려움 컵탑을 쓰러뜨리는 모습(우)

함께 즐기는 회복적 놀이 방법

1. 동그랗게 모여 앉아 두려움을 그려 넣은 라벨지를 종이컵에 붙이며 나의 두려움을 소개합니다.

 자다가 일어나서 깜깜할 때 화장실에 가는데, 그때 무서웠어.

 친구가 던진 공을 뻥 차야 하는데 공에 맞을까 봐 걱정이 됐어.

 ○○반이 처음 된 날, ○○반에 오는 것이 걱정돼서 울어 버렸어.

2. 두려움 종이컵 과녁을 완성하여 우리가 모인 중간에 탑으로 쌓아 봅니다.
3. 두려움을 쓰러뜨릴 수 있는 방법을 이야기 나눕니다(예: 발로 차기, 손으로 격파하기, 여러 명이 부채질을 하여 바람의 힘으로 쓰러뜨리기 등).
4. 용기대포를 만들어 두려움을 쓰러뜨리는 게임에 참여합니다.

용기대포 만들기

① 종이상자 밑바닥에 종이컵 아랫부분의 크기로 오려서 동그란 공기 대포 구멍을 만들고, 이 구멍을 제외한 다른 입구를 공기가 새 나가지 않게 테이프로 꼼꼼히 감싸 붙여 줍니다.
② 종이컵을 꽂은 종이 상자 위를 발로 밟아 용기대포(공기)를 발사합니다.

용기대포로 쓰러뜨리는 두려움 게임

① 라벨지에 두려움을 그려서 붙인 종이컵으로 두려움 탑을 쌓습니다.
② 우리가 쌓아둔 두려움 탑(종이컵)을 향해 용기대포를 힘차게 발사합니다. 이때 아이들과 '용기!' 구호를 외칩니다.
③ 두려움 탑이 무너지는 놀이를 반복해서 해봅니다.

 회복적 생활교육을 위한 놀이 활동 TIP

- 상자에 구멍을 낼 때 칼을 사용해야 하는 경우 교사의 도움을 받아 안전하게 놀이할 수 있도록 지원합니다.

놀이확장 아이디어

- 용기대포(상자)의 구멍 크기를 다르게 만들어 구멍의 크기에 따라 다른 공기의 힘을 비교해 보는 실험 놀이로 이어갈 수 있습니다.

읽기 쓰기를 넘어
존중과 공감의 마음으로 소통해요!

문해력 놀이로 펼치는 회복적 생활교육은?

문해력을 키워 말과 글의 힘을 알고 자신의 요구와 생각을
표현하는 아이들은 읽기와 쓰기 능력을 넘어 평소 내가 사
용하는 언어가 다른 친구에게 미치는 영향을 고려하면서
존중의 마음으로 듣고 말하는 법, 공감으로 대화하는 법,
책임으로 소통하는 법 등을 배워갑니다.

문해력
놀이

최근 부쩍 강조되는 것 중 하나가 바로 '문해력' 교육입니다. 글자를 읽고, 쓰고 문장을 해독(decoding)하도록 가르치는 것을 떠올리지만, 그것이 전부는 아닙니다. 문해력은 깊이 해석하고 나름대로 정의를 내리며, 감수성을 키워 원활한 의사소통을 하고, 자유롭게 표현하며, 뭔가 새롭게 창작하는 힘 등을 폭넓게 아우르는 종합적인 능력이니까요.

특히 어린 자녀를 둔 학부모들은 한글 떼기를 문해력 교육으로 좁게 인식하는 경우가 많습니다. 그래서인지 학부모 상담 기간에 가장 많이 받는 질문도 바로 한글 교육을 언제, 어떻게 시작하느냐에 대한 것들입니다. 가정에서도 한글 해독 전 시기의 아이들에게 부모가 직접 한글을 가르치는데, 대체로 '문자해독'을 목표로 한 방식이죠. 발달에 맞지 않는 한글학습을 중요시 여기는 학부모의 경우 '내 아이가 혹시 주의력 결핍, 과잉행동, 산만함 등의 문제가 있는 건 아닌지 걱정스럽다'며 자체 진단을 내리기도 합니다. 10번, 100번 계속 알려줘도 자꾸 잊어버리니 불안하다는 거죠. 하지만 이는 아이의 문제라기보다는 접근 방법의 문제일 가능성이 더 높습니다.

실제로 읽고 쓰는 기능적 학습에 초점을 둔 교육은 아이들의 문해력 발달에 큰 도움이 되지 않습니다. 초등학교 저학년이 지나고도 한글을 깨치 못해 읽고 쓰지 못하는 친구는 거의 없죠. 그러나 주인공의 마음에 공감하거나 다음 장면에 대해 상상하여 그것을 표현하고, 글쓴이의 의도 파악 등의 글에 대한 의미와 맥락 이해 등 사고 과정이 포함된 읽기, 쓰기에 어려움을 겪는 아이들은 꽤 많습니다. 발달 특징인 자기중심적 사고로 타인의 의도나 감정을 이해하기 어려운 한계가 있는 것도 이유가 될 수 있지만, 문해력 저하도 깊은 관련이 있습니다.

다만 문해력 교육에 있어 문해 경험의 내용과 수준을 아이의 발달에 맞추기보다 성인 기준의 요구에 따라 운영하는 점은 우려됩니다. 성취 수준, 결과에 대한 과도한 기대와 요구는 아이들에게 긍정적인 영향을 주기 어려우니까요. 도움이 되기는커녕 오히려 실패와 좌절을 경험하게 할 수도 있습니다.

따라서 놀이로 자연스럽게 경험하는 것이 중요합니다. 교실 생활을 더욱 유능하고 즐겁게 해나가는 데 필요한 읽기, 쓰기를 돕는 식의 동기화된 문해 경험은 기능적 학습을 할 때보다 훨씬 더 쉽게 이해하게 해줍니다. 같은 맥락에서 회복적 가치와 만난 문해력 놀이로 이루어지는 친구들과의 상호작용과 공동체 안에서의 언어적 소통은 아이들에게 '나도 읽고 쓰고 싶다'는 의욕을 일으켜 좀 더 적극적으로 참여하게 합니다. 이러한 자발적 욕구에 따라 이루어지는 자기주도학습은 문해 경험을 한층 더 의미 있고 풍성하게 만들죠. 문해를 놀이로 경험한 아이들은 자신의 의견을 표현하고 친구의 생각과 요구를 받아들이는 소통 능력을 길러갑니다. 특히 회복의 가치가 녹아든 문해력 놀이를 통해 서로 신뢰하는 관계를 맺고, 친구의 마음을 고려하는 말하기로 소통 능력을 길러가는 등 존중, 공감, 책임을 자연스럽게 실천합니다.

복합적인 문제 상황이 자주 일어나는 교실에서 아이들에게 '너만 그런 게 아니야!'라는 위로와 마음을 나눌 수 있는 놀이야말로 존중과 공감의 문해력을 키우며, 서로를 이해한 아이들의 마음 문을 열어 책임을 실천하게 할 것입니다. 아이들이 저마다 고유하게 가지고 있는 문해력의 씨앗을 놀이로 움트게 한다면 교실은 더욱 안전하고 평화로워질 것입니다. 자, 이제부터 함께 시작해 볼까요?

존중	공감	책임	관계	문제해결	협력	공동체성

친구를 기쁘게 하는 말

놀이 준비물 → 원마커, 방수라벨지, 주사위(0, 1,2로 구성)

회복적 가치와 배움 연결하기
- 원마커로 징검다리길을 만들어 이동하는 대형게임판을 구성해 봅니다.
- 친구를 존중하는 마음을 가지고 친구의 마음을 기쁘게 하는 말을 사용합니다.
- 친구 사이에도 상황에 알맞고 예의 바른 말을 해야 함을 압니다.

놀이를 시작하기 전에

☑ 친구를 기쁘게 하는 말과 상황을 글과 그림으로 담은 카드(방수라벨지)를 준비합니다.

▼ 친구를 기쁘게 하는 말로 만든 징검다리를 건너는 모습(좌), 주사위를 던져 이동하며 게임 미션을 수행하는 모습(우)

함께 즐기는 회복적 놀이 방법

1. 동그랗게 모여 앉아 말풍선 카드 내용을 소개합니다.
2. 원마커를 활용한 게임 방법을 알아봅니다.

> **친구를 기쁘게 하는 징검다리 건너기**
> ① 교실 양쪽 벽에 두 그룹으로 나눠 앉고, 교실 중앙에 놀이 공간을 마련합니다.
> ② 원마커와 친구를 기쁘게 하는 말풍선카드로 징검다리 길(게임길)을 구성하기로 합니다.

3. 친구를 기쁘게 해주는 말 게임길을 다 구성한 후 게임 방법을 알아봅니다.

> 친구들과 함께 구성한 게임 길을 어떻게 지나가야 할까?
> 길을 건너는 사람이 주사위를 던지면 어떻게 징검다리를 건너가지?

> **둘이 하는 친구를 기쁘게 하는 말 징검다리 게임**
> ① 두 명이 짝을 지어 한 사람은 주사위, 한 사람은 말의 역할을 합니다.
> ② A가 주사위를 던지면 B는 주사위가 나온 숫자만큼 칸을 움직입니다.
> ③ 징검다리를 한 칸씩 건너다가 친구를 기쁘게 하는 말풍선 카드 위에 서면 기쁘게 하는 말을 친구에게 전합니다.
> ④ 친구가 던져 주는 주사위에 나오는 숫자만큼 움직여 도착합니다.
> ⑤ 역할을 서로 바꾸어 게임을 합니다.
> ⑥ 둘씩 놀이하는 데 익숙해지면 인원수를 늘려서 도전해 봅니다.

회복적 생활교육을 위한 놀이 활동 TIP

- 사전에 보드게임을 통해 말과 주사위를 통한 판 게임을 해볼수 있는 기회를 충분히 마련해 줍니다.
- 게임 전 친구를 기쁘게 하는 말과 상황 그림이 담긴 말풍선카드를 미리 제작하는 시간을 가집니다.
- 게임판을 구성한 뒤 한 칸 씩 이동하는 시범을 교사가 보입니다.

놀이확장 아이디어

- 우리 반만의 인사법으로 원마커 게임을 해봅니다.
- 게임판, 게임말을 직접 창안하여 보드게임을 창의적으로 만들어 놀이해 봅니다.

존중	공감	책임	관계	문제해결	협력	공동체성

회복적 가치 보석 캐기

놀이 준비물 → 탁구공, 계란판, 보석카드, 회복적 가치 단어카드, 숟가락

회복적 가치와 배움 연결하기
- 계란판과 탁구공을 활용한 놀이를 즐기며 눈과 손의 협응력을 기릅니다.
- 탁구공을 목표한 지점에 골인시키며 과제를 해결했다는 성취감을 느낍니다.
- 탁구공의 탄력, 바닥의 탄성을 느끼며 던지는 속도와 힘을 조절하며 운동감각을 기릅니다.
- 탁구공 놀이를 통해 회복적 가치(존중, 공감, 책임, 배려, 용서, 사랑 등) 단어 보석 카드를 획득하며 회복적 가치의 의미를 알아갑니다.

놀이를 시작하기 전에

☑ 계란판과 탁구공을 동그랗게 모인 중앙에 준비합니다.

▼ 계란판에 꽂힌 회복적 가치단어로 만든 보석카드들(좌), 탁구공을 퉁겨 회복적 가치 보석카드를 획득하려는 모습(우)

함께 즐기는 회복적 놀이 방법

1. 동그랗게 모여 앉아 계란판과 탁구공으로 할 수 있는 놀이를 생각나는 대로 말해 봅니다.

 여기 있는 계란판과 탁구공을 보자. 잠시 눈을 감고 어떤 놀이를 할 수 있을지 떠올려 보자.

2. 숟가락을 이용하여 탁구공을 토킹피스로 넘기며 생각나는 놀이를 말해 봅니다.

 어떤 놀이를 할지 생각이 나지 않는 친구들은 탁구공만 넘겨도 좋아요.

3. 계란판과 탁구공으로 할 수 있는 간단한 놀이 방법을 알아보고 즐깁니다.

탁구공 투호 놀이	**계란판 삼목 게임**
① 탁구공을 바닥에 한 번 튕겨서 계란판에 골인시킵니다. ② 계란판에 탁구공이 많이 모인 사람이 이깁니다.	① 탁구공을 튕겨 계란판에 하나씩 골인시킵니다. ② 공이 세 개 이상 연달아 이어지면(가로, 세로, 대각선) "삼목!"을 외칩니다. ③ 익숙해지면 거리를 늘려 난도를 높입니다.

4. 회복적 가치 보석카드 획득 게임 방법을 알아봅니다.

보석카드 획득 게임
① 회복적 가치 단어카드로 만든 보석카드를 계란판 사이사이에 끼웁니다.
② 탁구공을 튕겨 회복적 가치 보석카드가 있는 칸에 들어가면 가치 보석을 획득합니다.

5. 모둠별로 동그랗게 앉아 내가 캐서 획득한 가치 보석을 친구들에게 소개합니다.

 회복적 생활교육을 위한 놀이 활동 TIP

- 회복적 가치 보석카드를 아이들이 직접 만들어 보게 하여 존중, 공감, 책임, 배려, 용서, 사랑 등의 단어를 알아봅니다.
- 회복적 가치 보석카드를 모둠 친구들에게 소개하며 의미를 알아봅니다.

놀이확장 아이디어
- 회복적 가치 단어(존중, 공감, 책임, 배려, 용서, 사랑 등)와 각각 어울리는 색깔(빨,주, 노,초,파,보)을 연결하고, 해당되는 색깔솜공을 계란판에 끼우며 연상되는 그림을 구성하거나 글자 구성을 해봅니다.

우리 반 점자 이름책

놀이 준비물 → 점자 이름카드, 동그라미 입체스티커(둥근 보석비즈스티커)

회복적 가치와 배움 연결하기

• 촉각으로 정보를 읽을 수 있는 점자(지면 위에 도드라진 점을 손가락으로 만져서 읽는)에 대해 알아봅니다.

• 시각장애인의 의사소통 방법에 관심을 기울입니다.

• 점자가 만들어지는 형태와 점자로 읽는 방법을 알고 이름책을 만들어 봅니다.

놀이를 시작하기 전에

☑ 주변을 돌아보며 점자 표기 찾기 활동을 합니다.

▼ 보석비즈스티커로 만든 점자를 읽는 모습(좌), 교내 점자 안내도를 살펴보는 모습(우)

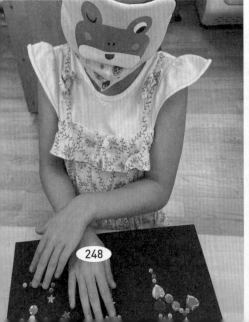

248

함께 즐기는 회복적 놀이 방법

1. 현관 입구의 점자 안내도와 강당 가는 길에 이용했던 엘리베이터 숫자 버튼에 새겨진 점자에 대해 이야기 나눕니다.

 이것은 무슨 점일까? 또 어디에서 봤었니?

2. 점자가 무엇인지 알아봅니다.

 점자란 지면이 튀어나온 점을 손가락의 촉감으로 읽도록 만들어진 글자란다. 시각장애인이 보는 방법이 아닌 만지는 방법으로 정보를 알 수 있도록 만들어졌지.

3. 점자표를 탐색해 봅니다(만져 보고, 관찰하기).

 점자표를 우리도 살펴보자.

4. 우리도 점자표를 만들어 보기로 합니다.

 내 이름을 점자표로 만들어 볼 수 있을까?
이름카드에 내 이름을 적고 보석비즈스티커를 붙여 점자로 표기해 보자.

5. 내 이름을 한글 철자법 그대로 써 보고 그 위에 동그라미 입체 스티커(둥근 보석비즈스티커)를 붙인 후 이름카드를 센터피스로 구성합니다.

6. 서클에 앉은 순서대로 안대를 착용한 후 입체스티커를 붙인 이름카드를 눈이 아닌 손으로 느껴 본 후, 촉감으로 느낀 친구의 이름을 알아맞혀 봅니다.

7. 실제 점자표를 보며 점자의 표기법을 알아봅니다.

8. 점자 표기 방법에 따라 이름을 표기한 후 동그라미 입체스티커(둥근 보석비즈스티커)를 붙이고 손으로 만져서 읽어 봅니다.

9. 점자로 완성한 이름을 모아 우리 반 친구 점자 이름책을 만들어 게시합니다.

 회복적 생활교육을 위한 놀이 활동 TIP

- 한글 해독 이전 아이들의 경우 이름을 출력한 카드로 제공할 수 있습니다.
- 얼굴사진을 이름카드에 함께 붙여 넣어 줍니다.

놀이확장 아이디어

- 우리 주변에서 장애인을 배려한 시설을 찾아봅니다(사진 찍고 이야기 나누기).

조중　**공감**　**책임**　관계　**문제해결**　**협력**　**공동체성**

돌아가는 감정 캐릭터

놀이 준비물 → 가위, 풀, 종이컵 2개, 감정언어카드(시름시름, 눈물 쏙, 버럭버럭, 자신만만, 퐁퐁, 신바람, 오돌오돌, 오싹오싹, 걱정, 슬픔, 화, 자신감, 기쁨, 두려움, 무서움 카드), 네임펜

회복적 가치와 배움 연결하기

- 나에게는 여러 가지 감정이 있음을 알고 감정을 종이컵 인형에 나타내 봅니다.
- 내 마음을 표현하는 단어를 알아보고 상황에 맞는 적절한 문장으로 사용해 봅니다.
- 하루 일과에 따라 달라지는 나의 복합한 감정을 놀이를 통해 인식하고 바르게 표현하는 방법을 알아갑니다.

놀이를 시작하기 전에

☑ 감정에 따른 얼굴표정이 그려진 감정공과 감정언어카드를 비슷한 감정끼리 분류하여 센터피스로 구성합니다.

감정 캐릭터 만들기

① 종이컵 하나에 얼굴 모양을 그린 후 가위로 오립니다.
② 다른 종이컵을 오려 낸 얼굴 종이컵과 겹쳐 포갠 후 종이컵을 돌리며 얼굴 빈칸에 4가지 정도의 감정을 표현하는 얼굴을 그려 넣습니다.
③ 안쪽에 포개어진 종이컵에 아이스크림 막대를 연결합니다.
④ 아이스크림 막대를 돌리며 내가 느낀 다양한 감정표정을 살펴볼 수 있습니다.

▼ 다양한 감정의 이름을 주제로 구성한 센터피스(좌), 종이컵으로 만든 감정 캐릭터(우)

함께 즐기는 회복적 놀이 방법

1. 감정공에 그려진 표정과 비슷한 나의 감정을 친구들에게 소개합니다.

 감정공을 토킹피스라고 생각하자. 감정공을 친구들에게 굴리며 지금의 마음을 소개하자.

2. 감정을 꾸며주는 말카드와 감정(예: 시름시름 걱정, 눈물 쏙 슬픔, 버럭버럭 화, 자신만만 자신감, 퐁퐁 기쁨, 신바람 행복, 오돌오돌 두려움, 오싹오싹 무서움 등)을 연결하며 감정에 이름 붙이기 놀이를 합니다.

 시름시름과 어울리는 감정을 찾아보자.

3. 하루 동안 일과에 따라 느끼는 나의 감정을 떠올려보고 돌아가는 캐릭터 만들기(감정 캐릭터 만드는 방법은 250쪽 참조)로 표현해 봅니다.

4. 돌아가는 감정 캐릭터 종이컵 인형을 돌려 나오는 다양한 표정을 보며 이야기 꾸미기 놀이를 합니다.

 엄마가 만지지 말라고 한 물건을 만져서 깨지고 말았어요. 시름시름 걱정되는 마음에 눈물이 쏙 났지요. 엄마가 왜 깨뜨렸냐고 버럭버럭 화내는 모습을 떠올리기만 해도 오돌오돌 두려움에 떨렸어요. 용기 내어 엄마에게 솔직하게 말했더니 엄마는 괜찮다며 나를 토닥여줬어요. 엄마의 위로를 받고 나는 혼날까 봐 오싹오싹 무서웠던 마음에서 벗어날 수 있었어요. 그 때 아빠가 다가와 오늘은 휴일이니 놀이동산에 놀러가자고 했지요. 내 마음을 퐁퐁 기쁨을 솟는 느낌이었어요. 놀이공원으로 가기 위해 자신만만하게 혼자서 옷을 입고 나서는 길은 신바람 나게 행복했어요!

 회복적 생활교육을 위한 놀이 활동 TIP

- 나의 감정을 소개할 때 마음을 표현하기 어려워하는 친구는 감정공(토킹피스)을 다음 친구에게 바로 넘길 수 있도록 합니다.
- 감정을 꾸미는 말을 이야기에서 사용할 수 있도록 돌아가는 감정 캐릭터를 활용하여 선생님이 이야기를 들려주는 것으로 시작하면 좋습니다.

놀이확장 아이디어

- 돌아가는 캐릭터 감정 인형으로 역할극 놀이를 할 수 있습니다.

05

○○한 친구의 이름은?

놀이 준비물 → 뽑기 크레인, 캡슐, 낱글자카드

회복적 가치와 배움 연결하기

• 친구 이름을 완성하며 글자에 관심을 가집니다.
• 글자 크레인 캡슐 뽑기 놀이에서 지켜야 할 약속과 질서를 지킵니다.

놀이를 시작하기 전에

☑ 짝친구를 정한 후 친구의 이름을 빈칸 글자카드에 적어 봅니다

☑ 이름글자카드를 낱글자로 오려 낱글자카드로 만들어 센터피스로 구성합니다.

▼ 친구 이름 낱글자 뽑기 센터피스(좌), 캡슐로 뽑은 이름 낱글자로 친구 이름 완성하기(우)

함께 즐기는 회복적 놀이 방법

1. 친구 이름 초성 글자 퀴즈를 알아맞혀 봅니다.

 (친구 이름 초성 글자를 보며) 누구의 이름일까?(정답 확인 후 친구 이름에 익숙해진다)

2. 센터피스에 구성된 친구 이름 낱글자 카드를 캡슐에 담습니다.
3. 동그랗게 앉은 순서대로 캡슐을 크레인 뽑기통에 넣습니다.
4. 한 명씩 돌아가며 글자 크레인 뽑기로 낱글자가 담긴 캡슐을 뽑습니다.
5. 캡슐로 뽑은 낱글자를 한곳에 모읍니다.

 우리가 뽑은 낱글자로 센터피스를 만들어 보자.

6. (여러 번에 걸쳐) 글자 미션(아래 예시 참조)에 따라 친구 이름 글자를 완성해 봅니다.

- 놀이 할 때 정리를 도와준 친구의 이름 만들기
- 줄설 때 내 앞에 선(뒤에 선) 친구의 이름 만들기
- 바깥놀이에서 나와 함께 놀이한 친구 이름 만들기
- 내 사물함 옆에 있는 친구 이름 만들기 등

 회복적 생활교육을 위한 놀이 활동 TIP

- 글자 미션 용지 읽기가 어려운 친구를 위해 글자와 얼굴 사진 단서를 함께 제공하거나 교사 또는 친구의 도움을 받을 수 있도록 지원합니다.
- 글자 크레인 캡슐 뽑기 시 규칙과 질서를 지켜 놀이할 수 있도록 돕습니다.

놀이확장 아이디어

- 친구 이름으로 삼행시를 지어 선물하는 놀이로 이어갑니다.
- 그림책의 제목에서 친구 이름 글자 찾기를 해봅니다.

존중　공감　책임　관계　문제해결　협력　공동체성

친구 이름 글자 완성하기

놀이 준비물 → 노트북 그림상자, 우리 반 친구 이름카드, 자음 · 모음 자석글자

회복적 가치와 배움 연결하기

- 친구 이름 낱글자를 조합하여 친구 이름 글자를 완성해 봅니다.
- 이름 글자 완성 놀이를 통해 이름 글자 모양을 인식하고 구별합니다.
- 친구와 함께 낱글자로 이름 글자를 완성하는 놀이에 즐겁게 참여합니다.

놀이를 시작하기 전에

☑ 자음 · 모음 자석글자를 센터피스로 구성합니다.

☑ 동그랗게 모여 앉아 자음 · 모음 자석 낱글자를 노트북 그림상자에 넣어 봅니다.

▼ 자석 낱글자들로 이루어진 센터피스(좌), 노트북 그림상자에 낱글자를 조합해 완성한 친구 이름(우)

함께 즐기는 회복적 놀이 방법

1. 노트북 그림상자를 보며 노트북에 대해 알아봅니다.

 노트북을 본 적이 있니? 노트북으로 무엇을 할 수 있니?

2. 노트북 그림상자, 우리 반 친구 이름카드, 자음 · 모음 자석 낱글자를 보며 게임 방법에 대해 이야기 나눕니다.

 노트북 그림 상자 안에 무엇이 보이니? 이름카드를 읽어 보자.
이름을 구성하는 자음과 모음을 찾아보자.

3. 친구 이름을 만드는 노트북 놀이를 해본다.

노트북 놀이
① 친구와 짝을 지어 노트북 앞에 앉습니다.
② 우리 반 친구 이름카드를 보고 해당 이름을 구성하는 자음 · 모음 낱글자를 찾아봅니다.
③ 자음 · 모음 자석 낱글자를 노트북 화면에 붙여 친구 이름 글자를 완성합니다.

4. 키보드 패드로 입력하여 친구 이름을 완성합니다.

친구 이름 완성
① 친구 이름카드를 보고 키보드 패드에서 친구 이름 자음 · 모음을 찾아봅니다.
② 친구 이름 글자를 완성합니다.
③ 여러 친구의 이름을 키보드로 쳐서 완성해 봅니다.

 회복적 생활교육을 위한 놀이 활동 TIP

• 우리 반 친구 낱글자 또는 이름카드를 아이들이 직접 만들어 볼 수 있습니다(단, 어린 연령의 유아는 교사가 제공).

놀이확장 아이디어

• 우리 교실 물건, 우리 가족 이름 등 다양한 글자놀이를 노트북 놀이로 해보며 쓰기에 대한 관심을 확장합니다.
• 가정 연계로 과자봉지나 신문지, 잡지 등에서 우리 가족 이름을 찾아 완성해 보는 놀이를 해보고 학급 SNS에 공유해 봅니다.

존중　공감　책임　관계　문제해결　협력　공동체성

나는 마음글자 요리사!

놀이 준비물 → 자음·모음 글자판, 색칠 도구, 가위, 풀, 색종이접시, 마음글자메뉴
판(사랑, 감사, 배려, 나눔, 도움, 용기, 협력, 존중, 공감, 책임 등)

- -

회복적 가치와 배움 연결하기

- 글자를 구성하는 자음과 모음에 대해 관심을 가집니다.
- 마음을 표현하는 말을 알아보고 친구와 함께 자음과 모음을 디자인하여 단어로
  완성해 봅니다.
- 친구와 함께 한글 요리 놀이를 하며 단어의 의미를 이해합니다.

놀이를 시작하기 전에

☑ 우리의 마음을 표현하는 단어로 메뉴판을 만들어 센터피스에 구성합니다.

▼ 마음글자를 요리하는 아이들(좌), 아이들이 완성한 마음글자 요리(우)

함께 즐기는 회복적 놀이 방법

1. 동그랗게 모여 앉아 마음글자 한글 메뉴판의 단어를 소개합니다(예: 사랑, 감사, 배려, 나눔, 도움, 용기, 협력, 존중, 공감, 책임 등).
2. 빈 글자로 쓰여진 자모음 글자판을 살펴봅니다.

> 무엇이 보이니? ㄱ ㄴ ㄷ..자음과, ㅏ ㅑ ㅓ ㅕ..모음의 글자 안이 비어 있어. 친구와 함께 글자디자이너가 되어 보자.

3. 모둠별로 자음과 모음 글자를 디자인해 봅니다.

> 디자이너들이 아름다운 옷을 디자인하듯 우리도 자음과 모음을 디자인해 보자.
> 무엇이 필요할까?(사인펜, 색연필, 보석스티커, 눈알스티커 등)

4. 요리사 모자를 쓰고 "오늘은 내가 마음글자 요리사"가 되어 보기로 합니다.
5. 모둠 친구들과 마음 글자 한글 메뉴판을 보고 어떤 마음글자를 요리할지 정합니다.
6. 메뉴판에 어떤 글자를 완성할지 ∨로 표시합니다.
7. 친구와 함께 메뉴판의 마음글자를 보고 자음과 모음을 합쳐 글자 요리를 완성합니다(가위로 마음글자를 구성하는 자음과 모음을 오려 조합).
8. 접시 위에 조합한 마음글자 요리를 붙여 완성합니다.
9. 모둠별로 완성한 글자 요리를 게시합니다.

회복적 생활교육을 위한 놀이 활동 TIP

- 연령이 어린 아이들은 자음 모음 글자 테두리 안을 스티커 꾸미기로 디자인하도록 지원합니다.
- 한글은 소리를 본떠 만든 소리글자이며, 자음과 모음의 집합으로 하나의 글자가 만들어지는 원리를 놀이로 경험합니다.
- 풀, 가위 사용이 익숙치 않은 아이에게는 라벨지에 출력하여 테두리 선을 오려 제공하는 것이 좋습니다.

놀이확장 아이디어

- 마음글자 외에 다양한 글자를 자음과 모음의 조합으로 만들어 볼 수 있도록 지원합니다(예: 내가 좋아하는 그림책 제목, 우리 가족 이름, 우리 동네 간판 글자 등).

존중　공감　책임　관계　문제해결　협력　공동체성

이름 보따리와 변신이름

놀이 준비물 → 보따리, 왕관 이름표, 빈칸카드(세칸 구성), 그림책 《이름 보따리》(문
학동네, 2000),

회복적 가치와 배움 연결하기

- 나와 다른 친구를 구별해 주는 것 중 하나인 이름에 대해 알고, 이름의 소중함을
  놀이로 공유합니다.
- 나와 내 친구 이름에 자연스럽게 친숙해질 수 있습니다.

놀이를 시작하기 전에

☑ 나를 상징하는 내 이름을 센터피스에 구성합니다.

▼ 이름 보따리가 만든 변신이름 센터피스(좌), 보따리에 담긴 이름 낱글자를 뽑는 모습(우)

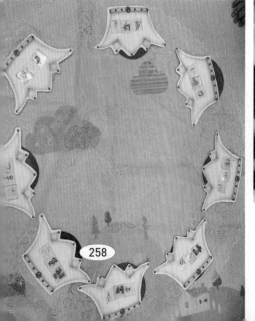

1. 세 칸 이름카드를 코팅하여 빈칸으로 제공한 후, 아이들이 네임펜으로 자신의 이름을 빈칸에 채워 넣습니다.
2. 이름카드를 한 글자씩 낱글자로 오려 세 개의 낱글자로 만듭니다.
3. 동그랗게 앉아 순서대로 보따리를 돌리며 낱글자가 된 내 이름을 이름 보따리에 담습니다.
4. 보따리에 담긴 우리 반 친구들의 이름 낱글자를 잘 섞고 앉은 순서대로 우리 반의 이름 낱글자들 3개씩 랜덤으로 뽑습니다.
5. 내가 뽑은 우리 반 친구 이름 낱글자 3개로 조합하여 변신이름을 완성합니다.
6. 이름 보따리에서 나온 낱글자로 만들어진 변신이름으로 왕관 이름표를 만들어 봅니다.
7. 왕관 이름표를 보여주며 변신한 내 이름을 친구들에게 소개합니다.

회복적 생활교육을 위한 놀이 활동 TIP

- 그림책 《이름 보따리》를 사전에 읽어 보며 이름이 주는 의미를 그림책 놀이를 통해 알아 봅니다.
- 이름카드를 오린 후 각 모서리를 라운딩 처리해 주어 안전하게 놀이할 수 있도록 돕습니다.

놀이확장 아이디어

- 가족과 함께 나의 이름의 뜻을 알아보고 친구들에게 소개하는 활동으로 이어갑니다.

함께하는 가치 낚시

놀이 준비물 → 회복적 가치 단어카드, 낚시대, 클립, 미니풀장(낚시터)

회복적 가치와 배움 연결하기

- 회복적 가치(존중, 공감, 책임, 관계, 해결, 협력, 공동체)에 대해 떠오르는 생각과 느낌을 이야기로 표현할 수 있습니다.
- 회복적 가치 단어의 의미를 알고 문장으로 표현하여 가치사전을 만들어 봅니다.

놀이를 시작하기 전에

☑ 회복적 가치를 담은 단어카드를 낚시터(미니풀장)에 센터피스로 구성합니다.

▼ 회복적 가치를 담은 단어들이 담긴 미니풀장 센터피스(좌), 동그랗게 둘러앉아 우리만의 회복적 가치사전을 완성한 모습(우)

함께 즐기는 회복적 놀이 방법

1. 회복적 가치를 담은 단어(존중, 공감, 책임, 관계, 해결, 협력, 공동체)카드 중 친구들에게 소개하고 싶은 단어카드를 토킹피스로 사용하고 동그랗게 앉아 가치단어를 소개합니다.

2. 회복적 가치 단어 낚시 놀이 방법을 알아봅니다.

> **가치 단어 낚시 놀이**
> ① 가치 단어카드의 글자를 낱글자로 잘라 낱글자카드로 만듭니다.
> ② 클립을 연결하고 낚시대 끝에 자석을 달아 낱글자 낚시 해봅니다.
> ③ 낚은 글자를 친구와 함께 조합하여 회복적 가치를 담은 단어로 완성합니다.
> ④ 완성된 단어카드를 보며 이야기 나눕니다.

3. 회복적 가치를 담은 단어와 관련된 생각이나 느낌을 이야기로 표현하고, 모둠별로 회복적 가치 중 하나를 선택하여 그림이 있는 우리만의 가치사전을 만들어 봅니다.

> 존중하면 무엇이 떠오르니? 친구들에게 존중에 대한 생각을 이야기해 볼까?
> 어른들에게 존댓말을 사용하고 친구의 이야기를 경청하는 것이 존중이라고 생각한다면 교실 안에서 존중을 기억하고 실천할 수 있는 방법에는 무엇이 있을까?

> **존중 가치사전 만들기**
> ① 존중이란, ○○입니다(예: 할아버지, 할머니께 예의 바르게 대하기, 부모님 선생님 말씀 잘 듣기, 함부로 나뭇가지 꺾지 않기, 친구 놀리지 않기, 친구 물건에 함부로 손대지 않기 등).
> ② 존중에 대한 우리의 생각과 정의를 그림과 글자로 표현합니다.

4. 공감 / 책임 / 관계 / 해결 / 협력의 가치도 동일한 방식으로 그림사전으로 만들어 연결한 후 회복적 가치사전을 완성합니다.

회복적 생활교육을 위한 놀이 활동 TIP

- 《아름다운 가치사전》(한울림어린이, 2005)으로 하루를 여는 시간을 가진 후 활동하면 더 좋습니다.

놀이확장 아이디어

- 존중, 공감, 책임, 관계, 해결, 협력 등 회복적 가치로 그림사전을 만들어 책읽기 놀이 시간에 자세히 읽고 그 의미를 나누는 시간을 가진다면 이를 내면화하는 데 도움을 줍니다.

존중　공감　책임　관계　문제해결　협력　공동체성

미움을 씻는 용서의 말

놀이 준비물 → 먹구름 그림판(미움의 마음), 색연필, 말카드(앞-용서의 말, 뒤-미움의 말), 얼굴 사진, 요오드 용액(소독상비약), 비타민 알약, 아이스크림 막대

회복적 가치와 배움 연결하기

• 친구에게 미움을 가졌던 경험에 대해 이야기 나눕니다.
• 미움의 말과 용서의 말을 알아보며 용서의 말이 주는 편안함을 누립니다.
• 미움의 마음에서 용서의 마음을 가질 수 있도록 도와주는 용서의 말을 알아봅니다.

놀이를 시작하기 전에

☑ 미움의 말과 용서의 말을 앞뒤의 색이 다른 종이카드에 적어 센터피스로 구성합니다.

▼ 용서의 말과 미움의 말을 앞뒤로 붙인 종이카드(좌), 앞뒤로 미움의 말과 용서의 말들을 적은 카드로 구성한 센터피스(우)

함께 즐기는 회복적 놀이 방법

1. 미움의 마음을 먹구름 그림판에 담기로 한 후 여러 가지 색연필의 색깔 중 내가 생각하는 미움의 색깔을 선택하여 동그랗게 앉은 순서대로 미움의 마음(먹구름 그림판)을 채웁니다.
2. 센터피스에 구성된 종이카드 앞면에 적힌 미움의 말(예: 저리 가/ 미워/ 놀지 말자/ 너랑 안 놀아/ 너 싫어 등)이 무엇인지 알아봅니다.
3. 카드를 뒤집어 뒷면에 적힌 용서의 말(예: 괜찮아/ 안아 줄게/ 그럴 수 있어/ 이해해 등)을 알아봅니다.
4. 친구에게 화가 나거나 짜증이 났을 때 빨갛게 달아올랐던 마음을 씻어 주는 말은 어떤 말인지 알아보고 토킹피스로 돌아가며 용서의 말을 해봅니다.
5. 빨갛게 미움으로 물든 미움의 마음을 용서의 말로 씻어 주는 실험을 해봅니다.

> **미움을 씻는 용서의 말 실험**
>
> ① 동그란 컵에 물을 채웁니다.
> ② 물에 요오드 용액을 떨어뜨려 미움으로 빨갛게 달아오른 마음을 표현합니다.
> ③ 용서카드(얼굴 삽입)에 용서의 말을 적어 아이스크림 막대와 연결합니다.
> ④ 아이스크림의 막대 반대쪽 끝부분에 비타민 알약을 붙여 놓습니다.
> ⑤ 요오드 용액으로 빨갛게 물든 물컵에 용서카드 막대 끝의 비타민 알약을 물에 담그고 용서의 말을 하며 저어 줍니다.
> ⑥ 충분히 저어준 후 깨끗하게 씻겨 내려간 미움을 관찰합니다(빨간 미움의 마음이 용서의 말로 투명해지는 것을 경험합니다).

 회복적 생활교육을 위한 놀이 활동 TIP

- 내가 들었을 때 나의 마음을 위로해 준 용서의 말을 용서카드 막대에 적어 봅니다. 이때 교사의 도움 또는 또래의 도움을 받아 글자를 보고 적을 수 있도록 지원합니다.
- 놀이 관찰 시 평소 갈등이 빈번하게 일어나는 아이들이 함께 실험해 볼 수 있도록 지원합니다.

놀이확장 아이디어

- 용서의 말카드를 코팅하여 고리를 달아 키링으로 만든 후 내 소지품에 달고 다니면서 용서의 말을 기억할 수 있도록 합니다.

수학적 사고로 삶의 문제를
창의적으로 해결해요!

회복적 가치가 담긴 수학 놀이를 통해 아이들은 관계를
논리적으로 이해하고 기준과 원칙에 대해 유연하게 표현
합니다. 아울러 다양성을 존중하며, 서로 공감하고, 조화
로운 세상을 만드는 공유된 약속을 지키며 책임을 경험할
수 있습니다.

03

수학

놀이

교과서를 가득 채운 어려운 공식과 문제풀이에 얽매어 수학을 바라보면 그저 수많은 수포자를 양산하는 골치 아픈 어려운 과목으로만 여겨집니다. 하지만 교과서를 벗어난 수학은 아주 매력적인 학문을 넘어 어쩌면 우리의 삶 그 자체라고 해도 무방합니다. 어릴 때부터 생활 속에서 수학을 만나 자연스럽게 수학적 사고를 키우는 것이 중요한 이유입니다. 아이들은 이미 생활 속에서 다양하게 수학을 만납니다. 예컨대 친구와 자신의 키를 비교하거나, 내 몸무게를 재어 보는 것, 기온이 몇 도임에 따라 추운지 더운지 느끼는 것, 사계절과 날씨의 변화, 시간과 교실의 반복된 일과, 간식이나 놀잇감을 친구와 공평하게 나누는 것, 놀잇감을 종류별로 정리하는 것 등을 통해서 말이죠.

쇼와 블레이크(Shaw, G., & Blake)는 "수학은 사람이 올바른 판단과 행동을 하는 것"이라 정의하기도 했지요. 수학은 사물 자체를 서로 비교하며 관계적 속성을 수와 기호로 나타낸 것이므로 관계의 지식이기도 합니다. 관계적인 속성으로부터 오는 수학적 지식은 '세상의 이치는 밝혀 주는 도구'라 불립니다(조형숙 외, 2008). 합리적이고 논리적인 사고를 통해 세상에 대한 진리를 알아가는 수학을 배우는 과정과 회복적 가치를 내면화하는 과정은 매우 유사합니다. 즉 수학 능력을 기르는 목적은 맞고 틀리는 것이 아닌 문제를 해결하는 과정 그 자체를 중시한다는 것과 자신의 삶의 문제를 수학적 개념과 속성을 연결시켜 창의적인 문제해결력을 길러가는 것이라는 점에서 회복적 생활교육이 지향하는 방향과 많이 닮았죠. 그래서 이번에는 세상을 더욱 지혜롭게 살 수 있게 하는 수학과 회복적 가치가 만나 아이들이 가장 잘 배울 수 있는 놀이의 형태로 풀어가고자 하였습니다. 놀이를 통해 다음과 같은 것들을 경험할 것입니다.

- 나와 친구의 소유를 공정하게 나누는 경험을 통해 수량의 많고 적음을 비교하면서 공평과 기회 균등을 경험하기
- 크기나 양을 측정하기 위해 한 뼘, 한 줌과 같이 나의 몸을 기준으로 임의 단위를 사용하다가 양과 크기가 달라지는 것을 경험하기
- 기준과 원칙이 있는 표준화된 측정을 통해 우리에게 공유된 약속과 정해진 기준, 공정성을 경험하기
- 내가 봤던 건물과 동물들을 간단한 입체도형이나 평면도형으로 나타내 보면서 도형의 개념을 통해 우리가 살고 있는 복잡한 세상을 한눈에 이해하는 감각을 기르기
- 그네 타는 순서를 기다리거나, 게임의 순서를 정하며 세상에 하나뿐인 소중한 존재들이 서로를 동등하게 바라보는 존중과 배려를 경험하기
- 같은 모양의 놀잇감, 같은 색의 색종이 등을 함께 분류·정리하며 책임과 협력을 실천하기

단지 빠르고 정확한 문제풀이가 아니라 아이들이 놀이를 통해 생활 속에서 일어나는 다양한 문제에 대해 수학적으로 접근하도록 한다면 일상에서 마주하게 될 궁금증들을 풀어가는 데도 수학을 활용하고 즐기려는 탐구적 태도와 함께 논리적·합리적 문제해결 능력도 키워갈 것입니다. 나아가 회복적 가치와 만난 수학놀이로 아이들은 관계를 이해하고 기준과 원칙에 대해 유연하게 표현하고 서로의 표현에 대해 공감하며, 나와는 다른 친구들의 다양성을 존중하고 조화로운 세상을 만들기 위해 공유된 약속을 지키며 책임도 경험하게 될 것입니다.

딱 7,650원으로 사요!

놀이 준비물 → 은행놀이지갑(모형 동전과 지폐 포함), 미션금액카드,
제작한 화폐·동전판

회복적 가치와 배움 연결하기

- 모둠 구성원 간 토의를 통하여 우리 모둠이 원하는 장난감을 선정합니다.
- 우리 생활 속에서 쉽게 접하는 "돈"으로 큰 수를 경험합니다.
- 10원, 50원, 100원, 1,000원, 5,000원으로 생활 속의 큰 수 놀이를 즐깁니다.

놀이를 시작하기 전에

☑ 모형 동전과 지폐로 센터피스를 구성합니다.

 여기에 있는 동전과 지폐의 금액이 얼마인지 알아보며 동그랗게 구성해 보자.

☑ 모둠별로 토의를 통해 모둠 구성원의 의견을 모아 사고 싶은 장난감을 선정합니다.

▼ 제작한 화폐·동전판 위에 7,650원을 만드는 모습(좌), 7,650원으로 장난감을 구매하는 모습(우)

1. 동그랗게 모여 앉아 여유 있게 준비된 10원, 100원, 500원, 1,000원, 5,000원의 모형 동전과 지폐를 탐색합니다.

> 10원짜리 동전은 무엇일까? 100원짜리 동전에는 무엇이 그려져 있지?
> 하나, 둘, 셋하고 외치면 천 원짜리 지폐를 머리 위에 흔들어 보자.

2. 미션카드에 적힌 금액을 만들어 보는 놀이 방법을 알아봅니다.
3. 교사의 시범과 함께 구체적인 금액 만들기 미션을 전달합니다(예: 10원짜리 동전으로 50원 만들기, 100원짜리 동전으로 400원 만들기, 1,000원짜리 지폐로 3,000원 만들기, 5,000원짜리 지폐와 500원짜리 동전으로 5,500원 만들기 등).
4. 친구가 원하는 금액을 말하면, 그 금액을 만들어 봅니다.

> 동그랗게 앉은 순서대로 원하는 금액을 말해 보자.

5. 모둠별로 앉아 금액 만들기 미션을 해결하는 놀이에 참여합니다.
6. 금액 만들기 놀이 후 모둠별로 선정된 장난감의 가격을 정합니다.

> 우리 모둠이 가장 원하는 비즈 꾸미기 장난감 가격을 얼마로 정하면 좋을까?

> 7,650원이 적당할 것 같아.

7. '7,650원'으로 정한 장난감을 구입하기 위해 제작한 화폐·동전판에 정해진 금액을 올려놓습니다.
8. '7,650원'을 만든 친구는 7,650으로 장난감을 사 오는 미션을 완수합니다.

회복적 생활교육을 위한 놀이 활동 TIP

- 은행놀이가방을 아이들에게 하나씩 제공하여 화폐 놀이를 충분히 즐길 수 있게 합니다.
- 모둠 구성원이 선정한 장난감을 미리 구입하여 준비함으로써 수학 놀이에 즐겁게 참여하도록 지원합니다.

놀이확장 아이디어

- 시장 놀이로 연계하여 물건을 사기 위해 화폐를 사용해야 함을 알고, 사고파는 역할을 경험해 봅니다.

존중　공감　**책임**　관계　**문제해결**　협력　**공동체성**

색깔+모양 패턴쇼

놀이 준비물 → 패턴카드(요일, 밤낮, 사계절 글자카드), 사탕, 과자, 실(또는 끈)

회복적 가치와 배움 연결하기

- 주변과 우리 생활 속에서 반복되는 규칙성을 찾아봅니다.
- 패턴의 의미를 이해하고 내가 세운 모양 규칙대로 과자 목걸이를 만들어 봅니다.
- 내가 정한 색깔 규칙대로 사탕 머리띠를 만들며 패턴 놀이에 즐겁게 참여합니다.

놀이를 시작하기 전에

☑ 오늘의 날짜 노래를 부르며 우리 주변에서 반복되는 계절, 요일, 밤과 낮 글자 카드를 센터피스로 구성합니다.

▼반복된 계절, 요일 등으로 구성한 센터피스(좌), 패턴 사탕머리띠, 패턴 과자목걸이 패션쇼 모습(우)

1. 우리 주변에서 반복되는 규칙을 말 놀이로 표현해 봅니다.

 동그랗게 앉은 순서대로 우리 주변에서 반복되는 규칙을 말놀이로 해보자. 먼저 밤-낮-밤-낮을 앉은 순서대로 외쳐 보자.
계절(봄-여름-가을-겨울)을 말놀이로 해보자(요일(월-화-수-목-금-토-일)을 말놀이로 해보자.).

 봄-여름-가을-겨울-봄-여름-가을-겨울…(월-화-수-목-금-토-일…)

2. 구멍이 있는 여러 가지 모양의 과자를 소개합니다.

 동그란 원모양 과자, 사각기둥 과자가 보이니?
두 가지 모양의 과자로 어떤 패턴을 만들어 볼 수 있을까?

3. 과자의 모양을 탐색한 후 모양패턴을 만들어 봅니다.
4. 우리가 만든 모양 패턴(동그라미-동그라미-네모-동그라미-동그라미-네모-동그라미-동그라미-네모 등)으로 과자 목걸이를 완성해 봅니다.
5. 내가 만들고 싶은 패턴으로 과자 목걸이를 완성해 봅니다.
6. 색깔이 다른 사탕으로 색 패턴 사탕 머리띠를 완성해 봅니다.
7. 완성된 머리띠와 목걸이를 착용하고 패턴 패션쇼를 합니다.

 ## 회복적 생활교육을 위한 놀이 활동 TIP

- 과자로 패턴 목걸이를 만들 때 목걸이 줄에 끼우기 편한 구멍 있는 과자를 선택하여 아이들이 목걸이 줄에 쉽게 끼워 볼 수 있도록 준비합니다.
- 모양과 색깔 패턴을 활동지에 먼저 표현해 보게 한 후 패턴 목걸이와 머리띠를 만들어 보면 내가 정한 규칙에 따라 패턴을 구성하기에 수월합니다.

놀이확장 아이디어

- 패턴 목걸이와 머리띠 패션쇼를 감상하며 친구의 패턴과 나의 패턴을 비교해 봅니다(같은 점과 다른 점 찾아보기).

03

내 몸의 길이는?

놀이 준비물 → 큐브, 종이블록, 다양한 크기의 종이, 크레파스, 몸길이 측정표, 뽑기통

회복적 가치와 배움 연결하기

- 내 몸의 신체부위의 명칭을 알고 관심을 가집니다.
- 주인공이 된 친구의 신체부위를 그림으로 그려 보고, 길이를 재어 보는 경험을 통해 나와 친구라는 존재의 소중함을 느낍니다.
- 큐브로 길이나 크기를 재는 방법을 알아보며 길이와 크기를 비교합니다.
- 크고 작음, 높고 낮음, 길고 짧음 등 길이와 크기를 나타내는 수학적 용어를 사용하여 비교해 봅니다.

놀이를 시작하기 전에

☑ 동그랗게 모여 앉아 오늘의 주인공을 뽑기통에서 뽑습니다.

> 매일 모두 돌아가면서 몸 길이를 재어 보는 수학 놀이의 주인공이 될 수 있게 동그랗게 모여 앉아 오늘의 주인공을 뽑기통에서 뽑아 보자!

▼ 친구의 몸 길이를 임의 단위로 측정한 모습(좌), 다양한 임의 단위 도구로 측정한 결과들(우)

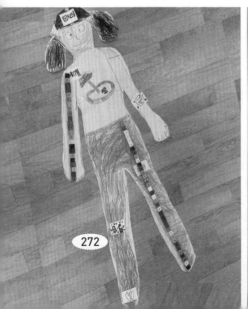

272

내친구의 **몸길이**는?	
키를 블록으로 쟀을 때?	6 개
팔의 길이를 큐브로 쟀을 때?	21 개
다리의 길이를 큐브로 쟀을 때?	37 개
팔과 다리의 큐브 수 차이는?	16 개

함께 즐기는 회복적 놀이 방법

1. 오늘의 주인공 친구를 초대하여 커다란 종이에 눕힙니다.
2. 주인공이 누워 있는 모습 그대로 다른 친구들이 몸의 모양을 그려 줍니다.

 크레파스로 친구가 누워 있는 모양대로 그려 보자.

3. 친구 몸 그림에 신체부위(팔, 다리, 어깨, 무릎, 머리 등)의 명칭을 알아보고 그림 위에서 봅니다.
4. 친구 몸 그림본에서 길이를 재고 싶은 신체부위를 임의 단위(큐브, 종이블록 등)로 재어 봅니다.

 팔 길이만큼 큐브를 연이어 끼워 길이를 재어 보자.
팔의 길이를 재려면 큐브가 얼마나 필요할까?
다리의 길이만큼 큐브를 끼워 보자.
팔 / 다리/ 어깨, 무릎은 몇 개가 필요했니?

5. 팔, 다리, 어깨, 무릎의 길이를 비교해 봅니다.

 팔과 다리 중 무엇이 더 길고 짧을까?
팔과 다리에 사용된 큐브는 몇 개 였니?
길이가 긴 순서대로 큐브를 놓아 보자.

 ### 회복적 생활교육을 위한 놀이 활동 TIP

- 큐브가 아닌 블록 등으로 길이를 잴 수 있음을 알고, 길이 재기를 시도할 수 있도록 지원합니다.
- 크다-작다, 길다-짧다, 높다-낮다 등의 수학적 어휘를 사용하며 놀이할 수 있도록 언어적으로 지원합니다.

놀이확장 아이디어

- 몸 길이 측정 기록지를 제공하여 몸의 길이를 잴 때 사용된 큐브의 숫자를 기록해 보고 큰 수와 작은 수로 측정한 길이를 비교해 볼 수 있도록 합니다.
- 다른 친구의 몸 길이와도 비교할 수 있습니다. 단, 키가 크고 작음으로 비교하지 않도록 주의합니다.

입체도형과 놀아요!

놀이 준비물 → 점토, 그래프, 스티로폼 공, 이쑤시개

회복적 가치와 배움 연결하기

- 스티로폼 공과 이쑤시개를 이용하여 입체도형을 구성해 봅니다.
- 구성한 도형의 점, 선, 면의 수를 탐색해 보며 기본도형과 입체도형의 특징을 알아 봅니다.
- 입체도형 구성 놀이를 통해 우리 교실의 여러 가지 사물부터 상상해서 만드는 작품까지 다양하게 확장하여 표현하며 공간지각력, 협력의 태도를 기릅니다.

놀이를 시작하기 전에

☑ 동그랗게 앉은 순서대로 비밀 도형상자에서 여러 가지 입체도형(원기둥, 삼각기둥, 사각기둥, 정육면체, 구 등)을 하나씩 촉감으로 느낀 후 꺼내어 센터피스로 구성합니다.

▼ 점토 위에 입체도형의 선, 면, 꼭짓점을 찍어 보는 모습(좌), 이쑤시개와 스티로폼공으로 완성한 다양한 입체도형(우)

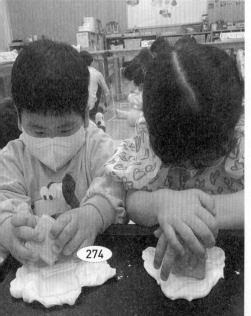

274

1. 센터피스에 모인 입체도형(원기둥, 삼각기둥, 사각기둥, 정육면체, 구 등)의 이름을 알아봅니다.
2. 점토 위에 입체도형의 각 면, 선, 꼭짓점을 찍으며 특성을 알아봅니다.

- **사각기둥** : 쌓을 수 있다. 굴러가지 않는다.
- **원기둥** : 쌓을 수 있다. 굴러간다.
- **삼각기둥** : 쌓을 수 있다. 굴러가지 않는다.
- **구**: 쌓을 수 없다. 굴러간다

3. 입체도형 그래프 위에 우리 반에서 발견한 입체도형과 닮은 물건을 분류합니다.
4. 스티로폼 공과 이쑤시개를 활용하여 다양한 입체도형을 구성해 봅니다.
5. 각자 구성한 입체도형을 같은 모양끼리 분류합니다.

회복적 생활교육을 위한 놀이 활동 TIP

- 이쑤시개 사용 시 뾰족한 부분에 찔리지 않게 주의하도록 안내합니다.
- 작은 스티로폼 공과 이쑤시개를 통해 점과 점이 만나 선을 이루고 선과 선이 만나 면을 이루는 도형의 원리를 놀이로 알아갑니다.

놀이확장 아이디어

- 자료를 분류하고 정리하여 그래프로 만드는 놀이를 다른 주제로도 적용하여 놀이해 봅니다(예: 내가 좋아하는 교통기관, 내가 좋아하는 도형 등).

숫자 100 만들기

놀이 준비물 → 숫자 100 수세기판(1-100 수배열판, 5개씩 묶어세기판, 10개씩 묶어
세기판), 바구니 4개, 색연필, 구슬, 바둑알, 색종이(각100개), 솜공

회복적 가치와 배움 연결하기

- 1부터 100까지의 수를 다양한 물체로 1:1 대응을 하며 마지막 숫자 읽기가 끝나
는 수가 전체가 됨을 경험합니다.
- 큰 수에 관심을 가지고 100이라는 숫자의 의미를 알아봅니다.
- 순서대로 세기, 묶음으로 세기 등 다양한 방법으로 100을 세는 방법을 경험합니다.

놀이를 시작하기 전에

☑ 내가 셀 수 있는 가장 큰 수를 포스트잇에 적어 센터피스로 구성합니다.

▼ 숫자 100에 맞춰서 솜공을 1:1 대응하는 아이들(좌), 10묶음수로 숫자 100 세어 보기(우)

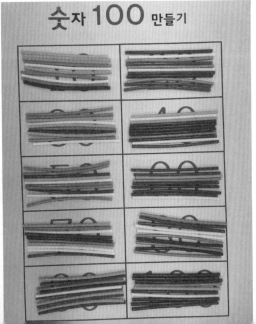

276

1. 동그랗게 모여 앉아 숫자 마이크를 토킹피스로 넘겨 보며 내가 셀 수 있는 가장 큰 수를 말해 봅니다.
2. 우리 교실에서 100개 정도 되는 물건이 무엇인지 찾아봅니다(예: 색연필, 구슬, 바둑알, 색종이 등).
3. 미리 담아 놓은 100개의 물건을 탐색합니다(예: 색연필을 담은 바구니, 구슬을 담은 바구니, 바둑알을 담은 바구니, 색종이를 담은 바구니를 보며 몇 개가 담겨 있는지, 가장 많아 보이는 물건, 적어 보이는 물건을 알아맞혀 보기).
4. 100개의 색연필을 늘어뜨려 100개의 길이를 어림해 보고, 실제 길이와 비교해 봅니다.
5. 100장의 색종이를 늘어놓아 우리 교실 매트의 크기와 비교해 봅니다.
6. 100개의 색연필, 구슬, 바둑알, 색종이를 다양한 방법으로 세어 봅니다(예: 1-100 수배열판, 5개씩 묶어세기판, 10개씩 묶어세기판 위에 올려 다양한 방법으로 숫자 100을 경험).

회복적 생활교육을 위한 놀이 활동 TIP

- 미리 100개의 색연필, 구슬, 바둑알, 색종이를 바구니에 담아 준비하고, 100이라는 숫자를 다양하게 세어 보는 경험을 할 수 있도록 합니다.
- 100개의 물건 늘어뜨리기 시 모둠별로 나누어 놀이하게 하여 모둠별로 경험한 100이라는 숫자의 의미를 함께 알아갑니다.

놀이확장 아이디어

- 친구들과 물건의 가격을 900원으로 정하고 900원 마켓을 열어 천 원짜리 지폐 또는 500원짜리 동전을 모아 1,000원을 만들어 계산한 후 100원의 거스름돈을 받는 마켓 놀이로 확장합니다.

한 줌을 체험해요

놀이 준비물 → 팥이 든 자루, 투명한 비닐자루, 교실의 물건들(한 줌으로 잡을 수 있
는), 자석보드판, 한 줌 비교 놀이 기록지

회복적 가치와 배움 연결하기

• 비형식적 측정에 관심을 가집니다.
• 한 줌으로 셀 수 있는 물건의 수를 어림으로 세어 보고 실제 수의 크기와 비교해
봅니다.
• 내 주먹에 물체를 담아 몇 개인지 알아맞히는 놀이를 통해 물체를 세어 보지 않아
도 몇 개인지 알아보는 직관적 수 세기를 해봅니다.

놀이를 시작하기 전에

☑ 팥이 든 자루와 팥이 없는 바구니를 서클의 중간에 준비합니다.

▼ 팥 한줌을 체험하는 아이들(좌), 한 줌의 예측한 개수와 실제 개수 비교하기(우)

1. 동그랗게 모여 앉아 팥을 투명한 비닐자루에 한 줌씩 들어 옮겨 담습니다.

 한 줌은 얼만큼을 말하는 걸까? 한 손으로 움켜잡은 만큼이 '한 줌'이야.
'줌'은 주먹이라는 뜻이고, 한 주먹을 가득 채운 것을 말해.
우리 반 친구들이 옮겨 담은 한 줌의 양을 어림잡아 보자.

2. 우리 교실에서 한 줌으로 셀 수 있는 물건(구슬, 바둑알, 뿅뿅이, 지우개 등)을 찾아봅니다.
3. 한 줌으로 셀 수 있는 물건의 개수를 예측해 봅니다.

 구슬을 한 줌으로 쥐면 몇 개가 될까?

4. 구슬을 한 줌 쥐고 예측한 개수와 맞는지 실제 개수를 세어 봅니다.
5. 친구와 내 손을 대고 그린 후 오려 붙입니다(왼손, 오른손).
6. 내 손 그림 위에 친구와 내 손 한 줌의 개수를 비교해 봅니다.
7. 뿅뿅이, 바둑알, 지우개, 작은 블록 등으로 한 줌 알아맞히기 게임을 해봅니다(예: 짝지어 앉아 물건을 한 줌 쥐어 몇 개인지 물어보면 다른 한 친구가 한 줌의 개수를 알아맞히기).

 회복적 생활교육을 위한 놀이 활동 TIP

- 한 줌으로 셀 수 있는 물건과 한 줌으로 셀 수 없는 물건을 비교하며 비형식적 측정을 경험합니다.
- 손의 크기에 따라 한 줌으로 잡을 수 있는 물건의 개수가 달라지는 것을 언어적으로 상호작용하며 비형식적 측량 방법에 관심을 가집니다.

놀이확장 아이디어

- 모래놀이 시 다양한 도구(컵, 삽, 손)를 제공하여 모래 옮겨 담기로 측정을 경험합니다.
- 한 줌으로 센 물건들을 저울에 올려 무게를 달아 형식적 측정을 경험합니다.

존중 　공감 　책임 　관계 　**문제해결** 　**협력** 　**공동체성**

숫자의 날에는…

놀이 준비물 → 숫자 미션 목걸이, 계란판, 탁구공, 뽑기통, 숫자판(1-30), 큰수-작은수 PPT, 원카드

회복적 가치와 배움 연결하기

• 좋아하는 숫자를 맞혀 보는 수 놀이를 통해 숫자의 의미를 몸의 감각으로 경험해 봅니다.

• 수 놀이를 통해 하나하나 세어 보지 않아도 바로 몇 개인지 알 수 있는 직관적 수 세기를 경험해 봅니다.

• 큰 수와 작은 수를 비교하는 게임을 즐기며 큰 수와 친숙해지는 경험을 합니다.

놀이를 시작하기 전에

☑ 숫자의 날을 운영하여 수 놀이 영역을 구성하고, 모둠별로 수 놀이를 체험합니다.

☑ 미션 목걸이를 만들어 모든 4가지 수 놀이 영역을 경험해 봅니다.

▼ 달걀판에서 내가 좋아하는 숫자칸에 골인시킨 모습(좌), 큰 수/작은 수 찾기 게임에 참여하는 모습(우)

함께 즐기는 회복적 놀이 방법

좋아하는 숫자 골인 놀이

① 모둠별로 계란판에 1-30 숫자를 적어 넣습니다.

② 계란판에 적힌 1-30의 숫자 중 내가 좋아하는 숫자를 다섯 개 골라 보드판에 써 봅니다.

③ 탁구공으로 내가 좋아하는 숫자칸에 골인시킵니다.

사라진 숫자를 찾아라!

① 미리 뽑기통에 1-30 숫자판에 채우지 않은 사라진 숫자를 캡슐에 담습니다.

② 1~30의 계란 숫자판에 사라진 숫자를 찾아봅니다.

③ 뽑기통에서 캡슐을 뽑아 숫자를 확인하고, 알맞은 빈칸에 순서대로 채워 넣습니다.

큰 수와 작은 수 찾기 놀이

① 아이들이 움직이는 자리에 선을 그어 큰 수와 작은 수 자리로 구분합니다.

② 프로젝션 TV 화면에 나타난 두 개의 숫자와 숫자를 나타내는 양을 보고 내가 생각한 큰 수 / 작은 수 자리 게임에 참여합니다.

원카드로 큰 수 찾기 놀이

① 두 사람이 짝을 지어 원카드의 숫자카드로 큰 수 찾기게임을 진행합니다.

② 숫자 카드는 나눠 갖고 동시에 뒤집어 더 큰 수를 낸 사람이 카드를 가져갑니다.

회복적 생활교육을 위한 놀이 활동 TIP

- 직관적 수 세기에 익숙해질 수 있도록 큰 수와 작은 수를 수 놀이로 경험해 봅니다.
- 아이들이 영역을 구성하고 안내하고 놀이하는 역할을 분담하여 수 놀이를 경험할 수 있도록 지원합니다.

놀이확장 아이디어

- 탁구공을 이용하여 10미만의 가르기와 모으기를 경험합니다.
- 숫자 원카드로 메모리 게임, 스토쿠 게임 등 확장된 수 놀이를 즐길 수 있습니다.

존중　공감　**책임**　관계　**문제해결**　협력　공동체성

젤리로 만든 패턴꼬치

놀이 준비물 → 젤리, 접시, 꼬치

회복적 가치와 배움 연결하기

- 젤리를 색, 모양 등 한 가지 기준으로 분류해 봅니다.
- 젤리로 만들어진 패턴을 예측하고 반복되는 패턴을 만들 수 있습니다.
- 젤리로 패턴 꼬치를 만들어 먹으며, 맛있고 즐거운 수 놀이에 적극적으로 참여합니다.
- 규칙의 의미를 이해하고 자신이 정한 규칙대로 젤리 패턴꼬치를 만들어 봅니다.

놀이를 시작하기 전에

☑ 패턴카드(빈칸 포함)로 센터피스를 구성하여 다음을 예측하는 게임을 해봅니다.

▼ 젤리로 다양한 모양을 구성한 센터피스(좌), 젤리로 나름의 규칙을 세워 만든 패턴꼬치(우)

1. 젤리를 접시에 담아 봅니다.
2. 젤리를 같은 색끼리 모아본 후 몇 개인지 세어 보고 분류합니다.
3. 젤리의 모양을 탐색해 보고, 같은 모양끼리 분류합니다.
4. 젤리를 나열하여 나만의 패턴을 만들어 보기로 합니다(예: A-B패턴, A-B-C패턴, A-B-C-D패턴 등 다양한 패턴으로).
5. 모둠 친구들끼리 빈칸이 있는 패턴을 만들어 다음 순서를 예측하여 알아맞히는 게임에 참여합니다.
6. 꼬치에 내가 만든 패턴 순서대로 재료를 꽂아 보고, 친구에게 나만의 젤리 패턴꼬치를 소개합니다.
7. 소개한 젤리 패턴꼬치를 맛있게 먹습니다.

 회복적 생활교육을 위한 놀이 활동 TIP

- 아이들의 수준과 흥미에 따라 A-B패턴, A-B-C패턴 등 다양하게 패턴을 만들어 자신이 정한 규칙대로 젤리꼬치를 만들어 보게 합니다.
- 한 가지 기준으로 분류해 보게 한 후 두 가지 이상의 복합 분류도 할 수 있도록 상호작용합니다.

놀이확장 아이디어

- 젤리 빙고놀이판을 만들어 빙고놀이를 하며 젤리를 맛있게 먹어 봅니다.

| 존중 | 공감 | 책임 | 관계 | 문제해결 | 협력 | 공동체성 |

내가 만든 저울

놀이 준비물 → 옷걸이, 재활용 플라스틱컵, 실, 펜, 송곳, 투명테이프, 양팔저울, 바구니, 굵은 고무줄

회복적 가치와 배움 연결하기

- 임의 단위의 측정도구로 교실에 있는 다양한 물건의 무게를 재어 비교합니다.
- 표준화된 측정도구로 물체의 무게를 재어보고 무게의 단위에 관심을 가집니다.
- 고무줄과 옷걸이를 이용해서 만든 저울로 물건의 무게를 재고 비교하며 수학적 탐구심을 기릅니다.

놀이를 시작하기 전에

☑ 바깥놀이에서 시소 탄 사진을 출력하여 센터피스로 구성하고 시소의 원리를 통해 친구와 나의 무게를 비교합니다.

▼ 양팔저울에 다양한 물건을 올려 무게를 비교하는 모습(좌), 옷걸이로 만든 양팔저울로 무게를 비교하는 모습(우)

1. 시소 탄 사진을 보며, 친구와 나의 무게를 무게를 비교해 봅니다.

 나보다 올라가 있으니 내가 더 무거워! 거의 일직선이니 우리는 비슷해!

2. 우리 교실에서 무게를 잴 수 있는 도구를 찾아봅니다.

 우리 교실에서 무게를 잴 수 있는 도구가 있을까? 시소를 닮은 측정도구를 찾아보자.

3. 양팔 저울로 크기가 비슷한 물건을 찾아 무게를 측정해 봅니다.

 어느 쪽이 더 내려갔니?

옷걸이 양팔저울

① 옷걸이의 양쪽을 똑같이 아래로 구부립니다.
② 재활용 플라스틱컵 2개를 스티커로 꾸밉니다.
③ 컵 2개의 입구 쪽에 점을 그리고 반대쪽에도 그린 후 송곳으로 구멍을 뚫습니다.
④ 한쪽 컵의 구멍에 실을 끼워 묶고 반대쪽 구멍은 옷걸이와 연결하여 실을 묶습니다(2개의 컵 모두).
⑤ 교실에 있는 물건을 가져와 어느 쪽이 더 무거운지(또는 가벼운지) 비교해 봅니다.

고무줄 저울

① 굵은 고무줄에 바구니를 연결하여 무게에 따라 고무줄이 늘어나게 합니다.
② 바구니에 물건을 담을 때마다 늘어나는 고무줄의 길이를 주의 깊게 관찰하며 놀이합니다.
③ 고무줄의 길이가 더 많이 늘어나는 물건의 무게가 더 무거운 것을 알고 관찰합니다.

 ### 회복적 생활교육을 위한 놀이 활동 TIP

• 옷걸이 양팔저울을 만들 때 양쪽을 같은 기울기로 기울여야 한쪽으로 기울지 않습니다.
• 시소 놀이와 같이 양팔저울은 무거운 쪽으로 내려간다는 수학적 원리를 아이들과 상호작용합니다.

놀이확장 아이디어

• 요리용 저울로 교실에 있는 물건의 무게를 측정하고 숫자로도 확인해 봅니다.

존중 | 공감 | **책임** | 관계 | **문제해결** | **협력** | 공동체성

고래밥의 진실

놀이 준비물 → 고래밥, 종이접시, 바다동물 분류판, 그래프판

회복적 가치와 배움 연결하기

• 고래밥 과자의 내용물로 간단한 막대그래프를 만들어 봅니다.
• 고래밥 과자를 분류, 정리하여 그래프로 나타내고, 그래프를 이야기로 만들어 봅니다.

놀이를 시작하기 전에

☑ 고래밥 과자에 들어 있는 고래, 불가사리, 복어, 거북, 오징어, 꽃게, 다랑어, 돌고래 사진을 센터 피스로 구성합니다.

▼ 고래밥 과자 속 바다동물의 종류를 분류해 보는 모습(좌), 고래밥 그래프로 바다동물의 수 비교하기(우)

함께 즐기는 회복적 놀이 방법

1. 고래밥 과자 진실 게임을 엽니다.

> 고래밥 과자에는 정말 고래만 있을까?
> 다른 바다동물들이 있다면 그중에서 고래가 가장 많을까?

2. 고래밥 과자에 정말 고래가 가장 많은지 알 수 있는 방법을 찾아봅니다.

> 고래밥 과자를 먹기 전에 바다동물들이 모두 몇 마리 들어 있는지 세어 보자.

3. 고래, 불가사리, 복어, 거북, 오징어, 꽃게, 다랑어, 돌고래 각 접시에 분류해 봅니다.
4. 분류한 바다동물 중 어떤 동물이 많은지 / 적은지 한눈에 알 수 있는 방법을 알아봅니다.
5. 표를 만드는 과정을 이야기 나눈 뒤, 분류한 고래밥을 그래프로 나타내 봅니다.
6. 고래밥 그래프를 보고 고래밥의 진실을 파헤치는 이야기를 나눕니다.

> 고래가 정말 더 많았었니?
> 가장 적게 들어 있는 동물과 많이 들어 있던 동물은 무엇이니?

> 불가사리가 많으니까 불가사리밥이라고 다시 이름을 지어 줄래요!

회복적 생활교육을 위한 놀이 활동 TIP

- 그래프의 좋은 점인 어떤 것이 많고 적은지 한눈에 볼 수 있다는 점을 느낄 수 있도록 상호작용합니다.
- 그래프 활동 전후 고래밥을 함께 먹으며 수학 놀이에 즐겁게 참여합니다.

놀이확장 아이디어

- 주사위를 활용하여 고래밥으로 10을 가르기 모으기 하며, 10의 보수(補數)를 알아보고 큰 수, 작은 수를 알아볼 수 있습니다.

일상의 호기심을 과학적 탐구로
함께 해결해요!

과학 놀이로 펼치는 회복적 생활교육은?

회복적 가치가 담긴 과학 놀이를 통해 호기심을 해결하고,
여러 가지 시도와 실험을 통해 새롭게 알게 된 것과 이미
알고 있는 것을 관련지으며 탐구하고 서로의 생각을 협의
하는 과정을 통해 문제해결 능력을 키워갑니다.

04

과학

놀이

아이들은 호기심이 넘칩니다. 어른들은 당연하다고 여기는 사소한 것들에 대해 신기해하며 궁금해하고, 다양한 방법을 동원해 알아보고 싶어하지요. 놀이는 아이들이 호기심을 해결하는 중요한 방법이자 도구입니다. 어른의 눈에는 그저 장난이나 말썽처럼 보여도 실제로는 의미 있는 배움이 일어나고 있는 거죠. 과학은 이처럼 타고난 호기심을 풀어가거나 교실 안에서 마주하는 다양한 문제해결 과정에서 만나야 합니다. 스스로 결과를 예측해 보고 주변의 환경과 사물에 대해 물리적인 속성을 탐구하는 동안 아이들은 과학적 태도를 길러가지요. 그리고 문제해결을 위해 나름의 방식대로 사고하며, 친구와도 생각을 나누고, 협력하여 다양하게 시도해 보는 동안 자연스럽게 배움을 나누고, 지식을 구성해 나갑니다. 이처럼 아이들의 삶은 세상과 끊임없이 상호작용하는 탐구의 과정이며, 그와 함께 관계와 배움을 동시에 확장하며 성장합니다.

　미처 적응할 새 없이 급변하는 초기술 시대에는 과거의 지식이나 정보가 쓸모없어지는 사례도 빈번합니다. 따라서 지식과 정보의 습득보다는 변화를 주도하는 과학적 소양을 기르는 것이 훨씬 더 중요합니다. 하지만 교실에서 과학을 발견하고 놀이로 확장시켜 배움으로 연결하도록 안내하고 지원하는 것은 막연하고 어렵게만 느껴집니다. 이에 회복적 가치가 담긴 과학 놀이들을 제안합니다. 회복의 가치는 과학과도 밀접하게 연결되어 있습니다. 아이들은 서로의 생각을 안전하게 나누고, 비난과 판단 없이 탐구한 과정과 결과에 관한 생각과 느낌을 주고받으며, 생각과 이해를 공유하고 문제를 해결해 나갑니다. 또한 새로운 발견과 변화에 관한 이야기를 서클에서 나누며 자연스럽게 서로의 생각을 존중하고, 협력 속에서 배려와 공감, 책임 등 회복적 가치를 경험하게 됩니다.

- 직접 관찰, 조작하며 과학적 원리를 발견하고, 그 과정에서 내 생각과 다른 친구의 생각을 존중합니다.
- 자신이 생각한 방법대로 탐구하고, 친구와 상호작용을 통해 지식을 구성해 나가며 공감을 경험합니다.
- 친구와 의견을 나누며 공유된 이해로 나아가, 자신과 연결된 세상을 알아가고, 발견된 규칙을 통해 책임을 경험합니다.

이처럼 과학 교육은 지식 추구보다 일상 속 다양한 문제와 가치들에 대한 사고 과정을 담아내야 합니다. 과학이라는 학문이 본디 인류의 더 나은 삶을 위해 다양한 자연현상을 이해하고, 문제해결을 위한 탐구 과정이 쌓여 이뤄진 것인 만큼 아이들도 생활 속에서 놀이로 과학을 접하고 스스로 호기심을 느껴 탐구하도록 격려하는 것이 중요하죠. 역사 속에서 과학이 인간 세상의 다양한 문제들을 해결해온 힘이었듯, 놀이를 매개로 아이들이 일상에서 만나는 문제를 과학적으로 해결하는 경험을 쌓아가는 동안 과학과 부쩍 더 가까워질 것이며, 향후 만나게 될 어려운 과학개념에 대해서도 즐겁게 자발적으로 탐구하려는 열린 마음을 갖게 될 것입니다. 특히 서클은 아이들에게 공유하고 적용한 결과가 가장 나은 방법이었는지 돌아보게 하고, 더 좋은 방법으로 나아가기 위해 생각을 모으고, 함께 문제해결을 할 수 있는 시공간이 되어주었습니다. 지금부터 함께 놀면서 존중, 공감, 책임의 회복적 가치를 흠뻑 경험할 수 있는 과학 놀이들을 소개합니다.

존중 　 공감 　 책임 　 관계 　 문제해결 　 협력 　 공동체성

나눌수록 커지는 기쁨

놀이 준비물 → 페트병, 비닐장갑, 고무줄, 유성매직, 물이 담긴 수조, 고무줄

회복적 가치와 배움 연결하기
- 나누면 나눌수록 커지는 기쁨을 과학 현상이 포함된 놀이로 경험합니다.
- 부풀어지는 장갑 놀이로 눈에 보이지 않는 공기가 다른 곳으로 이동하는 현상을 이해하고, 나눌수록 커지는 기쁨도 표현해 봅니다.

놀이를 시작하기 전에

☑ 기쁨의 표정을 동그란 얼굴 종이에 그려 봅니다.

☑ 비닐장갑에 기쁨의 표정을 유성매직으로 그려 넣습니다.

☑ 입구와 반대편(아래) 부분을 자른 페트병을 준비합니다.

▼ 기쁨의 표정을 그려 넣은 비닐장갑(좌), 기쁨의 비닐장갑과 연결한 페트병을 수조에 넣어 크게 부풀리는 모습(우)

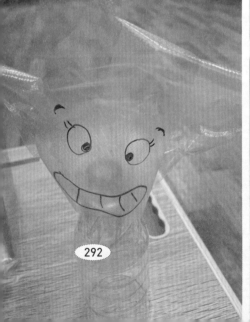

함께 즐기는 회복적 놀이 방법

1. 동그랗게 모여 앉아 비닐장갑으로 손잡은 모습을 만들어 센터피스를 구성합니다.

여기에 모인 장갑 친구들은 어떤 마음이니?
장갑 친구들의 기쁨이 모여 큰 기쁨을 만들어진 것을 보니 어떠니?

2. 눈에 보이지 않는 기쁨을 크게 만들 수 있는 방법에 대해 이야기 나눕니다.

기쁨이 눈에 보이지 않지만 우리 마음에 느껴지는 것처럼 눈에 보이지 않는 공기로 기쁨을 크게 만들어 볼 수 있을까?
풍선에 공기를 불어넣으면 어떻게 될까?

3. 비닐장갑과 페트병 입구 사이에 틈이 생기지 않도록 고무줄로 단단하게 묶습니다.
4. 수조에 물을 담아 페트병을 담갔다 뺐다 하며 비닐장갑이 팽팽하게 커져 불어나는 실험을 해 봅니다.
5. 페트병이 수조에 담궈질 때 팽팽하게 부풀어 오르는 비닐장갑을 보며 기쁨의 표정을 살펴볼 수 있습니다.

비닐장갑이 커질 때 '기쁨아 커져라!' 하고 외쳐 보자.
비닐장갑의 표정이 어떻게 보이니?

회복적 생활교육을 위한 놀이 활동 TIP

- 페트병과 비닐장갑을 연결할 때 공기가 들어가지 않도록 고무줄로 꼼꼼하게 입구를 막아야 실험에 성공할 수 있습니다.
- 자른 페트병의 끝부분을 안전하게 테이프로 감아 줍니다.

놀이확장 아이디어

- 비닐장갑의 다섯손가락에 마음이 기뻐지는 말을 적고, 나누는 기쁨을 표현해 봅니다.

| 존중 | 공감 | 책임 | 관계 | 문제해결 | 협력 | 공동체성 |

내 마음의 모양은?

놀이 준비물 → 유성펜(플로팅마커펜), 접시, 빨대, 물, 여러 가지 모양의 보석, 숟가락, 도자기 숟가락

회복적 가치와 배움 연결하기
• 유성펜으로 그린 그림이 물 위에 뜨는 과학적 현상을 관찰합니다.
• 내 마음의 모양 그림이 물 위에서 움직이는 놀이를 통해 물과 기름의 다른 성질을 알아봅니다.

놀이를 시작하기 전에

☑ 내 마음의 모양 보석을 하나씩 선택하여 센터피스로 구성합니다.

▼ 숟가락으로 마음보석을 서로에게 이동시키는 모습(좌), 마음의 모양을 물에 띄운 모습(우)

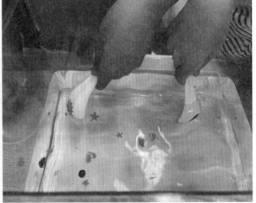

함께 즐기는 회복적 놀이 방법

1. 한줄 기차로 앉아 숟가락을 활용하여 마음 보석을 다음 친구에게 이동시켜 봅니다.

 내 마음 보석을 다음 친구에게 숟가락에서 숟가락으로 옮겨 보자.

2. 교사가 숟가락에 그린 내 마음의 모양을 움직이는 방법에 대해 알아봅니다.

 (유성펜으로 그린 마음의 모양을 보며) 선생님의 마음 모양은 어떤 모양이니?

회오리 하트가 OO 친구들의 마음으로 헤엄쳐서 가고 싶대. 어떻게 움직여서 갈 수 있을까?

3. 준비한 물과 빨대를 보며 내 마음의 모양이 움직일 수 있는 방법을 탐색합니다.

 물과 빨대를 어떻게 이용하면 마음의 모양이 움직여 OO이의 마음으로 갈 수 있을까?

4. 움직이는 내 마음의 모양 놀이 방법을 알아보고 놀이합니다.

움직이는 내 마음의 모양 놀이 방법
① 도자기 숟가락 위에 유성펜으로 마음의 모양을 그립니다.
② 마음의 모양 가장자리에 물을 천천히 담가 물위로 떠오른 그림을 향해 빨대를 활용하여 '후후' 불어 줍니다.
③ 마음의 모양 그림이 물 위로 둥둥 떠오르며 움직이는 현상을 관찰합니다.

5. 친구의 마음과 나의 마음의 모양이 함께 움직이는 모습을 관찰합니다.

 ### 회복적 생활교육을 위한 놀이 활동 TIP

- 마음의 모양을 그릴 때 선을 두껍게 그려야 물에 뜨는 현상을 관찰하기 쉽습니다.
- 마음의 모양을 더 잘 띄우기 위해 그림 가장자리에 물을 조금씩 살살 부어 띄우도록 지원합니다.
- 유성펜은 물과 만나면 둥둥 뜹니다(물과 기름이 만났을 때 밀도가 작은 기름층이 물에 뜨는 과학적 원리를 충분히 관찰할 수 있도록 지도합니다).

놀이확장 아이디어

- 염색물과 기름을 섞어 기름층이 뜨는 현상을 경험하는 과학 실험을 후속활동으로 이어서 해볼 수 있습니다(밀도 실험).
- 친구나 선생님에게 그려 주고 싶은 그림을 자유롭게 그려 밀도 실험을 해보는 경험을 할 수 있도록 자료를 제공합니다.

존중	**공감**	책임	관계	**문제해결**	**협력**	공동체성

비밀쪽지에 적힌 이름은?

놀이 준비물 → 출석카드, 크레파스, 쪽지, 물감, 붓, 물통, 얼굴 사진

회복적 가치와 배움 연결하기

• 비밀 이름이 나타나는 실험을 통해 물과 기름이 섞이지 않는 과학 현상을 경험합니다.

• 숨겨진 이름을 찾아보는 과정에서 호기심과 즐거움을 느낍니다.

• 친구에게 비밀쪽지를 건네며 친밀함을 가집니다.

놀이를 시작하기 전에

☑ 출석카드 뒷면에 얼굴 사진을 붙여 센터피스로 구성합니다.

☑ 종이쪽지에 하얀 크레파스로 내 이름을 적어 비밀 이름쪽지를 만듭니다.

☑ 출석카드로 작은 서클, 비밀 이름쪽지를 큰 서클로 한 센터피스를 구성합니다.

▼ 출석카드 뒷면에 얼굴 사진을 붙여 구성한 센터피스(좌), 친구에게 비밀쪽지를 건네는 모습(우)

함께 즐기는 회복적 놀이 방법

1. 센터피스의 작은 서클로 구성된 출석카드로 내 이름을 소개합니다. 소개 후 친구들에게 뒷면의 사진을 보여줍니다.
2. 센터피스에 구성된 비밀 이름쪽지를 소개합니다.

 아무것도 보이지 않는 이 쪽지에 누구의 이름이 적혀 있을까?

3. 복도와 교실에서 숨은 이름쪽지 찾기 놀이를 하기로 합니다. 이때 교사가 복도와 교실에 비밀 이름쪽지를 숨겨 두고 찾기 게임을 시작합니다.
4. 찾기 미션을 완수한 친구들은 순서대로 자리에 앉아 비밀쪽지의 '보이지 않는 글자 나타내기' 미션 해결 방법을 알아봅니다.

 미션 해결 방법을 알아보고 해결 물품인 물감, 붓, 물통을 준비하자. 흰색 크레파스로 적힌 비밀 이름을 나타내기 위해 물감과 붓을 이용하여 이름 글자를 나타내 보자.

5. 비밀쪽지에 나타난 친구 이름을 확인합니다.
6. 친구야 이름 모여라 판에 물감으로 인해 나타난 친구 이름쪽지를 모아 게시합니다.
7. 둥글게 모여 앉아 비밀쪽지에 나타난 친구 이름을 하나씩 부르며 비밀쪽지 주인공에게 전달합니다.

 회복적 생활교육을 위한 놀이 활동 TIP

- 숨바꼭질에서 찾은 비밀쪽지의 이름 글자를 읽기 어려운 친구는 비밀쪽지에 나타난 이름을 알기 위해 센터피스에서 똑같은 이름의 출석카드를 찾아 뒤집어 얼굴을 찾아 확인하도록 합니다.
- 크레파스(기름), 물감(물)의 성질을 이용하여 이름이 나타나는 현상을 경험할 수 있도록 과학적 어휘를 포함한 상호작용을 지원합니다.
- 사전에 비밀쪽지를 나눠주고 내 이름 글자를 써 보게 하여 만들어 놓은 것으로 과학 놀이에 활용합니다.

놀이확장 아이디어

- 친구 이름을 마스킹 테이프로 구성하고 그 위를 파스텔로 문지른 후 테이프를 떼어 내어 이름을 나타나게 하는 테이핑 아트를 해봅니다.

빛으로 전하는 내 마음

놀이 준비물 → 감정카드, 종이 블록, 보석비즈, 빛을 투과하는 물체(색 빨대, 비즈 블록 등), 라이트테이블, 휴지심, 투명테이프, 유성매직, 손전등 등

회복적 가치와 배움 연결하기

• 빛의 특성을 활용한 재료들을 이용하여 빛의 투과와 반사를 빛 놀이로 경험할 수 있습니다.

• 내 마음과 감정을 빛이라는 매체를 통해 자유롭게 표현해 봅니다.

• 내 마음이 어떤지 충분히 느끼고 빛 놀이로 감정의 실체와 마주하면서 감정 조절의 힘을 길러갑니다.

놀이를 시작하기 전에

☑ OHP필름으로 구성한 내 마음의 모양을 라이트테이블 위에 올린 후 빛을 투과하는 재료로 꾸며 봅니다.

▼ OHP필름에 꾸민 내 마음(좌), 칠판에 내 마음의 빛을 쏘는 모습(우)

함께 즐기는 회복적 놀이 방법

1. 나의 마음을 풍부하게 표현하는 감정 어휘를 감정카드(예: 상쾌하다 / 반갑다 / 행복하다 / 뿌듯하다 / 사랑한다 / 고맙다 / 신기하다 / 벅차다 / 놀랍다 / 기쁘다 등)로 소개합니다.
2. 라이트테이블과 재료를 탐색하며 이야기 나눕니다.

> 종이 블록과 보석비즈를 동시에 라이트테이블 위에 올려놓으면 어떻게 보일까?
> 어떤 점이 다르게 보이니?

3. 내 마음을 라이트테이블 놀이로 표현해 봅니다.

> 라이트테이블 위에 내 마음을 어떻게 구성하고 싶니? 어떤 모양으로 만들고 싶니?
> 내 마음을 빛으로 표현하기 위해서는 어떤 재료가 필요할까?

4. 내 마음의 상태(예: 친구랑 놀이터에서 만나 기쁜 마음, 엄마한테 공부 못한다고 혼났을 때 속상한 마음, 엄마가 꼭 안아 줄 때 따뜻해지는 사랑의 마음 등)를 빛의 투과와 반사로 경험하기 위해 빛 놀이 재료를 소개합니다.

> 휴지심과 테이프, 손전등의 빛을 이용해서 내 마음을 만들어 볼 수 있을까?

5. 휴지심의 동그란 구멍을 투명테이프로 감아 줍니다.
6. 유성매직으로 투명테이프 부분에 나의 마음 빛깔을 색칠해 줍니다.
7. 손전등을 휴지심에 대고 어두운 곳에서 휴지심 그림자 놀이를 하며 나의 마음의 빛깔을 감상합니다.

회복적 생활교육을 위한 놀이 활동 TIP

- 빛을 투과하는 물체와 빛을 투과하지 못하는 물체 모두 빛놀이에 활용하여 빛의 성질을 이해합니다.
- 내 마음을 구성하는 재료를 스스로 탐색하여 추가해 보며 내 마음을 자유롭고 다채롭게 표현할 수 있도록 지원합니다.

놀이확장 아이디어

- 빛을 투과시키는 물건 / 투과시키지 못하는 물건을 분류하는 놀이로 이어갑니다.
- 빛과 그림자 놀이를 통해 그림자를 보고 물건 알아맞히기 게임으로 확장합니다.

용기를 내 비닐장갑

놀이 준비물 → 비닐장갑, 유성펜, 종이컵, 테이프, 가위, 송곳, 빨대, 그림책《용기를
내, 비닐장갑!》(책읽는곰, 2021)

회복적 가치와 배움 연결하기

• 친구를 생각하는 마음으로 두려움을 극복한 비닐장갑 이야기를 들으며 용기의 의
미를 알아갑니다.

• 나를 믿어 주는 우리 반 친구들과 용기가 필요한 순간 용기의 마음을 함께 공유할
수 있는 놀이에 즐겁게 참여합니다.

• 공기의 힘으로 움직이는 비닐장갑의 형태 변화에 관심을 가지고 참여하며 공기의
존재를 눈으로 확인하는 과학 현상을 경험합니다.

놀이를 시작하기 전에

☑ 그림책《용기를 내 비닐장갑》을 함께 읽고 기억에 남는 장면 그림을 센터피스에 구성합니다.

☑ 비닐장갑의 특성을 탐색 놀이로 알아봅니다(예: 구겼다 펴기, 만져 보기, 소리 내 보기, 흔들어 보
기, 비벼 보기, 손에 끼워 보기 등).

▼ 그림책 속 인상깊은 장면으로 구성한 센터피스(좌), 용기를 불어넣은 비닐장갑(우)

함께 즐기는 회복적 놀이 방법

1. 동그랗게 모여 앉아 기억에 남는 장면을 토킹피스로 이야기 나눕니다.

 어두운 숲으로 가는 것을 무서워했던 비닐장갑을 보고 내가 잘 때 불을 끄면 무서워하는 거랑 똑같다고 생각했어요!

 바람에 날라갈까 봐 걱정하는 비닐장갑이 나랑 비슷해요.

2. 비닐장갑이 친구들을 위해 위험을 이겨 내고 구해 주었던 마음이 '용기'의 마음이었음을 나눕니다.

3. 비닐장갑이 두려움을 이겨내고 용기로 우뚝 서는 모습을 놀이로 경험합니다.

> **두려움을 이겨낸 비닐장갑!**
> ① 《용기를 내, 비닐장갑!》 그림책 표지에 비닐장갑을 대고 유성펜으로 따라 그립니다.
> ② 종이컵에 "용기 비닐장갑", "두려움을 이긴 비닐장갑" 등으로 이름을 써서 붙입니다.
> ③ 비닐장갑의 입구를 벌려 종이컵 입구 부분에 끼웁니다.
> ④ 비닐장갑과 종이컵을 잇는 부분을 테이프로 감싸듯이 붙여 공기를 꼼꼼히 막습니다.
> ⑤ 종이컵 하단 양쪽을 송곳으로 구멍을 냅니다.
> ⑥ 구멍 낸 부분에 빨대를 끼워 넣고, 공기를 들이마셨다 뱉었다 합니다.

4. 공기를 넣고 뺌에 따라 변하는 비닐장갑 형태를 관찰하며 즐겁게 놀이합니다.

 용기를 세게 불어넣었을 때 용기 있는 비닐장갑의 모습이 어떠니?

 회복적 생활교육을 위한 놀이 활동 TIP

• 눈, 코, 입이 그려진 라벨지 또는 종이에 색칠한 후 비닐장갑 위에 붙여 꾸밀 수 있습니다.
• 글자 쓰기에 익숙하지 않은 아이라면 테두리 글자를 출력하여 따라 쓰기 한 후 종이컵에 붙여 놀이하도록 돕습니다.

놀이확장 아이디어

• 비닐장갑에 눈, 코, 입을 그려 넣고 스티커로 꾸며 비닐장갑 인형을 만들어 아이들과 함께 놀이합니다.

존중 공감 책임 관계 **문제해결** 협력 공동체성

바람의 힘으로 움직여요

놀이 준비물 → 클레이, 탁구공, 빨대, 손선풍기

회복적 가치와 배움 연결하기

- 바깥놀이터 가는 길을 클레이로 구성해 봅니다.
- 바람의 힘을 이용하여 공을 움직여 놀이터에 도착하는 미션을 수행합니다.
- 바람의 힘의 세기를 조절하며 공의 움직임을 관찰해 봅니다.

놀이를 시작하기 전에

☑ 눈에 보이거나 손에 잡히지 않지만, 공기의 존재를 느낄 수 있는 물건(부채, 선풍기 등)을 찾아 공기의 움직임인 바람을 느껴 봅니다.

▼ 빨대로 바람을 불어 공을 이동시키는 모습(좌), 센터피스에서 손선풍기로 바람의 힘을 느껴보는 아이들(우)

함께 즐기는 회복적 놀이 방법

1. 동그랗게 모여 앉아 내가 느끼기에 가장 재미있는 공간이 어딘지 이야기 나눕니다.

 우리가 가장 신나게 놀이하는 곳인 바깥놀이터에 가 보자!

2. 우리 교실에서 놀이터가는 길을 걸어가 봅니다.
3. 교실에 돌아와 바깥놀이터로 가는 길을 구성해 보기로 합니다.

 클레이로 교실에서 바깥놀이터 가는 길을 만들어 볼 수 있을까? 여기에 있는 공이 바깥놀이터 가는 길을 지나가게 하려면 어떻게 클레이로 길을 만들어야 할까?

우리 교실에서 바깥놀이터 가는 길 구성하기
① 우리 교실 사진을 출발지점으로 붙여 놓고 도착지점에 바깥놀이터 사진을 오려 붙입니다.
② 달팽이 모양으로 클레이를 도톰하게 이어붙여 바깥놀이터 가는 길을 구성합니다.

4. 출발지점(교실)에 공을 놓고 빨대로 후후 불어 바람을 일으켜 공을 도착지점(바깥놀이터)으로 이동시킵니다.

 회복적 생활교육을 위한 놀이 활동 TIP

• 바람의 세기를 부는 힘으로 조절하여 공의 움직임을 관찰해 봅니다.
• 가벼운 공, 구슬, 스티로폼 공 등 다양한 공에 따른 움직임을 비교해 봅니다.

놀이확장 아이디어

• 바람을 일으키는 힘을 다양한 방법으로 시도해 봅니다(빨대로 불면서 이동시키기, 부채질로 이동시키기 등).
• 누가 빨리 도착하는지 미션 게임으로 진행하여 즐겁게 참여해 봅니다.

존중　공감　**책임**　관계　**문제해결**　**협력**　공동체성

얼음 속 곤충구출 대작전

놀이 준비물 → 스포이트, 곤충 모형이 담긴 얼음조각, 안전망치, 손수건(얼음곤충을 덮어 줄 이불), 둥근 볼 얼음트레이

회복적 가치와 배움 연결하기

- 얼음으로 놀이하며 얼음의 특성(투명하고 만졌을 때 미끌거리며 차가운 성질이 있음)을 탐색합니다.
- 얼음 속 곤충을 구출하는 놀이를 통해 얼음이 녹으며 고체가 액체로 변화하는 모습을 관찰합니다.

놀이를 시작하기 전에

☑ 작은 곤충 모형을 동그란 볼 얼음트레이에 담아 얼려 센터피스로 구성한 후 동그랗게 앉아 얼음을 오감으로 관찰합니다.

▼ 작은 곤충 모형들을 얼려 구성한 센터피스, 얼음 속에 갇힌 곤충을 꺼내기 위해 다양한 방법으로 얼음을 녹이는 아이들(우)

함께 즐기는 회복적 놀이 방법

1. 동그랗게 모여 앉아 얼음여왕의 이야기(교사가 꾸민 짧은 이야기)를 듣습니다.

 얼음여왕이 사나운 겨울바람을 일으켜 숲속에 동물들이 얼음 속에 갇혀 버리고 말았대.
얼음 속 곤충을 구해 주는 작전을 세워 보자!

2. 꽁꽁 언 얼음을 토킹피스로 하여 친구에게 전달하면서 얼음 속 곤충을 구할 방법을 한 가지씩 생각하여 이야기합니다(예: 얼음을 두드려서 부수기/ 얼음을 비벼서 녹이기/ 이불을 덮어 주기/ 따뜻한 물을 부어 녹이기 등).

3. 얼음이란 무엇인지 알고, 얼음을 빨리 녹이는 방법 중 내가 선택한 방법으로 곤충구출 작전을 수행해 봅니다.

4. 곤충구출 작전을 수행하며 가장 빨리 구출한 방법을 탐구하고 얼음이 변화하는 과정을 관찰하며 얼음의 성질에 대해 친구들과 생각을 공유합니다.

 가장 빨리 구출된 방법이 무엇일까?
구출된 순서를 나열해 보자.

 회복적 생활교육을 위한 놀이 활동 TIP

• 놀이를 통해 얻을 수 있는 "얼음은 물이나 수증기가 얼어 있는 상태"라는 과학적 지식을 아이들과 함께 구체적인 과학적 표현으로 공유합니다.
• 얼음의 성질에 관해 토킹피스로 나눌 때 얼음의 모양, 느낌에 대한 질문을 던져 아이 스스로 과학적 원리를 체험할 수 있도록 지원합니다.

놀이확장 아이디어

• 두 팀으로 나누어 얼음 바구니에 꽁꽁 언 얼음을 준비하여 얼음 전달하기 게임을 통해 얼음의 성질을 이해할 수 있습니다.
• 얼음 위에 굵은 소금을 뿌리고 얼음 위에 원하는 색깔의 물감 물을 스포이트를 이용해 떨어뜨려 물감이 퍼져 나갈 때 나타나는 현상을 관찰해 볼 수 있습니다(소금에 뿌릴 때 나타나는 흡열 반응으로 소금이 닿은 지점의 얼음이 빨리 녹는 현상).

존중	공감	책임	관계	문제해결	협력	공동체성

철썩! 도꼬마리

놀이 준비물 → 도꼬마리 씨앗, 까슬이보슬이, 페트병, 부직포, 과녁판(삼색 부직포),
솜공

회복적 가치와 배움 연결하기

- 철썩 달라붙는 도꼬마리의 특성을 알고 도꼬마리의 번식 과정을 놀이로 경험합니다.
- 도꼬마리의 특징(달라붙는)을 이용한 다양한 놀이에 친구와 함께 즐겁게 참여합니다.
- 도꼬마리 씨앗에 대한 탐구 과정에 적극적인 태도로 참여합니다.

놀이를 시작하기 전에

☑ 까슬이와 보슬이, 도꼬마리와 부직포를 오감으로 탐색합니다.

▼ 내가 더 많아! 도꼬마리 씨앗 던지기 게임(좌), 도꼬마리 도깨비방망이 놀이(우)

함께 즐기는 회복적 놀이 방법

도꼬마리 도깨비방망이 놀이

① 도꼬마리를 탐색합니다(까슬이와 보슬이 비교하기).
② 도꼬마리 씨앗의 번식 과정을 이야기 나눕니다(달라붙어서 옮겨짐).
③ 도꼬마리의 특성(번식 과정)을 알아보며, 부직포와 솜공을 붙인 페트병을 뚝딱하고 내려쳐 도꼬마리를 달라붙게 하여 도꼬마리 도깨비방망이를 완성합니다.

도꼬마리 다트 게임

① 과녁으로 사용할 3색의 부직포를 대/중/소 크기의 원으로 잘라 준비합니다.
② 크기에 따라 점수를 표기하고(10점, 20점, 30점), 부착합니다.
③ 일정 거리에 마스킹 테이프로 선을 표시합니다.
④ 두 팀으로 나누어 줄을 섭니다.
⑤ 도꼬마리 열매를 던져 과녁에 붙여 봅니다.
⑥ 작은 과녁을 많이 맞출수록 게임에서 승리합니다.

내가 더 많아! 도꼬마리 놀이

① 부직포로 만든 앞치마를 입습니다.
② 우리 반 친구 모두 같은 개수의 도꼬마리를 나눠 가집니다.
③ 짝을 지어 서로의 몸에 던져 누가 더 많은 씨앗을 붙이는지 시합합니다.

회복적 생활교육을 위한 놀이 활동 TIP

• 도꼬마리 씨앗의 끝부분에 손을 찔리지 않도록 유의하여 놀이에 참여합니다.
• 반 특성 또는 연령에 따라 도꼬마리를 던지는 횟수를 아이들의 수준에 맞춰 정합니다.

놀이확장 아이디어

• 도꼬마리 씨앗으로 숫자 10을 만들어 보고, 가르기/모으기로 수감각을 키우는 활동으로 이어갈 수 있습니다.
• 도깨비 동시판에 도꼬마리 씨앗으로 동시의 내용을 꾸며 봅니다.

존중　**공감**　책임　**관계**　문제해결　**협력**　공동체성

행복자석으로 그려요!

놀이 준비물 → 색모래, 막대자석, 투명플라스틱상자, 하트스티커, 동그란 자석,
자석 그림을 부착한 장갑

회복적 가치와 배움 연결하기

• 신남, 즐거움, 행복 등 긍정적인 감정을 친구에게 전하며 우정을 돈독히 합니다.
• 자석의 성질을 이용한 마음 그리기 놀이에 즐겁게 참여합니다.
• 감정에 따른 마음의 모양을 유추하고 자력으로 형상화하여 친구에게 전달하는 놀
  이에 적극적으로 참여합니다.

놀이를 시작하기 전에

☑ 둘씩 짝지어 앉아 몸자석 놀이를 해봅니다.
☑ 한 사람은 자석스티커가 붙어 있는 장갑을 끼고 나머지 한 사람이 외치는 신체부위(머리, 이마, 어
  깨, 무릎 등) 위에 자석장갑을 철썩 붙여 보는 순발력 몸자석 놀이를 즐깁니다.

▼ 둘씩 짝지어 자석 그림을 부착한 장갑을 끼고 몸자석 놀이를 하는 모습(좌), 행복자석으로 그리는 마음의 모양(우)

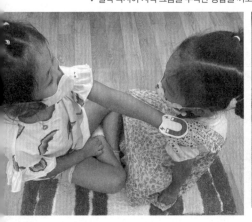

함께 즐기는 회복적 놀이 방법

1. 투명 플라스틱판에 여러 가지 색깔의 모래를 담아 봅니다.
2. 색모래 위에 자유롭게 그리고 싶은 대로 그림을 그려 봅니다.

 손가락 그림 또는 다른 도구를 이용해서 색모래 위에 모래 그림을 그려 보자.

3. 자석으로 마음 그림 그리기 놀이 방법을 알아봅니다.

 마음이(동그란 자석 부착된 하트 모양 펠트지)와 막대자석을 보자. 색모래가 담긴 투명상자도 있어. 투명상자 안에 담긴 색모래판에 모래 그림을 어떻게 그려 볼 수 있을까?

4. 두 명의 친구가 색모래가 담긴 투명상자의 양쪽을 잡고 들어 줍니다.
5. 색모래가 담긴 투명상자 바깥쪽 아랫부분에 막대자석을 대고, 색 모래판 안에 마음이 자석을 올려놓은 후, 바깥쪽에 막대자석을 대어 움직여 봅니다.
6. 자력(磁力)을 이용한 마음 그리기 놀이를 합니다.

자석으로 마음 그리기
① 모둠별로 앉아 두 명의 친구가 색모래판(투명상자)을 양쪽에서 들어 줍니다.
② 마음을 전하고 싶은 친구에게 그려주고 싶은 마음의 모양을 떠올려 봅니다.
③ 색모래판 위에 마음이를 올려놓습니다.
④ 색모래판 바깥 쪽 아래부분에 막대자석을 대고 마음의 모양(점,선,면)대로 움직입니다.

---

7. 색모래판에 나타난 마음 모양을 친구에게 보여주며 마음을 전달합니다.

 너를 향한 내 마음의 모양이야. 나는 너를 볼 때 행복해!

 회복적 생활교육을 위한 놀이 활동 TIP

- 색모래판에 나타난 마음 모양 모래 그림을 사진 결과물로 출력한 후 친구와 함께 감상해 봅니다.
- 센터피스로 구성할 마음 모양 카드를 준비할 때, 자석 그림을 그릴 수 있도록 아이들이 모래로 표현이 가능한 선으로 된 모양 그림으로 준비합니다.

놀이확장 아이디어

- 숫자카드, 자모음카드를 함께 비치하여 모래 자석 그림으로 숫자 쓰기, 한글 쓰기를 해볼 수 있습니다.

| 존중 | 공감 | 책임 | 관계 | 문제해결 | 협력 | 공동체성 |

점점 커져가는 사랑

놀이 준비물 → 라벨지, 사랑을 표현하는 말 카드, 빈 페트병, 베이킹소다, 식초, 물, 토킹피스(하트 인형), 다양한 색깔의 풍선들, 깔때기

회복적 가치와 배움 연결하기

• 친구에게 사랑을 표현할 수 있는 말을 알아보고 표현해 봅니다.

• 사랑을 표현하는 말을 직접 라벨지에 적어 스티커로 만들어 보며 쓰기에 관심을 가집니다.

• 이산화탄소 기체의 발생으로 저절로 풍선이 저절로 부풀어오르는 과학적 탐구 과정을 놀이로 경험합니다.

놀이를 시작하기 전에

☑ 사랑을 표현할 수 있는 장난감 또는 교실 물건으로 센터피스를 구성합니다.

▼ 점점 커지는 사랑 풍선을 보고 있는 아이들(좌), 하트 인형을 건네며 사랑을 표현하는 말을 전달하는 모습(우)

함께 즐기는 회복적 놀이 방법

1. 하트 인형을 토킹피스로 하여 친구에게 사랑을 표현하는 말을 한 가지씩 소개합니다.
2. 사랑을 주는 말 단어카드를 만들어 봅니다.

 친구에게 사랑을 표현하는 단어와 상황 그림으로 단어카드를 만들어 보자.

3. 사랑을 주는 말카드를 보고 라벨지에 적어 스티커로 제작합니다.
4. 빈 PET 병에 사랑을 주는 말 스티커를 붙여 놓습니다.
5. 사랑을 먹은 마음(풍선)이 어떻게 점점 커지는지 과학적 탐구 놀이로 경험합니다.

> **과학적 탐구 놀이: 사랑이 점점 커져요**
> ① 빈 페트병에 식초와 물을 같은 양만큼 조금 넣습니다.
> ② 깔때기를 이용하여 풍선 속에 베이킹소다를 반쯤 채웁니다.
> ③ 풍선의 입구를 병의 입구에 잘 끼웁니다.
> ④ 빠지지 않도록 잘 끼우고 풍선을 거꾸로 들어 베이킹소다가 병 안으로 쏟아져 들어가도록 합니다.
> ⑤ 잠시 두고 관찰해 보면 거품이 생기면서 풍선이 점점 부풀어오릅니다.

 회복적 생활교육을 위한 놀이 활동 TIP

- 사전에 사랑을 표현하는 말을 소개하고, 그 내용을 교사가 라벨지에 프린트하여 스티커로 제작하여 준비합니다.
- 깔때기 이용 시 풍선의 입구를 끼울 때는 베이킹소다가 쏟아지지 않도록 교사가 직접 도움을 주거나 아이가 주의를 집중하여 실험을 진행할 수 있도록 지원합니다.
- 페트병에 담긴 식초물에 색물감을 섞어 눈에 띄는 변화를 관찰합니다.

놀이확장 아이디어

- 하트 모양의 풍선에 바람을 주입하는 에어펌프로 바람을 채운 후 사랑을 표현하는 말을 적어 친구에게 선물하며 사랑의 말을 주고받을 수 있습니다.

마음껏 자유롭게 표현하고,
특별한 성취감을 나눠요!

예술 놀이로 펼치는 회복적 생활교육은?

예술을 매개로 각자 생각과 감정을 마음껏 표현하고, 차이를 존중하며, 함께 쓰는 표현 재료들을 소중히 다룹니다. 표현을 나누는 소통으로 공감을 경험하고, 다양한 규칙을 지키는 책임을 배우며 회복적 가치를 세워갑니다.

05

예술

놀이

유아기부터 초등학교 저학년 아이들은 어쩌면 인생에서 가장 창의적이고 상상력 넘치는 시기를 보내고 있습니다. 이런 시기에는 일상에서 만나는 사소한 것들도 예술적 영감을 자극하기에 좋은 매개물이 됩니다. 특히 자연물이나 사물 등이 가진 크고 작은 아름다움을 발견하고, 오감으로 느끼며, 예술적으로 표현해 보는 경험은 삶을 더 가치 있고 풍요롭게 채워 줄 것입니다. 풍부한 예술적 감수성은 자기표현과 행복한 삶을 이어 주는 통로이니까요.

서클에서 이야기를 나누다 보면 아이들이 예술을 대하는 마음과 회복적 가치를 만나는 방법이 매우 닮았다는 것을 발견합니다. 특히 서클에서는 비난이나 공격받을 걱정이 없어서인지 자유로운 예술적 표현이 고양됩니다. 예컨대 즐거운 기분을 노래 부르기나 춤추기 등으로 마음껏 표현하며, 나만의 고유한 예술 결과물로 특별함을 드러내고, 내 생각을 존중받는다는 느낌 속에서 자존감을 키우죠. 그리고 나에 대한 존중은 친구, 우리에 대한 존중으로 이어져 나와 다른 이의 생각과 표현을 공감하게 합니다. 그래서 서클 안에서는 음악과 미술, 동작 등 예술적 표현 속에서 존중과 공감, 격려를 주고받으며 책임의 관계를 만들어갈 수 있습니다. 생각과 표현에 한계를 두지 않고 자유로움을 부여하게 하는 힘은 바로 서클 속 존중의 대화입니다.

때론 예술로 놀이하는 데 흥미를 느끼지 못하는 아이, 할 수 있다는 자신감이 결여된 아이, 어떻게 표현해야 하는지 방법을 모르는 아이들을 만나기도 합니다. 이럴 때 교사인 우리가 기억해야 할 것은 회복의 가치로 다가가기입니다. 서툰 표현이라도 존중해 주고 마음을 열어 표현한 모든 것에 대해 공감으로 지지해 주는 것이지요. 그러면 아이들은 점차 예술적 표현의 즐거움을 깨닫고, 나아가 뭔

가 해냈다는 성취감으로 책임의 마음 또한 길러갈 것입니다. 즉 회복의 가치로 예술을 만나게 하는 것이죠. 존중의 마음으로 다가가고, 공감으로 풍성히 나누게 하며 서로의 표현에 대해 책임의 소통으로 공유해 보는 경험은 아이들 스스로 한 층 더 아름답고 풍부하게 표현하도록 돕습니다.

이처럼 예술은 거창한 것이 아니라, 그저 우리 주변에서 발견하여 탐색하고 표현하며 감상하는 것에서 시작됩니다. 예를 들어 아이들은 아름다운 음악회를 만들기 위해 자연물로 악기를 만들고 이런저런 소리를 내보며, 조화로운 소리로 연주하기 위해 서로 의견을 조율합니다. 이러한 과정에서 이상한 소리와 아름다운 소리의 차이를 알고, 소리들이 서로 어우러지게 하기 위해 소리를 어떻게 내야 하는지 등을 이야기 나누며 더 나은 예술적 표현으로 나아가죠. 또 예술을 통해 자기 생각과 느낌을 아름답게 표현하려면 어떻게 해야 하는지도 고민하고 성찰하게 되지요. 이 과정에서 다양한 시행착오도 거칩니다. 때론 소통을 통해 친구의 의견을 수용하는 과정에서 새로운 예술적 요소를 발견하고, 한층 더 다양하고 풍부한 표현과 감상이 가능해지는 경험도 합니다. 예술을 감상하며 나오는 다른 감정과 마음을 알아차린다는 것은 자기중심적인 사고에서 벗어나 나의 마음을 확장시켜 이해와 공감으로 나아가게 하지요. 예술적 표현으로 소통하는 과정에서 다른 친구의 표현과 입장을 고려하고 배려하기 위해 조절이 요구되며 이 과정에서 책임을 경험하기도 합니다. 내 마음대로 행동했을 때의 결과와 누군가의 마음을 생각하며 나의 행동을 다스려 본 결과를 서로 비교해 보고 더 나은 선택을 하게 하는 통로로 예술 놀이를 경험해 보는 것입니다. 자, 지금부터 회복의 가치를 담아낸 예술 놀이들을 소개합니다.

존중　**공감**　책임　관계　문제해결　**협력**　공동체성

브로콜리의 사계절

놀이 준비물 → 브로콜리, 뿅뿅이, 이쑤시개, 방울토마토, 포도열매, 소포지, 스팽클,
솜, 물감(봄: 연분홍, 진분홍, 하양), 물감(가을: 빨강, 노랑)

회복적 가치와 배움 연결하기

• 편식이 심하거나 야채를 잘 안 먹는 아이들도 브로콜리를 만져 보고, 눈으로 보고,
냄새 맡고, 놀이하며 브로콜리와 친숙해집니다.

• 브로콜리로 봄, 여름, 가을, 겨울을 만나고 표현해 봅니다.

• 푸른 잎이 풍성히 자란 브로콜리 나무에 노랑, 빨강, 초록 작은 열매들이 피어나도
록 여러 가지 재료로 열매를 꾸며 여름 나무를 완성해 봅니다.

• 봄의 색, 가을의 색 물감으로 브로콜리로 콕콕 도장찍어 봄, 가을 나무를 꾸며 봅니다.

• 스팽클, 뿅뿅이 등을 활용하여 브로콜리 트리로 꾸며 겨울나무를 완성해 봅니다.

놀이를 시작하기 전에

☑ 오감으로 브로콜리 탐색하기

　① 쓰다듬기　　② 모양 관찰하기　　③ 맛보기　　④ 냄새 맡기

▼ 오감으로 브로콜리를 탐색하는 아이들(좌), 브로콜리로 꾸민 크리스마스트리(우)

함께 즐기는 회복적 놀이 방법

브로콜리로 만나는 봄: 도장찍기로 만드는 벚꽃나무

① 브로콜리를 이용해서 벚나무를 꾸미기로 합니다.

② 접시 위에 물감(연분홍, 진분홍, 하양)을 넣고 브로콜리를 잡고 '콕콕콕' 찍습니다.

③ 브로콜리 도장으로 대형 나무 그림 위에 콕콕 찍어 봅니다.

④ 분홍색 벚꽃들이 활짝 핀 모습 벚나무 꽃을 피워 봅니다.

브로콜리로 만나는 여름: 알알이 맺힌 열매 나무

① 나무의 열매(방울토마토, 청포도, 뿅뿅 등) 색색깔의 재료를 탐색합니다.

② 방울토마토와 청포도를 이쑤시개에 끼워 연결하여 만들고 싶은 모양으로 만듭니다.

③ 나무를 닮은 브로콜리에 색색깔 열매를 맺게 해주기 위해 브로콜리 나무에 이쑤시개를 이용하여 사이사이에 열매를 꽂습니다.

④ 색색깔 열매를 맺은 브로콜리 여름 나무를 완성합니다.

브로콜리로 만나는 가을: 알록달록 물든 나무

① 소포지에 나뭇가지를 그립니다.

② 접시 위에 물감(빨강, 노랑)을 넣고 브로콜리를 잡고 '콕콕콕' 찍습니다.

③ 브로콜리 도장으로 대형 나무 그림 위에 콕콕 찍어 울긋불긋 물든 나무로 표현합니다.

브로콜리로 만나는 겨울: 브로콜리 크리스마스트리

① 브로콜리를 준비합니다.

② 브로콜리에 뿅뿅이와 스팽클, 솜을 붙여 크리스마스트리 완성!

 회복적 생활교육을 위한 놀이 활동 TIP

• 브로콜리를 만져 보기도 하고 어떤 냄새가 나는지 맡아 보고, 색과 모양을 돋보기로도 자세히 관찰해 봅니다.

놀이확장 아이디어

• 브로콜리로 만든 요리 레시피를 학급 SNS에 공유하여 브로콜리 요리를 가족들과 아이들이 직접 만들고 먹어 보는 가정 연계 활동으로 이어갑니다.

02

종이로 만든 소리는?

놀이 준비물 → 빈 바구니, 보자기, 종이, 배경음악, 종이 소리 연주법 카드

회복적 가치와 배움 연결하기

• 종이를 이용하여 나만의 고유한 소리를 만들어 아름다운 소리로 연주해 봅니다.

• 종이를 이용하여 낼 수 있는 다양한 소리에 관심을 가집니다.

• 나와 친구가 같은 종이로 다른 소리가 만들어지는 것을 경험하며 어우러지는 소리의 아름다움을 느낍니다.

놀이를 시작하기 전에

☑ 아이들의 보자기가 덮인 바구니와 동그랗게 구긴 종이공을 준비합니다.

☑ 동그랗게 모여 앉아 촉감으로 물건 탐색하는 방법을 이야기 나눕니다.

▼ 다양한 종이로 구성한 센터피스(좌), 종이 소리 연주를 위한 종이 연주판(우)

함께 즐기는 회복적 놀이 방법

1. 보자기가 덮인 바구니 안에 손을 넣어 만져 본 느낌으로 어떤 물건인지 맞혀 봅니다.

 보자기를 한쪽으로만 살짝 들춰서 손을 넣고 안에 어떤 물건이 있는지 맞혀 보자.
탐색하는 동안은 말하지 않고 만지는 것에만 집중해 보자.

2. 앉은 순서대로 옆으로 바구니를 전달하되, 신호가 울릴 때까지 충분히 촉감으로 탐색합니다.

 종소리가 들리면 옆 친구에게 전달해 주자.
정답을 이야기하고 싶은 마음을 꾹 참고 우리 다같이 맞혀 보자. 하나, 둘, 셋!

3. 내가 생각한 물건과 실제 물건이 일치하는지 확인합니다.
4. 우리가 탐색한 '종이'를 이용해서 낼 수 있는 여러 가지 방법을 탐색해 봅니다.

 종이에서도 소리가 난다. 우리 앉은 순서대로 돌아가면서 종이로 소리를 만들어 보자.
선생님이 먼저 소리를 만들어 볼게. 잘 들어 보자. (비비면서 소리내기)

5. 순서대로 자신만이 생각한 방법으로 종이를 이용한 소리 만들기를 소개합니다.
6. 친구가 생각해 낸 소리만들기 방법으로 종이 소리로 연주해 봅니다.
7. 리듬을 만들어 종이 소리로 연주해 봅니다.
8. 종이로 소리 만드는 법을 카드로 만들고, 배경음악에 맞춰 어울리게 연주해 봅니다.

 칠판에 게시된 연주카드 보이니? 음악에 맞춰 종이 악기를 연주해 보자.

 회복적 생활교육을 위한 놀이 활동 TIP

- 촉감 수수께끼 놀이할 때 정답이 바로 떠올라도 기다리는 인내와 절제를 실천합니다.
- 종이 연주 시 장난을 치거나 종이에 베이지 않도록 주의합니다.
- 종이 연주는 여러 차시에 걸쳐 진행할 수 있습니다. 소리 표현을 어려워하는 경우 교사의 시범을 충분히 경험한 후 참여하게 합니다(종이 연주카드 제공 시 사진도 함께 제공).

놀이확장 아이디어

- 종이 연주에 사용된 종이는 찢거나 구겨서 종이공으로 만들어 공 던지기, 공 주고받기, 신체부위에 얹고 버티기 등의 신체활동을 즐긴 후 정리합니다.

존중 | 공감 | 책임 | **관계** | **문제해결** | **협력** | 공동체성

내 마음을 연주해!

놀이 준비물 → 멀티톤블럭, 롤리팝드럼, 레인메이커, 차임벨, 선더드럼, 얼굴표정
　　　　　　　마그네틱자석블럭, 얼굴표정카드

회복적 가치와 배움 연결하기

• 친구와 박자 잇기 연주 놀이를 하며 여러 가지 리듬에 친숙해집니다.
• 우리 마음속의 여러 가지 감정과 어울리는 악기를 찾아봅니다.
• 우리 마음속 여러 가지 감정(기쁨, 슬픔, 분노, 두려움 등)과 어울리는 소리를 지닌
　악기로 연주하며 마음을 표현해 봅니다.

놀이를 시작하기 전에

☑ 얼굴표정 마그네틱 자석 퍼즐을 완성하여 어떤 감정인지 알아보고, 표정과 어울리는 악기와 얼
　굴표정카드를 짝지어 두 개의 원으로 만들어 센터피스에 구성합니다.

▼ 다양한 얼굴표정과 악기로 구성한 센터피스(좌), 센터피스의 악기로 내 마음을 연주하는 모습(우)

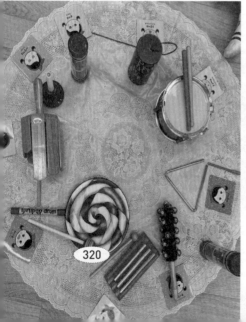

함께 즐기는 회복적 놀이 방법

1. 동그랗게 모여 앉아 센터피스의 악기를 순차적으로 연주합니다.
2. 연주한 악기와 어울리는 감정(기쁨, 슬픔, 분노, 무서움, 사랑 등)을 연결 지어 봅니다.
3. 처음 시작하는 친구의 박자에 맞추어 연주합니다.

> • 동글동글 또로로 기쁨을 연주하는 멀티톤블럭
> • 쿡쿡 울컥 슬픈 마음을 연주하는 레인메이커
> • 둥둥둥 화나는 마음을 연주하는 롤리팝스드럼
> • 두근두근 사랑하는 마음을 연주하는 차임벨
> • 우르르쾅쾅 무서운 마음을 연주하는 선더드럼

4. 모둠별로 모여 앉아 기쁨, 슬픔, 분노, 사랑, 두려움을 노래에 맞춰 연주합니다.

> • 기쁨을 연주하는 동글동글 또르르(멀티톤블럭)
> • 슬픔을 연주하는 쿡쿡 울컥(레인메이커)
> • 분노는 둥둥둥(롤리팝드럼), 사랑은 두근두근(차임벨),
> • 무서운 마음은 우르르쾅쾅(선더드럼)

 우리 모두 다함께 마음 연주합시다(〈큰 북을 울려라〉 노래에 가사를 바꿔 연주).

5. 모둠별 감정 음악회를 열고 영상을 찍어 감상해 봅니다.

 회복적 생활교육을 위한 놀이 활동 TIP

• 여러 감정에 어울리는 악기를 찾아 다양한 악기로 감정을 연주해 볼 수 있습니다(예: 기쁨 - 찰랑찰랑 탬버린, 슬픔-쉬르르 에그쉐이커, 분노-둥둥둥 북, 두려움- 울리는 징, 이외에도 캐스터네츠, 트라이앵글, 실로폰, 핸드벨 등 다양한 악기 활용).

놀이확장 아이디어

• 소그룹으로 앉아 소리 만들기 순서를 정한 후 친구가 만든 리듬을 따라 연주하기 놀이를 해봅니다. 이때, 리듬 막대를 활용하거나 무릎장단, 손뼉치기 등 신체로 만드는 소리로 리듬을 만들어 보는 것도 좋습니다.

존중　**공감**　책임　**관계**　**문제해결**　협력　**공동체성**

바람을 느끼고 표현해요!

놀이 준비물 → 여러 가지 천, 줄, 빨래집게, 바람을 표현하는 보드판(센바람, 산들바람, 남실바람), 슬라이드 휘슬, 마라카스, 차임벨, 썬더드럼 등

회복적 가치와 배움 연결하기

- 일상에서 느껴지는 바람의 흐름을 오감으로 느껴 봅니다.
- 바람의 모습을 상상해 보며, 내 몸을 지나쳐 가는 바람을 신체로 표현해 봅니다.
- 바람의 다양한 종류와 이름을 알아보고, 바람의 느낌을 동작으로 표현해 보는 놀이에 적극적으로 참여합니다.

놀이를 시작하기 전에

☑ 실외에 줄을 매달아 여러 가지 천을 빨래처럼 널어놓습니다.

▼ 천들이 나부끼는 모습으로 바람을 느끼는 아이들(좌), 바람의 종류에 따라 악기로 표현하는 모습(우)

함께 즐기는 회복적 놀이 방법

1. 바람에 따라 넘실넘실 펄럭펄럭 움직이는 여러 가지 색깔의 천을 보며 바람을 느껴 봅니다.

 손으로 만져 보고, 얼굴에 대어 보거나 천의 움직임을 관찰해 보자.

2. 천을 움직이는 바람의 모습을 상상합니다.

 바람의 움직임을 몸으로 표현해 보자.

3. 다양한 천들이 나부끼는 사이에서 바람을 느끼며 바람이 내 몸을 지나간다고 상상하며 움직여 봅니다.
4. 바람의 세기를 자석보드 위에 선의 움직임으로 표현해 봅니다.
5. 슬라이드 휘슬과 마라카스, 차임벨, 썬더드럼으로 바람의 세기를 소리로 연주하며 바람의 세기(예: 남실바람 / 산들바람 / 센바람)에 따라 천 사이로 몸을 움직여 보는 표현을 합니다.
6. 바람 사이에서 나를 스치는 엄마바람과 아기바람을 찾아보며 천에 숨었다가 나타나는 바람을 느끼는 놀이를 반복해서 합니다.
7. 아이들이 악기 연주로 바람의 세기를 나타내는 역할과 바람을 느끼는 역할을 나눠서 해봅니다.

 ### 회복적 생활교육을 위한 놀이 활동 TIP

- 바람을 표현하는 아이들에게 머리띠에 바람 그림을 만들어 붙인 후 바람 상상 놀이를 즐길 수 있는 도구를 제공합니다.
- 신체의 다양한 부위로 천을 만져 보고 대어 보며 바람을 느낄 수 있도록 언어적으로 지원합니다.

놀이확장 아이디어

- 악기로 바람소리 패턴을 만들어 연주하기, 바람 세기를 다르게 연주하기 등 다양하게 표현할 수 있습니다.

존중 공감 **책임** 관계 **문제해결** 협력 공동체성

흙의 아름다움을 느껴요

놀이 준비물 → 모래, 라이트테이블, 전구병, 스티커, 원형EVA

회복적 가치와 배움 연결하기

- 흙을 이용한 예술 표현을 감상하고 흙의 특성을 오감으로 느껴 봅니다.
- 빛을 통한 흙의 변화 과정을 관찰하며 모래 그림으로 생각을 표현해 봅니다.
- 모래시계의 생김새와 사용 방법을 알아보고 모래시계를 직접 만들어 봅니다.

놀이를 시작하기 전에

☑ 미리 산책 활동을 통해 주변의 다양한 흙을 관찰한 후, 전구병에 색모래를 담아 센터피스로 구성합니다.

▼ 모래시계와 함께 음악감상을 하는 모습(좌), 라이트테이블 위에서 샌드아트로 표현한 흙 그림(우)

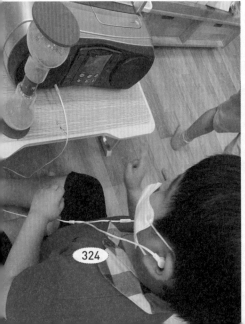
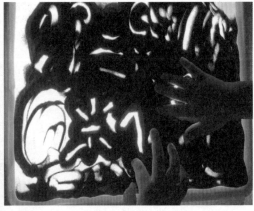

함께 즐기는 회복적 놀이 방법

1. 동그랗게 모여 앉아 비밀상자 속의 흙을 만져 보고 느낌을 이야기 나눕니다.

 비밀상자 속에 손을 넣어 만져보고 무엇인지 말해 보자.

2. 흙을 이용한 예술인 샌드아트를 영상으로 감상합니다.

 흙의 모습이 어떻게 달라졌니? 흙에 빛을 비추니 어떤 느낌이 들었니?

3. 라이트테이블과 준비된 흙으로 흙그림 그리기를 해봅니다.

4. 모래시계가 내려갈 동안 시간을 지켜 흙의 특성을 이용하여 라이트테이블 위에서 손 그림으로 다양한 표현을 자유롭게 해봅니다.

5. 누구에게나 공평하게 표현의 시간을 가질 수 있도록 도움을 준 모래시계에 대해 이야기 나눈 뒤, 아름다운 모래시계 만들기에 참여합니다.

> **아름다운 모래시계 만들기**
> ① 파스텔을 문질러 가루를 낸 후 그 위에 모래를 올려 파스텔 가루가 묻도록 비벼 줍니다.
> ② 색모래를 담을 전구병 2개에 스티커, 매직을 이용해 아름답게 꾸밉니다.
> ③ 전구통에 색모래를 담고 EVA로 입구를 반만 끼워 줍니다.
> ④ 다른 전구통을 뒤집어 원형 EVA를 끼운 후 전구통과 연결해 줍니다.
> ⑤ 입구가 연결된 EVA에 스티커를 꼼꼼히 붙여 모래가 새지 않도록 합니다.

6. 세상에 하나뿐인 나만의 아름다운 모래시계를 완성한 후 음악을 감상하며 모래시계를 뒤집어 모래가 흐르는 모습을 감상해 봅니다.

 회복적 생활교육을 위한 놀이 활동 TIP

- 모래시계를 만들 때, 종이로 깔때기를 만들어서 모래를 담을 때 사용하면 전구통에 모래를 흘리지 않고 담을 수 있습니다.
- 다양한 종류의 흙(운동장의 흙, 식물이 자라는 화분의 흙, 모래놀이장의 흙 등)의 특성을 비교해 볼 수 있습니다.

놀이확장 아이디어

- 내가 만든 모래시계의 모래가 옮겨지는 시간을 측정한 후 양치하기, 줄넘기 등 생활에서 활용해 봅니다.

존중　공감　책임　관계　**문제해결**　**협력**　**공동체성**

흙으로 만든 음악

놀이 준비물 → 흙, 빈 전구 모양 페트병, 흙으로 만든 악기 및 악기 사진, 해금으로 연주된 국악곡

회복적 가치와 배움 연결하기

• 흙으로 만들어진 악기 소리의 아름다움을 감상합니다.
• 흙의 양에 따라 달라지는 소리를 경험해 봅니다.
• 흙을 이용한 악기를 연주하며 어우러지는 소리의 아름다움을 느낍니다.

> **놀이를 시작하기 전에**
>
> ☑ 흙으로 만들어진 악기와 악기 사진(훈, 부, 오카리나, 마라카스(샌드쉐이커))을 패턴으로 구성하여 센터피스를 만들어 봅니다.

▼ 흙으로 만든 다양한 악기로 구성한 센터피스(좌), 흙의 양이 서로 다른 마라카스를 연주하는 아이들의 모습(우)

함께 즐기는 회복적 놀이 방법

1. 센터피스에 구성된 흙으로 만들어진 악기의 소리를 감상해 봅니다.

 어떤 소리가 들리니? 흙이 만들어낸 소리의 아름다움을 느껴 보자.

2. 흙과 빈 페트병을 보고 악기를 만드는 방법을 이야기 나눕니다.

 여기에 있는 흙으로 우리도 아름다운 소리를 내는 흙악기를 만들 수 있을까?

3. 병을 다양한 재료로 꾸민 후 흙의 양을 다르게 하여 악기를 완성합니다.

 1, 2, 3 스티커가 붙여진 병에 1만큼의 흙, 2만큼의 흙, 3만큼의 흙을 채워 보자.

4. 완성된 악기를 흔들며 소리의 다름을 느껴 봅니다.
5. 마라카스 연주곡을 들은 후 어떤 소리를 만들 수 있는지 이야기 나눕니다.
6. 해금으로 연주된 국악곡을 배경으로 1,2,3 소리의 다름을 느끼며 흙 마라카스를 연주해 봅니다.

 회복적 생활교육을 위한 놀이 활동 TIP

• 스티커, 유성펜 등 저마다 원하는 재료를 선택하게 하여 흙 마라카스를 꾸밀 수 있습니다.
• 사전에 다양한 재료가 들어 있는 마라카스를 제공하여 소리의 차이를 느껴볼 수 있습니다. 흙의 양을 다르게 하여 마라카스를 만들어 보고 숫자 표시를 붙여 흙의 양이 다름을 시각적으로 알 수 있도록 돕습니다.

놀이확장 아이디어

• 흙으로 만들어진 다양한 악기를 알아보고 흙이 만드는 아름다운 소리책을 만들어 볼 수 있습니다.

존중 | 공감 | 책임 | 관계 | 문제해결 | 협력 | 공동체성

우리만의 장난감 교향곡

놀이 준비물 → 장난감, 〈장난감 교향곡〉 음원 또는 CD, 빈 상자

회복적 가치와 배움 연결하기

• 우리가 가지고 노는 장난감으로 다양한 소리를 만들어 악기로 연주해 봅니다.
• 장난감으로 다양한 음색을 만들기 위해 세게, 약하게, 빠르게, 느리게 연주하는 방법을 조절하며 〈장난감 교향곡〉에 맞추어 아름다운 소리로 합주해 봅니다.

놀이를 시작하기 전에

☑ 우리 반에 있는 소리나는 장난감들을 가져와 센터피스를 구성합니다.

▼ 소리나는 장난감들로 구성한 센터피스(좌), 지휘자의 안내에 따라 악보를 보며 연주하는 아이들(우)

1. 빈 상자의 이름을 "소리를 내는 장난감 상자"라 짓고 소리를 낼 수 있는 장난감을 교실에서 찾아보고 상자에 담아 보기로 합니다.
2. 장난감 교향곡을 감상한 후 교향곡이 만들어진 이야기를 듣고 우리 반에서도 비슷한 소리가 나는 장난감을 찾아 상자에 넣어 봅니다.

 음악 천재 모차르트의 아버지 레오폴드 모차르트도 작곡가였는데, 어린이를 위해 장난감 교향곡을 만드셨어. 레오폴트 모차르트는 장난감가게에서 소리가 나는 신기한 장난감을 보자마자 그 장난감들을 사와서 오케스트라 연주 단원들에게 나누어주고 연주를 시작했대. 뻐꾸기 울음소리를 내는 장난감, 장난감 피리, 나팔, 북, 댕그랑 소리가 나는 바퀴로 연주가 시작되어 결국 재미있는 음악이 완성되었지. 우리도 한번 들어볼까?

3. 동그랗게 앉아 상자를 순서대로 돌리며 소리내보고 싶은 악기를 꺼내어 장난감 특성에 따른 소리를 만들어 봅니다(예: 두드려서 소리내기, 비벼서 소리내기, 톡톡 퉁기며 소리내기, 바닥에 쿵 찧으며 소리내기, 흔들며 소리내기 등).
4. 지휘자의 안내에 따라 장난감으로 만드는 소리 패턴을 세게, 약하게, 빠르게, 느리게 등 다양한 음색으로 변형시키며 따라 연주해 봅니다.
5. 〈장난감 교향곡〉을 들으며 장난감으로 만든 소리로 친구들과 함께 연주해 봅니다.

회복적 생활교육을 위한 놀이 활동 TIP

- 큰 동그라미, 작은 동그라미 패턴 악보에 맞춰 두드리기, 비비기, 퉁기기, 쿵 찧기, 흔들기 등의 동작을 연주카드로 만들어 다양한 소리(크게, 작게, 짧게, 길게 등)로 연주해 봅니다.
- 장난감 악기 연주 시 소리를 만들며 안전하게 악기를 사용할 수 있도록 상호작용합니다.
- 장난감 소리의 특성이 잘 드러난 부분을 편집하여 연주에 사용할 수 있습니다.

놀이확장 아이디어

- 내가 연주한 장난감과 소리가 비슷한 악기를 음률 영역에서 찾아 장난감 소리가 나는 악기 연주회를 열어 〈장난감 교향곡〉에 맞춰 연주합니다.

존중 **공감** 책임 **관계** **문제해결** **협력** 공동체성

위풍당당, 사자왕의 행진

놀이 준비물 → 생상스 〈사자의 행진〉 음원 또는 CD, 빨강 깔개 또는 천, 사자 가면,
원형녹음기, 동물스티커(사자왕의 행진에 등장하는 동물)

회복적 가치와 배움 연결하기

• 동물의 왕 사자의 생김새와 특징, 사자의 움직임을 표현해 봅니다.
• 생상스 〈사자의 행진〉을 듣고 리듬에 맞춰 사자 가면을 쓰고 웅장하고 늠름한 모
습으로 위풍당당하게 행진합니다.

놀이를 시작하기 전에

☑ 동물 울음소리가 녹음된 원형 녹음기 4개와 소리의 주인공 동물스티커를 센터피스로 구성합니다.

▼ 녹음기에 녹음된 동물 울음소리를 들으며 어떤 동물인지 알아맞혀 보는 아이들(좌), 사자 가면을 쓰고 〈사자의 행진〉
에 맞춰 행진하는 모습(우)

함께 즐기는 회복적 놀이 방법

1. 모둠별로 앉아 하나의 녹음기를 가져와 동물 울음소리가 녹음된 녹음기에 어떤 동물 소리가 나올지 예상해 보고, 맞는 동물스티커를 원형 녹음기에 붙입니다.
2. 동그랗게 앉아 녹음기의 동물 울음소리를 들어봅니다.
3. 생상스의 〈사자왕의 행진〉을 듣고 음악과 가장 어울리는 동물 소리를 찾아봅니다.

 방금 들은 음악과 우리가 들은 동물 소리 중 이 음악의 주인공인 동물이 있대. 어떤 동물이 이 음악에 주인공일까?
이 음악은 생상스라는 음악가가 만든 〈사자왕의 행진〉이라는 음악이란다.

4. 우리도 사자왕이 되어 행진해 보기로 합니다.

 모둠별로 교실의 재료를 활용하여 사자 가면 만들기를 해보자.
먼저 빨간 천을 깔아 사자의 길을 만들어 보자.
피아노가 빠르게 연주될 때 사자가 어떤 소리를 내며 움직이는 것 같니?

5. 사자 가면을 쓰고 행진곡 리듬에 따라 사자처럼 소리 내고 움직이며 행진합니다.

 사자처럼 걸어 보자(또는 사자처럼 뛰어 보자/ 사자처럼 울부짖어 보자/ 배고픈 사자처럼 으르렁거려 보자/ 화가 난 사자처럼 뛰어가 보자/ 아기사자와 편히 쉬러 어슬렁어슬렁 편안하게 걸어가 보자)

 ## 회복적 생활교육을 위한 놀이 활동 TIP

- 종이봉투와 종이 찢기로 사자의 얼굴과 갈기의 형태를 구성할 수 있도록 적절한 재료를 제공하고 활용법을 알아봅니다.
- 사자 가면을 만들거나 사자의 특성을 알기 위해 사자 영상을 제공할 수 있습니다.

놀이확장 아이디어
- 우리나라의 북청사자놀이를 보고 친구들과 사자의 움직임을 협동하여 함께 움직여 보는 놀이로 확장할 수 있습니다.

존중　공감　책임　관계　문제해결　협력　공동체성

두 마음을 이어 주세요!

놀이 준비물 → 종이테이프, 솜공, 훌라후프, LED 양초, 하트 쿠션(마음 모양), 마음
모양(하트) 우드락

회복적 가치와 배움 연결하기

- 종이테이프로 친구의 마음과 나의 마음이 연결되어 있음을 놀이로 경험하면서 이
해와 존중, 배려와 나눔을 실천합니다.
- 종이테이프로 함께 놀이하며 부정적인 감정을 긍정적인 감정으로 전환하여 놀이
로 갈등을 해결하는 경험을 가집니다.

놀이를 시작하기 전에

☑ 내가 앉고 싶은 자리에 바닥에 붙어 있는 색종이테이프를 떼어 내 마음 모양 우드락 위에 붙여 꾸
미며 동그랗게 모여 앉습니다.

▼ 센터피스에 둘러앉은 아이들(좌), 복잡하게 연결된 나와 친구의 마음을 의미하는 색테이프에 '사랑 투척 놀이'를 하는
아이들(우)

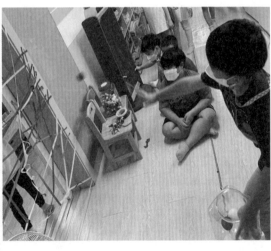

함께 즐기는 회복적 놀이 방법

1. 사이좋은 두 친구와 싸우고 있는 두 친구의 그림을 보고 나와 친구의 마음에 대해 이야기 나눕니다.

> 나와 친구의 마음은 같으면서도 다르고 다르면서도 같아. 다를 때에도 있는 그대로 받아주는 마음을 무엇이라고 할까? 서로 이해하고 존중할 때 우리는 행복할 수 있단다.

2. 이해와 존중을 표현하기 위해 색테이프로 나와 친구의 마음을 연결하는 놀이를 해보기로 한다.

> 교실 문을 열면 문틀과 문틀 사이가 뻥하고 창문처럼 비어 있어. 이곳에 나와 친구의 마음을 연결해 보자. 테이프 끝을 서로 잡아 주며 놀이하면 마음을 연결하기 쉬워져.
> 사랑의 마음 연결을 어떻게 테이프로 이을 수 있을까?
> 화난 마음일 때는 테이프를 어떻게 이어 표현해 볼까?

3. 복잡하게 연결된 나와 친구의 마음에 사랑을 전달하는 '사랑 투척 놀이'를 해본다.

> 얼기설기, 단단하게 연결된 종이테이프 라인에 솜공(뽕뽕이)을 던져 내 마음의 사랑을 전해 보자. 사랑을 던지며 친구에게 전하는 사랑의 말도 함께 해보자.

4. 우리가 사랑을 던져 완성한 작품을 감상합니다.

> 테이프와 솜공(뽕뽕이)으로 너와 나의 마음이 연결된 아름다움을 감상해 보자.
> 무엇이 떠오르니?

회복적 생활교육을 위한 놀이 활동 TIP

- 문틀에 종이테이프를 붙일 때 엉키지 않도록 두 명씩 짝지어 각각 한쪽 끝을 잡아 연결하며 협력을 경험할 수 있도록 상호작용합니다.
- 여러 가지 색, 크기의 솜공을 준비하여 놀이에 사용하여 테이핑 아트를 구성할 수 있도록 합니다.

놀이확장 아이디어

- 색테이프로 라인을 만들어 높낮이를 다르게 하여 림보 놀이를 할 수 있습니다.

어쩌다 발견한 아름다움

놀이 준비물 → 색얼음(물감, 물, 약병), 얼음트레이, 동그란 트레이, 도화지, 커다란 천

회복적 가치와 배움 연결하기

• 얼음의 성질을 이용하여 색이 있는 얼음으로 그림을 그려 보며, 우연히 만들어진 아름다움을 감상합니다.

• 색얼음을 굴리고 움직여 보며 자신의 생각과 느낌을 그림으로 표현해 봅니다.

놀이를 시작하기 전에

☑ 물감과 물을 혼합하여 약병에 담아 색깔물을 만든 후 얼음트레이에 옮겨 미리 얼려 둡니다.

☑ 동그랗게 모여 앉아 커다란 천 안에 손을 숨겨 놓고 얼음을 옆친구에게 전달하며 얼음의 차갑고 단단한 성질을 촉감으로 느껴 봅니다.

▼ 색깔 얼음을 탐색하며 손으로 녹여 보는 아이들(좌), 얼음이 굴러가며 그려진 얼음 그림(우)

함께 즐기는 회복적 놀이 방법

1. 동그랗게 앉아 천 밖으로 손을 꺼내어 손으로 얼음 녹이기 미션을 수행합니다.

 얼음을 손으로 녹이다가 신호 악기가 울리면 옆 친구에게 전달하자. 얼음이 잘 녹게 하려면 어떻게 해야 할까?

2. 꽁꽁 얼린 얼음의 녹이기 전의 모습과 녹인 후의 모습을 비교합니다.
3. 달라진 얼음의 크기, 고체였던 얼음이 액체로 변한 모습 등을 이야기 나눕니다.
4. 우리가 얼려 두었던 색깔물이 얼려진 모습을 예측해 보고 실제 얼려진 모습을 관찰합니다.
5. 어쩌다 발견한 아름다움 놀이 방법에 대해 알아봅니다.

> **어쩌다 발견한 아름다움**
> ① 여러 색깔의 얼음 중 내가 원하는 색깔 얼음을 고르고 어떤 그림이 나올지 상상해 봅니다.
> ② 동그란 트레이에 연필 그림을 그려 넣은 도화지를 넣고, 얼음을 올려놓습니다.
> ③ 친구와 함께 트레이의 끝을 잡고 좌우로 흔들어 또르르 구르고 또 다시 굴러가는 얼음의 움직임을 관찰합니다.
> ④ 햇빛에 얼음 그림을 말립니다.

6. 친구와 함께 감상합니다.

 회복적 생활교육을 위한 놀이 활동 TIP

- 친구와 함께 트레이로 얼음의 움직임을 만들어 낼 때, 얼음이 바닥에 떨어지지 않게 움직임을 맞출 수 있도록 상호작용합니다.
- 굴러가는 움직임에 익숙해지면 살짝 흔들기, 튀기기 등 다양한 움직임으로 얼음 그림을 표현해 봅니다.

놀이확장 아이디어

- 색깔이 있는 음료를 얼음으로 얼린 후 얼음 그림을 그려 보거나 색깔물에 아이스크림 막대를 함께 얼려 막대를 잡고 얼음 그림을 그려 봅니다.

우리 함께 불확실한 미래를
지혜롭게 헤쳐 나가요!

미래교육 놀이로 펼치는 회복적 생활교육은?

디지털 기술을 활용해 표현을 확장하고, 편견과 비난 없는 존중 속에 비판적 사고로 소통하며, 새로운 아이디어에 도전해 봅니다. 나아가 지속가능한 미래를 위해 함께 필요한 약속을 세우고 지키는 책임을 실천하는 등 놀이로 회복적 가치를 함께 세워갑니다.

06

미래교육

놀이

미래교육은 수년 전부터 뜨거운 화두입니다. 자율주행자동차, 우주여행, 로봇 등 우리의 어린 시절 상상 속 존재들이 어느덧 현실이 되고 있습니다. 특히 생성형 인공지능처럼 최근 급격히 이루어진 과학기술의 발전은 대전환 시대를 이끌었고, 그와 함께 교육 현장도 빠르게 변화하고 있죠. 교실에 AI 디지털 교과서 등 에듀테크 기반의 미래 첨단기술을 활용한 수업방식이 속속 도입되고 있습니다.

이미 디지털 세상에서 나고 자란 아이들은 장난감 못지않게 컴퓨터, 스마트폰, 태블릿 피시 등을 자유자재로 활용하며, 디지털 환경에서 놀이하고 소통하면서 관계 맺기를 경험하고 있지요. 이제 아이들에게 다양한 디지털미디어는 삶이자 놀이의 일부가 되어 문제해결을 위해 인터넷 검색 같은 디지털 기술을 활용하는 것도 흔한 일입니다. 아이들은 교실에서도 기존 놀잇감과 디지털 기기 사용을 자유롭게 넘나듭니다. 디지털 놀이는 기존 놀이가 지닌 시·공간의 한계를 넘어 다양한 방식으로 소통하게 하고, 색다른 놀이 방법을 제안하기도 하지요.

다만 미래교육은 기술적 활용에 치우쳐서는 안 됩니다. 기술은 아이들의 생활과 놀이, 배움을 이어가는 매개체로서 놀이와 배움을 확장시키는 도구이지 그 자체로 목적은 아니라는 뜻입니다. 그와 함께 아무리 인공지능이 발달하여 인간이 하던 일들의 상당 부분을 대신하게 되더라도 결코 대체될 수 없는 인간 고유의 영역에 주목해야 합니다. 또 과학기술의 눈부신 발전 이면의 것들도 들여다보아야 하죠. 우리의 생활을 편리하고 윤택하게 만들어 준 반면, 부작용도 만만치 않으니까요. 특히 기후변화로 체감하는 환경문제의 심각성은 어제오늘의 일이 아닙니다. 인류의 지속가능한 발전을 위한 지구 생태환경 문제는 미래교육의 중요한 주제입니다. 아울러 변화무쌍한 세상을 살아갈 아이들은 과거에는 일어난 적

없는 다양한 문제와 갈등도 마주하게 되겠지요. 그런 문제들은 결코 혼자만의 힘으로는 해결하기 어렵습니다. 따라서 다가올 그 시간을 지혜롭게 준비하기 위해서라도 존중과 공감, 책임 등 회복적 가치를 기반으로 공동체 안에서 평화적인 문제해결을 이루어가는 능력을 기르는 교육이 더욱 요구됩니다. 앞으로는 소통, 배려, 나눔이 더욱 중시되어야 하며, 상상력을 마음껏 펼칠 수 있고, 모든 감각을 총동원하여 새로운 생각을 할 수 있는 힘을 키우며, 다양한 방식으로 안전하게 도전할 수 있는 시간과 공간이 필요합니다.

　마지막 장에 정리한 미래교육 놀이활동들은 바로 이런 시간과 공간을 마련하는 데 도움이 될 것입니다. 먼저 존중, 공감, 책임으로 만나는 디지털미디어를 놀이 자료로 정보와 지식은 물론 놀이의 시·공간을 확장시켜 회복을 돕고자 합니다. 아울러 자연에서 친구들과 함께 놀이하며 자연환경을 오감으로 경험하고, 환경을 구성하는 일부로서 '나'의 존재를 인식하며, 우리가 살아가는 지금, 이곳을 소중히 여기는 존중의 마음을 기르고자 합니다. 또 나의 행동이 나를 둘러싼 자연환경과 기후변화에 어떤 영향을 미치는지 관계적 공감으로 상호작용할 것입니다. 더 나아가 우리가 살아가는 소중한 자연환경을 지키기 위해 우리의 행동과 기후변화의 관계를 인식하고 책임의 자세로 기후변화를 늦추기 위해 우리가 할 수 있는 노력과 기후변화 관련 문제를 해결하는 과정에 적극적으로 참여하는 책임의 행동을 경험할 것입니다. 이런 경험들이야말로 디지털 기술 습득 그 이상으로 미래교육에서 정말로 중요하게 다뤄야 하는 주제가 아닐까요? 회복적 가치를 기반으로 디지털(AI)로 놀이하기, 자연에서 놀이하기, 기후위기 대응을 위한 놀이로 미래를 준비하는 아이들의 모습을 만나 보세요.

흙 속의 보물찾기

놀이 준비물 → 고구마, 호박, 가지, 양파, 편백나무칩(또는 흙), 화분판, 모종삽

회복적 가치와 배움 연결하기

• 고구마의 모양을 관찰한 후 기준을 세워 분류하고 비교해 봅니다.

• 고구마의 수를 세어 가르기와 모으기를 해보고, 고구마의 길이를 순서짓기 해보며 수학적 사고를 길러갑니다.

• 땅속에서 직접 캔 고구마를 이용하여 만들 수 있는 음식을 만들어 봅니다.

• 규칙을 지켜 고구마 캐기 게임에 적극적으로 참여합니다.

놀이를 시작하기 전에

☑ 사각 화분판 안(고구마밭)에 호박, 가지, 양파, **고구마**를 넣은 후 그 안을 편백나무칩(흙)으로 채워 숨겨 놓습니다.

☑ 농부 모자를 쓰고 농부가 되어 봅니다.

☑ 고구마밭 안의 호박, 가지, 양파는 캐지 않고 고구마만 캐기로 미리 약속합니다.

▼ 농부 모자를 쓰고 고구마를 수확하는 모습(좌), 10개의 고구마로 가르기와 모으기(우)

340

1. 고구마밭(화분판)을 출발선 반대쪽 낮은 책상 위에 배치합니다.
2. 낮은 책상 위에 고구마를 캘 수 있는 도구(모종삽)를 비치해 놓습니다.
3. 출발선에서 신호악기를 듣고 출발합니다.
4. 고구마밭으로 달려가서 고구마를 하나 캐서 출발선으로 돌아옵니다.
5. 고구마를 캐고 돌아오는 아이는 고구마왕! 스티커를 받습니다.
6. 다음 차례의 아이가 출발선에 나와 릴레이로 게임합니다.

우리 반 고구마 순서짓기
① 우리가 캔 고구마를 일렬로 놓습니다.
② 고구마의 길이 순서대로 순서짓기합니다.

고구마로 숫자 세기
① 우리가 캔 고구마의 숫자를 세어 봅니다.
② 고구마로 가르기, 모으기를 해봅니다(6개의 고구마를 2개와 4개로 가르기, 5개의 고구마와 5개의 고구마를 모으면 고구마 10개 등).

고구마로 만든 요리 경연대회
① 우리가 캔 고구마를 가정으로 가져가 부모님과 고구마로 요리를 만들어 봅니다.
② 부모님과 만든 음식 사진과 소감을 학급 SNS로 공유한 후 친구들과 나눕니다.

회복적 생활교육을 위한 놀이 활동 TIP

- 밭에서 나는 채소를 알아봅니다.
- 모종삽을 사용하여 캐내는 놀이에서 먼저 안전하게 모종삽을 사용하고 놀이하는 방법을 함께 이야기 나눈 후 놀이합니다.
- 내가 직접 캐낸 고구마로 친구들과 오감 및 수학 놀이를 하면서 수학적 사고 과정을 공유하고 수학적 어휘를 사용합니다.

놀이확장 아이디어
- 우리 반 텃밭에서 채소를 직접 길러 보고, 성장 과정을 관찰하는 활동으로 이어갈 수 있습니다.
- 고구마로 직접 만든 요리를 먹은 후 고구마 요리 레시피를 친구에게 소개할 수 있습니다.

존중　**공감**　**책임**　관계　문제해결　**협력**　**공동체성**

냠냠 맛있는 구름

놀이 준비물 → 하늘 거울, 구름 솜, 솜사탕 메이커

회복적 가치와 배움 연결하기

- 하늘 거울로 만난 구름을 자세히 관찰해 봅니다.
- 실제 구름은 만질 수도, 먹을 수도 없지만, 놀이를 통해 만지고, 먹고, 느끼면서 상상 속 생각을 마음껏 펼쳐 봅니다.
- 설탕으로 만들어진 실, 폭신폭신한 구름 같은 솜사탕을 만들고 맛보며 솜사탕 메이커에서 변화하는 설탕의 모습을 놀이로 경험합니다.

놀이를 시작하기 전에

☑ 산책을 나가 하늘 거울로 하늘에 떠 있는 다양한 구름의 모양을 관찰합니다.

▼ 하늘 거울로 하늘에 있는 구름을 관찰하는 아이들(좌), 솜사탕 구름놀이터에서 구름 놀이하는 모습(우)

1. 구름 솜으로 구름 나라를 만들어 친구들과 놀이합니다(예: 구름 이불 덮기/ 구름 이불에 누워 보기/ 구름 위를 걸어 보기/ 구름 속에 숨어 보기/ 구름 눈사람 만들기/ 구름 수염, 구름 머리, 구름 목도리, 구름 치마 등).

2. 친구들과 나눈 구름 놀이 중 먹는 구름을 만들기로 한다.

 먹는 구름을 만들어 보면 어떨까? 구름에서는 무슨 맛이 날 것 같니?

3. 솜사탕 메이커로 여러 가지 모양의 구름을 만들어 먹어 봅니다.

 내가 만든 구름을 만져 보니 어떤 느낌이었지?

 솜사탕 메이커에서 하얗게 나오는 실이 뭉쳐져 폭신폭신한 구름 같아요.

 내가 만든 구름의 맛은 어떠니?

회복적 생활교육을 위한 놀이 활동 TIP

- 야외에서 거울을 사용할 때 해를 바로 비추면 눈부심이 심하거나 자칫 시력이 상할 수 있으므로, 아이들에게 미리 주의하도록 당부하고 진행합니다.
- 솜사탕 메이커에서 변화되는 설탕의 물질 변화를 솜사탕 만들기 놀이로 관찰하며 즐기는 동안 솜사탕이 만들어지는 과학적 원리를 경험할 수 있습니다.
- 구름을 닮은 솜사탕이 입에서 녹는 느낌을 친구들과 이야기 나눠 봅니다.

놀이확장 아이디어

- 종이벽돌로 구성하고 간판을 만들어 솜사탕 가게를 꾸미고 솜사탕 구름 놀이를 친구와 함께 해봅니다.
- 투명한 비닐에 솜을 넣어 고무줄로 묶어 나무젓가락으로 연결한 후 모양 스티커를 붙여 구름 솜사탕을 꾸며 봅니다.

섀도우아트 그림자 놀이

놀이 준비물 → 비밀상자, 12간지 동물카드, 바구니, 분필, 웹캠, 컴퓨터,
섀도우 아트 프로그램

https://experiments.withgoogle.com/shadow-art

회복적 가치와 배움 연결하기

• 친구와 함께하는 그림자 맞추기 놀이를 통해 생각한 것을 동작으로, 동작을 그림
으로 표현해 보는 과정에서 상상하고 유추하는 사고력을 기릅니다.

• 섀도우아트(AI)를 활용한 그림자 놀이에서 동작으로 12간지 동물의 모습을 표현해
보고, 친구가 만들어 내는 표현에 공감하며 즐겁게 참여합니다.

놀이를 시작하기 전에

☑ 동그랗게 앉은 순서대로 12간지 동물카드가 담긴 비밀상자에서 동물카드를 뽑아 센터피스로 구
성합니다.

▼ 12간지로 구성한 센터피스(좌), 그림자의 모양대로 분필로 따라 그리는 모습(우)

함께 즐기는 회복적 놀이 방법

1. 동물 토킹피스를 건네 받은 순서대로 내가 뽑은 동물 모습을 손동작으로 표현해 봅니다.
2. 친구가 표현한 동물이 어떤 동물이었는지 알아맞혀 봅니다.
3. 동물 그림자 놀이를 즐길 수 있는 AI 프로그램 섀도우아트를 소개하고, 방법을 알아봅니다.

> **섀도우아트 프로그램 사용 방법**
> ① 섀도우아트 프로그램 접속 후, 생년월일을 입력해 12간지 중 나의 띠 동물을 탐색합니다.
> ② 시작버튼을 누르고 웹캠으로 그림자 놀이를 시작합니다.
> ③ 오른쪽에는 내 손 모양, 왼쪽에는 내 손 모양 그림자가 나타납니다.
> ④ 화면에 나타난 선 모양대로 웹캠을 통해 손 모양을 만들어 봅니다.
> ⑤ 오른쪽에 표시되는 그림자 모양을 쉽게 만들 수 있는 가이드에 따라 내 띠 동물 그림자 모양을 만들어 봅니다.

4. AI 그림자 놀이를 친구와 함께 놀이로 확장한 '그림자가 만든 그림 놀이'를 해봅니다.

> **그림자가 만든 그림 놀이**
> ① 햇빛이 잘 비추는 날 바깥으로 이동하여 친구와 그림자 놀이 할 것을 소개합니다.
> ② 그림자를 만들 친구와 그림자 그림을 그릴 친구를 정합니다.
> ③ 몸을 움직여 그림자 모양을 만들어 봅니다(새, 토끼, 나무, 나비 등).
> ④ 그림자 그림을 그릴 친구는 바닥에 생긴 그림자의 모양대로 분필로 따라 그려 봅니다.
> ⑤ 분필로 그린 그림자를 보고 그림자의 모양이 어떤 모양인지 알아맞혀 봅니다.

 회복적 생활교육을 위한 놀이 활동 TIP

- 섀도우아트 접속 후 하단에서 한국말 지원을 클릭하여 접속합니다.
- 미리 생년월일을 조사하여 프로그램에 직접 입력해 보도록 합니다.
- 원활한 그림자놀이를 위해 섀도우 아트 프로그램으로 놀이할 때 배경을 깨끗하게 비어 있는 배경화면으로 놀이하도록 지원합니다.
- 섀도우아트 놀이 시 화면에 나타나는 선 안에 맞춰 손 모양을 만들어야 하는 프로그램 규칙을 아이들과 사전에 나눕니다.

놀이확장 아이디어

- 교실 천장에 끈을 붙이고 끈 끝에 전지를 붙인 후 교실의 조명을 끄고 전지 뒤에 선 아이의 뒤쪽에서 손전등을 비추면 몸으로 모양을 만드는 그림자 놀이를 해봅니다.

존중　**공감**　**책임**　**관계**　**문제해결**　**협력**　공동체성

그림이 소리로 바뀐다면?

놀이 준비물 → 자석보드판, 유성마커, 컴퓨터, 웹캠, 연주하고 싶은 악기
페인트 위드 뮤직(Paint With Music)
https://artsandculture.google.com/experiment/YAGuJyDB-XbbWg

회복적 가치와 배움 연결하기

- 나의 그림이 악기 소리로 바뀌며 시각 · 소리가 어우러진 예술이 만들어 내는 감
  각적인 표현을 감상합니다.
- 음악과 함께 그리는 그림을 통해 그림이 만드는 연주를 경험합니다.
- 내가 그리는 붓의 움직임이 선택된 악기에 의해 악보로 만들어져 연주되는 과정
  에 즐겁게 참여합니다.
- 페인트 위드 뮤직(Paint with Music)을 통해 그림이 만든 음악에 맞추어 우리 반에
  있는 악기를 친구와 함께 연주해 보며 소리의 조화로움을 경험합니다.

> **놀이를 시작하기 전에**
>
> ☑ 그림을 연주한 음악과 어울리는 소리를 내는 악기들로 센터피스를 구성합니다.

▼ 다양한 소리를 내는 악기로 구성한 센터피스(좌), 소리를 동작으로 표현하는 모습(우)

함께 즐기는 회복적 놀이 방법

1. 동그랗게 앉아 친구가 연주하는 악기 소리를 듣고 떠오르는 움직임(모양, 선)을 자석보드에 그려 봅니다.
2. 앉은 순서대로 소리를 듣고 표현된 그림(모양, 선)을 동작으로 만들어 봅니다.
3. 페인트 위드 뮤직으로 음악이 그리는 그림 놀이 방법을 알아봅니다.

> **페인트 위드 뮤직에서 그림 그리는 방법**
> ① 페인트 위드 뮤직(Paint With Music)에 접속한 후 실험 실행을 클릭합니다.
> ② In the Sky / Underwater / On the Street / On Paper 의 4가지 캔버스 중 하나를 선택합니다.
> ③ In the Sky를 클릭하면 하늘에 그림 그리는 캔버스가 화면에 나타납니다.
> ④ 왼쪽 하단에 브러쉬 옵션(연주될 악기)이 나타나면 클릭하여 캔버스 화면에 그려 줍니다.
> ⑤ 그린 대로 음악이 연주됩니다(캔버스 위쪽은 높은음으로, 아래쪽은 낮은음으로).
> ⑥ 하단 중앙의 타이머가 돌아가는 동안 다른 브러쉬를 선택하면 소리가 덧입혀집니다.
> ⑦ 그린 그림이 연주한 음악을 감상합니다.

4. 그림을 연주한 음악을 감상한 후 우리 반의 악기 중 어울리는 소리를 찾아 연주하기로 합니다.
5. 디지털이 만들어 낸 음악과 우리가 함께 연주한 음악을 영상으로 찍어 그림과 소리가 어우러진 어울림 음악회를 만들어 봅니다.
6. 영상으로 만들어진 어울림 음악회를 다 함께 감상해 봅니다.

 회복적 생활교육을 위한 놀이 활동 TIP

- 소리를 움직임으로 나타낼 때 보이지 않는 소리가 그림으로 형상화되는 과정을 경험해 볼 수 있도록 교사가 먼저 소리를 듣고 선과 모양을 그려 표현하는 과정을 보여주는 것이 놀이에 도움이 됩니다.

놀이확장 아이디어

- AI-Duet 프로그램에 접속하여 나의 기분(화남, 슬픔, 행복, 무서움 등)을 디지털 프로그램의 피아노 건반으로 연주해 봅니다.
- 우리가 그린 그림을 보고 그림에 어울리는 노래에 맞춰 악기를 연주해 봅니다.

생각대로 글자 완성

놀이 준비물 → 낱글자카드, 클립, 투명한 수조, 자석낚싯대, 포스트잇, 원마커,
인터넷 연결 가능한 PC 또는 태블릿 피시

회복적 가치와 배움 연결하기

- 낱글자로 시작하는 말 놀이를 즐기며, 떠오르는 낱말과 문장이 글자로 표현되는 과정에 참여합니다.
- 인터넷 검색창의 자동완성기능을 통해 생활 속에서 사용되는 다양한 단어를 알아보고 사용해 봅니다.

놀이를 시작하기 전에

☑ 낚시 놀이로 건져낸 낱글자카드(클립)를 센터피스로 구성합니다.

▼ 글자들로 낚시 놀이를 할 수 있는 낱글자들로 구성한 센터피스(좌), 글자 낚시와 자동완성기능을 활용하여 완성된 단어들(우)

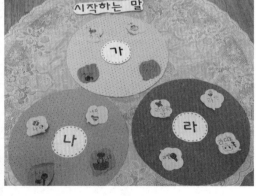

1. 모둠별로 센터피스에 구성한 낱글자 중 하나의 낱글자를 낚싯대로 건집니다.
2. 동그랗게 앉은 순서대로 내가 낚시한 낱글자와 낱글자로 시작하는 말을 떠올려 보고 소개합니다.
3. 시작하는 말이 떠오르지 않은 낱글자를 모아 둡니다.
4. 시작하는 말이 떠오르지 않은 낱글자를 검색창에 입력하여 인터넷의 자동완성기능을 활용하는 방법을 제시합니다.

자동완성기능 활용 방법

① PC(또는 태블릿 피시) 전원을 켜고, 인터넷 사이트에 접속합니다.
② 인터넷 검색창에 커서를 클릭합니다.
③ 희망하는 아이가 나와 시작하는 글자를 검색창에 입력하고 화면에 나타나는 연관 검색어를 확인합니다.
④ 자동완성기능으로 새롭게 알게 된 단어를 다함께 읽어 봅니다.
⑤ 자동완성기능을 한글 놀이로 사용해 봅니다.

5. 우리 반 친구들과 자동완성 놀이를 해봅니다.

자동완성 놀이

① 모둠별로 앉아 시작하는 낱글자를 동그란 종이 중앙에 붙여 봅니다.
② 낱글자를 보고 이어지는 단어를 떠올려 봅니다.
③ 떠올린 단어를 포스트잇에 적어 낱글자 주위에 붙입니다.

6. 여러 가지 낱글자 자동완성 놀이를 통해 다양한 어휘를 알아봅니다.

회복적 생활교육을 위한 놀이 활동 TIP

• 글자로 표현이 어려운 경우 단어를 그림으로 표현한 후 인터넷 검색창에 친구의 도움을 받아 자동완성기능으로 글자를 찾아보고 적어 봅니다.

놀이확장 아이디어

• 우리 모둠의 자동완성 단어책을 만들어 다른 모둠의 친구들과 공유합니다.
• 단어뿐만 아니라 문장 완성 놀이를 통해 이야기도 만들어 봅니다.

존중　공감　책임　관계　문제해결　협력　공동체성

스마트렌즈 식물도감

놀이 준비물 → 소포지, 타공지(숲 모양 종이), 빈 페트병, 식물사진, 컴퓨터, 태블릿
피시

회복적 가치와 배움 연결하기

- 산책하며 주변 풍경의 아름다움을 감상하고 다양한 식물을 관찰해 봅니다.
- 산책하며 만난 식물에 대해 궁금한 것을 스마트렌즈를 통해 알아보고, 그 내용을
  식물도감으로 만들어 봅니다.
- 식물에 대해 궁금한 점, 스마트렌즈를 통해 새롭게 알게 된 정보에 대해 친구들과
  공유합니다.

놀이를 시작하기 전에

☑ 기관(학교) 주변의 숲 또는 공원을 산책하며 식물을 관찰하고, 더 알아보고 싶은 식물의 사진을 찍
어 봅니다.

▼ 알아보고 싶은 식물을 촬영하는 모습(좌), 스마트렌즈의 정보로 완성한 식물도감(우)

함께 즐기는 회복적 놀이 방법

1. 산책길에서 저마다 알아보고 싶은 식물을 촬영한 후 인화된 사진을 가지고 모둠별로 동그랗게 모여 앉습니다.
2. 센터피스에 놓인 숲 모양 종이에 식물 사진을 놓아 숲을 구성합니다.
3. 빈 페트병을 중앙에 놓고 돌려 가르키는대로 순서를 정한 후, 자신이 촬영한 식물 사진을 가져옵니다.
4. 내가 촬영한 식물에 대한 정보를 얻기 위해 네이버 스마트렌즈를 활용해 봅니다.
5. 스마트렌즈 활용 방법을 알아봅니다.

> **스마트렌즈 활용 방법**
> ① 플레이스토어나 App Store에서 네이버 앱을 설치합니다.
> ② (최초 실행시) 엑세스 허용 창이 나타나면, 앱 사용 중에만 허용을 선택한 후 렌즈 버튼을 클릭합니다.
> ③ 네이버 하단 중앙에 있는 스마트렌즈 모양 버튼을 클릭한 후 시작하기 버튼을 클릭합니다.
> ④ 원하는 물체를 직접 촬영하거나 좌측 하단 네모박스를 선택하여 기존 앨범에서 식물 사진을 불러옵니다.
> ⑤ 스마트렌즈가 불러온 식물 사진에 대한 정보가 화면에 나타납니다.

6. 스마트렌즈에 검색된 식물의 정보를 친구들과 함께 공유합니다.
7. 식물의 이름과 특징 등 알게 된 정보를 그림과 글자로 표현해 봅니다.
8. 인화한 식물 사진과 함께 식물도감을 만들어 봅니다.

 회복적 생활교육을 위한 놀이 활동 TIP

- 스마트 기기에 앱을 설치하고 활용하는 방법을 교사와 아이들이 함께 하며 알아봅니다.
- 모둠별로 스마트기기의 사용 순서를 정하고 사용하는 방법에 대한 약속을 정한 후 놀이에 활용합니다.

놀이확장 아이디어

- 우리 반 도서 영역에 비치된 식물도감과 우리가 스마트렌즈를 통해 얻은 정보로 만든 식물도감의 내용을 비교해 봅니다.

앗, 어떻게 읽을까요?

놀이 준비물 → 세계 여러 나라의 인사말카드, 세계의 아침 인사 음원, 녹음이 가능한 장난감 새, 태블릿 피시, 번역기앱

회복적 가치와 배움 연결하기

- 디지털을 활용하여 이미지를 글자로 변환해 봅니다.
- 이미지로 검색한 정보를 찾아보고, 알아내는 과정에서 친구들과 지식과 정보의 공유를 경험해 봅니다.
- 디지털 앱을 통해 세계 여러 나라의 인사말을 알아봅니다.

> **놀이를 시작하기 전에**
>
> ☑ 세계의 아침인사 노래를 부르며 동그랗게 앉아 모입니다.
> ☑ 세계 여러 나라의 인사말카드(원어)를 제작한 후 센터피스를 구성합니다.

▼ 태블릿 피시의 어플로 인사말의 발음을 들어보는 모습(좌), 센터피스에서 지구본에서 찾은 나라의 인사말을 알아보는 모습(우)

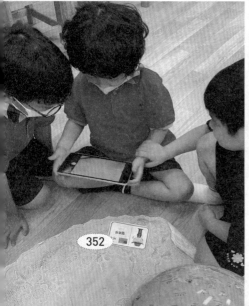

함께 즐기는 회복적 놀이 방법

1. 동그랗게 둘러앉아 인사하는 새(세계 여러 나라의 인사가 녹음된 장난감 새)를 토킹피스로 주고받으며 인사말을 들어봅니다.
2. 인사하는 새의 인사말에 해당하는 인사말 카드를 골라 봅니다.
3. 모르는 글자(원어표기)로 표기된 인사말의 뜻을 알아보는 방법을 이야기 나눕니다.
4. 번역기 앱(네이버 파파고)을 소개하고 활용 방법을 알아봅니다.

 번역기 앱의 카메라에 글자를 인식해 보고 인사말의 뜻과 소리를 들어보자.

파파고 활용 방법
① 번역기앱(네이버파파고)을 설치하고 실행합니다.
② 글자를 인식하기 위해 우측 하단에 카메라표시를 누릅니다.
③ 인사말 카드(원어표기)를 카메라 렌즈에 인식시켜 사진으로 촬영합니다.
④ 전체 선택을 클릭합니다.
⑤ 어떤 인사말인지 뜻을 알아봅니다.
⑥ 해당 인사말을 클릭하여 어떤 소리가 나는지 들어봅니다.

5. 번역기앱을 통해 들은 인사말을 친구와 함께 주고받습니다.

 회복적 생활교육을 위한 놀이 활동 TIP

- 글자, 이미지를 카메라에 정확히 인식시킨 후 촬영해야 합니다.
- 세계의 아침인사(동요)의 가사에 나오는 인사말을 인사말 카드로 제작합니다.

놀이확장 아이디어
- 아이들이 제작한 세계의 아침 인사 동요 동영상을 QR코드로 제작하여 가정에 안내합니다.

위기의 바다생물 구하기

놀이 준비물 → 와이먼(A. P. Wyman)의 곡 〈은파〉 음원이나 CD, 파란비닐, 빨간비닐, 플라스틱병(탄소 스티커부착), 뚜껑 등, 바다생물 머리띠, 바다생물 그림

회복적 가치와 배움 연결하기

• 우리의 실천으로 바다생물이 살고 싶은 깨끗한 바다의 모습을 만들어갑니다.
• 수온이 높아지면서 사막화된 바다를 지키기 위해 우리가 할 수 있는 노력은 무엇인지 알아봅니다.

놀이를 시작하기 전에

☑ 〈은파〉를 들으며 맑고 푸른 바다(파란비닐)의 모습을 센터피스로 구성하며 동그랗게 모여 앉습니다.

▼ 깨끗해진 바다를 헤엄치는 바다생물을 표현한 파란비닐(좌), 바다생물 지키미가 되어 본 아이들(우)

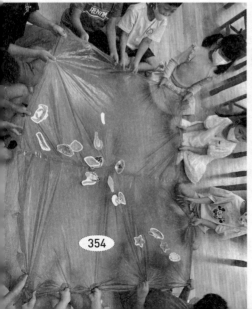

354

함께 즐기는 회복적 놀이 방법

1. 동그랗게 앉아 내가 경험한 바다의 느낌과 경험을 릴레이로 이어가며 동작으로 표현합니다.

 내가 경험한 바다의 소리, 파도의 모습을 떠올려 보고 몸으로 표현해 보자.

2. 파란비닐로 출렁거리는 바다를 느끼며 〈은파〉에 맞춰 함께 움직여 봅니다.
3. 푸른바다(파란비닐)에 빨간비닐을 올려, 탄소배출 때문에 수온이 높아진 바다를 표현합니다.

 수온이 높아진 바다를 보자. 탄소배출이 많아지면서 바다는 점점 따뜻해지고 있어.

4. 빨간비닐로 덮인 파란비닐를 바닥에 내려놓고, 돌아가며 탄소스티커가 붙은 플라스틱병, 뚜껑 등을 올려놓아 무분별하게 바다에 버려진 일회용품을 표현합니다.

 우리가 쓰는 플라스틱의 양이 점점 늘어나 탄소배출량이 많아지면서 바다가 뜨거워졌대. 여기 플라스틱들을 바다에 내려놓고 더러워진 바다를 표현해 보자.

5. 더럽혀진 바다에서 살고 있는 생물들은 바다 속에서 어떨지 생각해 봅니다.
6. 우리가 바다생물 지키미가 되어 더럽혀진 바다와 위기의 바다생물을 지켜 주기로 합니다.
7. 바다생물 머리띠를 하고 두 명씩 차례로 일회용품을 바다에서 건지고 나면 머리띠에 부착한 (354쪽 사진(우) 참조) 바다생물은 떼어 바다로 보내 주고 돌아옵니다.

 (빨간 비닐을 걷어내고) 바다생물들이 숨을 쉴 수 있게 되었어.

8. 건강한 바다를 위해 우리가 할 수 있는 노력을 친구들과 공유하며, 바다에서 행복하게 헤엄치는 바다생물을 표현합니다.

 바다생물들이 마음껏 헤엄치도록 바다(파란비닐)를 위아래로 띄워 올리자!

 회복적 생활교육을 위한 놀이 활동 TIP

- 비닐로 바다를 표현할 때, 모두 즐겁게 신체활동에 참여할 수 있게 약속을 정합니다.
- 머리띠에 꽂을 바다생물을 만들기 위해 사전에 아이들과 바닷속 생물을 알아보고, 그린 후 색칠하고 오려 놓습니다.

놀이확장 아이디어

- 가정과 연계한 탄소배출 줄이기 미션 수행 후 학급 SNS를 통해 공유합니다.

존중　공감　**책임**　관계　**문제해결**　협력　**공동체성**

지렁이를 잘 부탁해!

놀이 준비물 → 아세테이트지(길가), 지렁이 그림, 검정비닐(땅속), 땅속 생물 그림, 나뭇잎, 지렁이 젤리, 투명트레이, 쿠키분태(흙), 집게

회복적 가치와 배움 연결하기

• 비 오는 날 지렁이를 만나면 어떻게 지렁이를 도와주어야 하는지 알고 실천합니다.
• 땅속 청소부 지렁이가 흙을 건강하게 해주어 우리도 건강한 삶을 살 수 있음을 알아갑니다.

놀이를 시작하기 전에

☑ 커다란 비닐을 땅속으로 정한 후 땅속에 사는 생물 그림을 색칠하여 땅속을 꾸며 센터피스로 구성합니다.

☑ 센터피스에 놓인 땅속(커다란 비닐)에 사는 생물 중 내가 소개하고 싶은 땅속 생물 그림을 하나씩 가져온 후 어떤 생물이 가장 많이 있었는지 알아봅니다.

> 지렁이 그림이 붙여진 토킹피스로 자기가 선택한 땅속 생물을 소개해 보자.
> 우리가 소개한 땅속 생물 중 어떤 생물이 가장 많았니? 함께 세어 보자.

▼ 지렁이가 되어 땅속 동굴을 파고 나오는 모습(좌), 지렁이 젤리를 구하는 모습(우)

함께 즐기는 회복적 놀이 방법

1. 땅을 건강하게 해주는 지렁이 이야기를 함께 듣습니다.

 지렁이의 별명은 땅속 청소부란다. 땅속에서 꼬물꼬물 움직이며 흙속 공기와 물이 빠질 수 있게 해주지. 또 지렁이 똥은 천연 비료가 되어 흙을 더 건강하게 해준대.

2. 땅속 청소부 지렁이를 만나면 어떻게 해야 하는지 이야기 나눕니다.

 비 오는 날 지렁이를 만나면 우리는 어떻게 해야 할까?

3. 지렁이를 땅속으로 안전하게 보내는 방법을 알아봅니다.

 지렁이를 만나면 나뭇잎에 조심히 올려 흙으로 보내줘! 지렁이도 돕고, 흙도 건강해질 거야!

4. 땅속 청소부 지렁이를 도와주는 방법 게임을 구성하여 놀이로 경험해 봅니다.

땅속 청소부 지렁이를 도와주는 방법
1) 아세테이트지에 지렁이 그림을 붙여 비 오는 날 길 위의 지렁이를 표현합니다.
2) 센터피스로 구성했던 땅속과, 책상에 지렁이 젤리, 모형 또는 실제 나뭇잎이 담긴 접시를 양쪽에 각각 놓고, 투명 트레이에 쿠키분태를 부어 땅속으로 꾸밉니다.
   ① 비오는 날, 지렁이를 피해 걸어가기
   ② 땅속 동굴(터널)을 지렁이처럼 기어 지나 기기
   ③ 땅속 생물들이 사는 땅 위 지나가기
   ④ 준비된 나뭇잎에 지렁이 젤리를 한 마리 씩 옮기기
   ⑤ 나뭇잎에 옮긴 지렁이 젤리를 땅속(수조) 으로 안전하게 이동시키기

 ### 회복적 생활교육을 위한 놀이 활동 TIP

- '땅속 청소부 지렁이를 도와주는 방법' 놀이에 사용할 나뭇잎 모형이나 미리 주워 둔 나 뭇잎이 없다면 아이들에게 나뭇잎을 그려 오리게 하여 게임에 사용할 수 있습니다.

놀이확장 아이디어

- 땅속(쿠키분태가 담긴 투명트레이 안)에 지렁이(지렁이젤리)를 찾아 집게를 이용하여 접 시에 옮긴 후 우리가 도움을 준 지렁이가 몇 마리인지 세어 보기, 가르기, 모으기 등의 수 놀이로 확장할 수 있습니다.

존중 | 공감 | 책임 | 관계 | 문제해결 | 협력 | 공동체성

우리 함께 탄소를 줄여요

놀이 준비물 → 탄소스티커, 일회용 플라스틱병, 협력밴드, 분리수거함

회복적 가치와 배움 연결하기

* 우리 교실에서 탄소가 발생하는 곳을 알아보고 친구들과 함께 탄소를 줄일 수 있는 방법을 실천해 봅니다.
* 플라스틱 분리수거에 협력밴드를 활용합니다.
* 협력밴드를 조이고 당겨보며 신체를 조절하고 친구와 함께 협력하여 플라스틱 분리수거에 참여합니다.

놀이를 시작하기 전에

☑ 라벨지에 탄소 그림을 그려 넣고 색칠한 후 나만의 탄소스티커를 만들어 센터피스에 구성합니다.

▼ 탄소를 많이 배출하는 일회용 플라스틱을 모아 놓은 모습(좌), 협력밴드로 분리수거 놀이하는 모습(우)

함께 즐기는 회복적 놀이 방법

1. 우리 교실 곳곳을 돌아다니며 탄소가 발생하는 곳을 찾아봅니다.

 우리 교실에서 탄소가 발생하는 물건에 탄소스티커를 붙여 보자.

2. 탄소배출을 줄이기 위해 실천할 수 있는 노력을 알아봅니다(예: 수도꼭지의 물을 잠그고 양치하기 / 미술 재료 필요한 만큼 사용하기 / 바깥놀이 나갈 때 전등 끄고 나가기 / 급식을 먹을 때 먹을 수 있는 만큼만 받아 먹기 / 일회용품 많이 사용하지 않기 등)

3. 탄소배출을 증가시키는 일회용품(플라스틱) 사용에 대해 이야기합니다.

 카페에 가면 음료를 어디에 담아 주지? 혹시 버려진 플라스틱병들을 본 적이 있니? 일회용품을 너무 많이 사용하면 탄소배출량은 어떻게 될까?

4. 탄소배출을 줄이는 플라스틱 재사용을 위한 협력밴드 분리수거 게임 방법을 알아봅니다.

협력밴드를 이용한 플라스틱 분리수거 게임

① 재활용할 플라스틱병을 세워 놓습니다.
② 모둠별로 4명씩 짝지어 각자 밴드줄의 끝을 잡은 후 바깥으로 당겨 늘어나게 합니다.
③ 늘어난 고무줄 사이로 플라스틱병을 끼운 후 다시 손에 힘을 조절해 고무줄을 조입니다.
④ 그 상태로 함께 밴드를 위로 올린 채 이동하여 플라스틱병을 분리수거함에 넣습니다.
⑤ 다음 친구들이 나와 같은 방법으로 도전해 봅니다.

 회복적 생활교육을 위한 놀이 활동 TIP

• 친구와 나의 팔과 손의 힘을 조절하여 고무줄을 당기고 조이며 플라스틱병을 이동할 수 있도록 언어적으로 지원합니다.
• 플라스틱컵 등으로 미리 협력밴드사용법을 익힌 후에 분리수거 놀이에 참여한다면 더욱 즐겁게 참여할 수 있습니다.

놀이확장 아이디어

• 모은 플라스틱을 재활용(upcycling)하여 물에 둥둥 떠다니는 보트나 재미있는 악기 등 친구와 함께 고안한 창의적인 작품을 만들어 볼 수 있습니다.

참고 자료

단행본

김태희, 《아이중심·놀이중심의 예술수업》, 착한책가게, 2020.

김재은, 《아이들에게 예술을》, 교육과학사, 2014.

박숙영, 《공동체가 새로워지는 회복적 생활교육을 만나다》, 좋은교사, 2014.

순진이·정현심, 《놀이중심 교과과정》(제6판), 시그마프레스, 2018

정나라·정유진, 《놀이중심 교육과정》, 교육과실천, 2019.

정대현·이명우, 《섭리적인 수학놀이》, 석문출판사, 2019.

정진, 《회복적 생활교육 학급 운영 가이드북》, 피스빌딩, 2016.

조형숙·김지혜·김태인, 《배려의 과학》, 다음세대, 2011.

조형숙·홍은주·김민정·백소영, 《평생수학, 유아기에 결정된다》, 학지사, 2008.

리처드 루브, 《자연에서 멀어진 아이들》(김주희·이종인 옮김), 즐거운상상, 2017.

카트린 레퀴에, 《경이감을 느끼는 아이로 키우기》(김유경 옮김), 열린책들, 2016.

캐롤린 보이스-왓슨, 케이 프라니스, 《서클로 나아가기》(이병주·안은경 옮김), 대장간, 2018.

케이 프라니스, 《서클 프로세스》(강영실 옮김), 대장간, 2018.

논문, 자료집, 매뉴얼

오세경·이재은, 2022, 〈유아의 디지털 놀이 경험이 놀이성과 사회적 능력에 미치는 영향〉, 《열린유아
교육연구》, Vol.27 No.5, pp.219-244.

정유미·이승하, 2022, 〈회복적 생활교육에 기반한 유아들 간 관계강화 서클프로그램 개발 및 적용효
과〉, 《유아교육학논집》, Vol.26 No.3, pp.131-156.

경기도교육청, 2014, 《평화로운 학교를 위한 회복적 생활교육매뉴얼》, 경기도교육청.

교육부, 2019, 《2019 개정누리과정 해설서》.

교육부, 2021, 《유아와 함께 하는 인공지능교육》.

기사/뉴스레터

김한울, 〈유·초·중등 교사 95.3%, "부적응 학생 생활 지도 어렵다…정당한 교육활동이 아동학대
처벌로 이어지지 말아야"〉, 한국대학신문, 2023.07.25. (https://news.unn.net/news/articleView.
html?idxno=550413)

Morrison, B., 〈Building Safe and Healthy School Communities: Restorative Justice and Responsive Regulation〉,
《IIRP's Sixth International Conference on Conferencing, Circles and other Restorative Practices》, 2005.03.04.
(https://www.iirp.edu/news/building-safe-and-healthy-school-communities-restorative-justice-and-
responsive-regulation)